"十四五"职业教育国家规划教材

"十四五"技工教育规划教材

国家职业教育专业教学资源库配套教材

1+X 职业技能等级证书配套教材

汽车性能评价与选购

主　编　白　云

副主编　黄朝慧　程　曦　段　妍

参　编　蒋　沛　曹　俊　王建里

　　　　李俊鹏　李　宁　徐一鸣

科学出版社

北　京

内 容 简 介

本书以汽车销售中的商务评价与选购任务为载体，分为汽车基础认知、汽车性能评价和汽车选购三个模块。模块一帮助学习者认识传统燃油汽车和新能源汽车的基本组成、常见参数与配置，以及在汽车选购中消费者会关注的使用性能等知识；模块二让学习者知道动力性、经济性、安全性、舒适性、操控性、通过性、保值性、环保性等使用性能的评价参数、方法与影响因素，并学会进行具体车型性能的评价；模块三介绍了汽车整车销售中涉及的选装件、汽车选购的渠道和方法、新车手续的办理等知识。本书对接了 1+X 证书标准，融入了课程思政内容，配有微课视频、电子课件等资源。

本书可以作为高职高专汽车类专业的教材，也可以作为汽车消费者、汽车爱好者等人员的参考书籍。

图书在版编目(CIP)数据

汽车性能评价与选购/白云主编．—北京：科学出版社，2021.8（2025.1 修订）

“十四五”职业教育国家规划教材 “十四五”技工教育规划教材 国家职业教育专业教学资源库配套教材 1+X 职业技能等级证书配套教材

ISBN 978-7-03-069200-9

Ⅰ．①汽… Ⅱ．①白… Ⅲ．①汽车-选购-高等职业教育 Ⅳ．①F766

中国版本图书馆 CIP 数据核字（2021）第 111379 号

责任编辑：张振华 / 责任校对：王万红

责任印制：吕春珉 / 封面设计：东方人华平面设计部

科 学 出 版 社出版

北京东黄城根北街 16 号

邮政编码：100717

http://www.sciencep.com

北京中科印刷有限公司印刷

科学出版社发行　各地新华书店经销

*

2021 年 8 月第 一 版　开本：787×1092 1/16

2025 年 1 月第五次印刷　印张：15

字数：335 000

定价：56.00 元

（如有印装质量问题，我社负责调换）

销售部电话 010-62136230　编辑部电话 010-62135120-2005

前　言

党的二十大报告指出："加快建设国家战略人才力量，努力培养造就更多大师、战略科学家、一流科技领军人才和创新团队、青年科技人才、卓越工程师、大国工匠、高技能人才。"为了适应产业发展和教学改革的需要，编者根据二十大报告精神和《国家职业教育改革实施方案》《职业院校教材管理办法》《高等学校课程思政建设指导纲要》《"十四五"职业教育规划教材建设实施方案》等相关文件精神，在行业、企业专家和课程开发专家的精心指导下，结合企业生产岗位和工作实际，对本书进行了修订。

修订过程中，紧紧围绕"培养什么人、怎样培养人、为谁培养人"这一教育的根本问题，以落实立德树人为根本任务，以学生综合职业能力培养为中心，以培养卓越工程师、大国工匠、高技能人才为目标，以"科学、实用、新颖"为编写原则。针对当下市场消费者的需求，一方面，在介绍动力性、经济性、安全性、舒适性、操控性、通过性等传统汽车性能商务评价知识与方法的基础上，引入了保值性、环保性等新型消费者关注的性能评价内容；另一方面，在校企合作平台下，融入了新能源汽车性能评价的内容与案例。从而为高职汽车类专业的汽车性能评价与选购类课程提供教学服务，同时也为广大汽车消费者和爱好者提供参考。

本书以模块化课程为载体，以任务驱动教学为形式，开展新型工作手册式教材编写。针对职业院校学生的学习特征，采用学习情景导入、工作任务驱动、课前任务探究、学习资讯、思考练习、工作手册完成、考核评价等一系列以学生为中心、符合学生认知规律的教学设计。将企业真实任务、行业新技术、市场新理念与一线教学经验相结合，同时加入了微课、动画等视频资源，具有很好的教学效果。教学内容深入对接 1+X 证书"汽车运用与维修职业技能等级证书标准"，融入思政要素和职业素养，为教学中实现"立德树人、课证融通"奠定基础。

本书由重庆工业职业技术学院、云南交通运输职业学院、长安汽车股份有限公司、重庆通源宝源汽车销售服务有限公司联合编写。重庆工业职业技术学院白云担任主编，重庆工业职业技术学院黄朝慧、程曦、段妍担任副主编；重庆工业职业技术学院蒋沛、曹俊，云南交通运输职业学院王建里、李俊鹏，长安汽车股份有限公司李宁，重庆通源宝源汽车销售服务有限公司徐一鸣参与编写。具体分工如下：白云编写模块一的项目四，模块二的项目三、项目七、项目八；黄朝慧编写模块二的项目一、项目二；程曦编写模块二的项目四～项目六；段妍编写模块三的项目一～项目三；蒋沛编写模块一的项目一～项目二；曹俊、王建里、李俊鹏共同编写模块一项目三；李宁、徐一鸣负责部分案例数据、图片素材的提供和案例分析的审核。全书由白云统稿。

本书涵盖知识面广、信息量较大，且部分内容涉及行业新技术、新理念，由于编者学识和经验有限，书中难免存在疏漏和不足之处，恳请广大读者批评指正。

本书课程思政元素设计

为践行、弘扬“富强、民主、文明、和谐；自由、平等、公正、法治；爱国、敬业、诚信、友善”的社会主义核心价值观，落实“立德树人”的根本任务，本书以“习近平新时代中国特色社会主义思想”为指导，结合汽车技术服务与营销领域相关岗位的共性职业素养要求，从“爱国情怀、民族自信、社会责任、法制意识、工业文化、职业态度、职业素养”等维度着眼，紧密围绕“知识、技能、素养”三位一体的教学目标，确定思政目标、设计思政内容，开发配套的思政案例资源库，通过“一个举例（案例）、一项任务、一段话（总结、分析）、一张图表、一句名言、一段历史、一条法规、一个标准”的“八个一”方式，润物细无声地将课程思政内容有效传递给读者。

内容导引	课程思政目标	融入方式	课程思政元素
汽车的驱动方式	感受中国制造，培养爱国精神，激发民族自豪感	一个举例：红旗 H7、长安逸动、哈弗 H5 等国产自主品牌代表车型举例	爱国情怀 民族自信
新能源汽车认知课前练习	培养、践行环保节能意识，培养社会责任感	一项任务：查询收集近年来国家有关新能源汽车的政策法规，思考并列出新能源汽车对环保节能的贡献	环保意识 社会责任
知识窗：新能源汽车电池技术	了解我国汽车自主品牌的电池技术现状和贡献，提升“中国制造”自信心	一个举例：通过比亚迪电池技术了解我国汽车自主品牌的电池技术现状和贡献	中国制造 大国风范
知识窗：发展新能源汽车技术的意义	认识发展新能源汽车技术的意义，了解国家战略；培养职业责任心和社会责任感	一段总结：总结我国大力发展新能源汽车的战略意义	大国风范 社会责任
发动机性能指标——环境指标	具备查询、应用国家法律、法规和标准规定的能力	一个标准：引入我国噪声标准规定，选购车辆时参考	环保意识 法治意识
知识窗：汽车发展历史	了解汽车诞生、发展历史，感受工业变革历程	一段历史：引入蒸汽驱动三轮汽车、内燃机汽车、超音速汽车的发展历史	工业文化
汽车经济性的评价方法和评价指标	认识我国汽车节能减排总体措施；知道我国分阶段实施国 VI 排放标准的措施	一段总结：总结我国汽车节能减排总体措施和分阶段实施国 VI 排放标准的措施	国家战略 法治意识
知识窗：舒适性能评价总结	培养以客户需求为导向的职业理念、细致周到的服务意识和严谨客观的职业态度	一段总结：针对主观性较强的舒适性评价，应结合客户具体需求，客观严谨地分析，提供细致周到的深层次体验服务	职业态度 服务意识
知识窗：哈弗汽车操控性能举例	感受国产汽车之美，培养爱国精神，激发民族自豪感	一个举例：哈弗 F7x 国产自主品牌汽车举例	爱国情怀 民族自信
知识窗：通过性能评价总结	培养客观、严谨、科学分析评价的职业态度	一个案例、一段总结：案例示范通过性能对比评价；总结通过性能评价应该全面收集相关参数数据、配置，进行客观科学的对比分析	职业态度 工作素养

续表

内容导引	课程思政目标	融入方式	课程思政元素
汽车保值 性能评价	感受大国制造，培养爱国精神，激发民族自豪感	一张图表、一段总结：通过 2020 年《中国汽车保值率研究报告》中不同车系、不同厂商的保值率对比柱状图，让读者感受我国汽车工业的崛起	中国制造 民族自信
保护生态环境	培养、践行环保节能意识，强调社会责任感	一句名言、一段总结：引入十九大报告中强调的“建设生态文明是中华民族永续发展的 千年大计”；“像保护眼睛一样保护生态环境，像对待生命一样对待生态环境”，强调环保节能的重要性，总结汽车使用者、销售者应该如何践行环保节能	环保意识 社会责任
知识窗：汽车选装件推荐案例与原则	培养以客户需求为导向的销售理念，强调以人为本、诚实守信的职业素养	一个案例、一段分析：通过董先生新车购买中选装件的推荐展示，树立以客户需求为导向、诚实守信的销售理念	职业理念 职业素养
新车购买渠道选择——汽车电商网站，知识窗：要选择正规、合法的购车渠道	提升合法、安全应用互联网选购汽车的能力	一张图表、一个案例：强调汽车选购应通过正式注册备案的合法网站	法治意识
知识窗：优秀销售顾问的素养	培养细致周到、以人为本的服务意识	一段总结：优秀的销售顾问应具备注重客户满意度，想客户所想的服务意识	服务意识
知识窗：交强险相关规定	提升遵法、守法意识和法律法规的应用能力	一条法规：描述法律法规关于投保机动车交通事故责任强制保险的规定	法治意识
知识窗：新能源汽车购置税的相关公告信息 知识窗：车船税的优惠政策	提升遵法、守法意识和法律法规的应用能力	一条法规：《关于新能源汽车免征车辆购置税有关政策的公告》《免征车辆购置税的新能源汽车车型目录》《关于节能新能源车船享受车船税优惠政策的通知》中关于新能源汽车购置税、车船税的优惠政策	国家战略 法治意识

目　　录

模块一

汽车基础认知

项目一　燃油汽车基本结构认识

项目描述

本项目主要介绍汽车的驱动方式、汽车的基本结构，包括发动机、底盘、车身和电气设备的基本结构和功能，使学生对燃油汽车的构造有基础的认知。

学习目标

知识目标	能力目标	思政要素和职业素养目标
1．知道燃油汽车常见的驱动方式、组成结构及代表车型。 2．能描述燃油汽车的基本工作原理	能够在燃油汽车上识别出发动机、底盘、车身、电气设备等总成或系统	1．培养图文读取与识别的能力。 2．养成严谨、客观、认真分析的能力。 3．感受汽车之美，践行制造强国战略。 4．培养团结互助的团队精神和积极沟通交流的职业能力

情境导入

客户小王打算利用自己的积蓄分期付款购买一辆代步汽车。考虑到要兼顾闲暇时候自驾出游的便利性，小王打算优先选择燃油汽车。因此，近期小王希望能够多了解一些燃油汽车的相关知识。请你根据客户的需要，为客户介绍燃油汽车的基本工作原理、常见驱动方式及代表车型，并推荐合适的燃油汽车。

课前练习

根据查找的资料，完成下列课前练习（表 1-1-1）。

表 1-1-1　燃油汽车基本结构认识练习

汽车驱动主要分类： (　　　)　　　　　　(　　　) (　　　)(　　　)(　　　)(　　　)(　　　)(　　　)(　　　)(　　　)

相关资讯

资讯一　燃油汽车的工作原理与驱动方式

(一) 燃油汽车的总体构造与工作原理

市场上绝大多数汽车是活塞式内燃机汽车，主要以汽油和柴油为燃料，以汽油和柴油为燃料的活塞式内燃机分别称为汽油机和柴油机。汽油发动机和柴油发动机，都是燃烧燃料后通过推动气缸内活塞做往返运动来将燃料中的化学能量转换成为驱动车辆前进的机械能量，不同之处在于柴油发动机由于燃烧方式的不同，没有点火系统。

微课：燃油汽车的结构与工作原理

1. 燃油汽车总体构造

汽车是由动力装置驱动，具有四个或四个以上车轮，可以单独行驶并完成载运任务的非轨道无架线车辆。燃油汽车总体结构由发动机、底盘、车身和电气设备四个部分组成（图 1-1-1）。

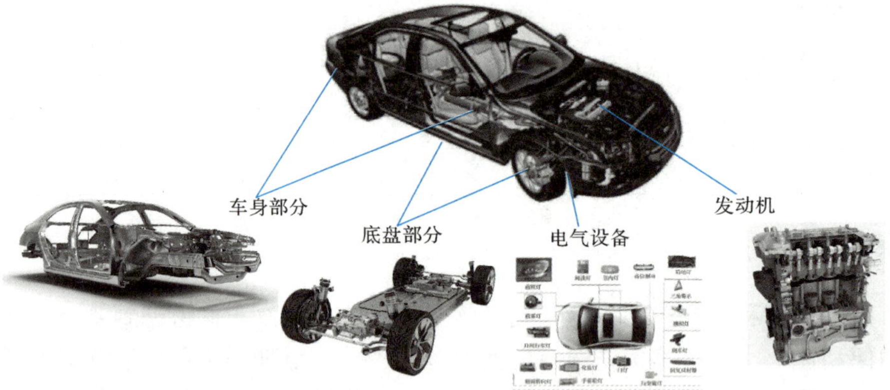

图 1-1-1　汽车的总体结构

发动机的作用是使进入气缸的燃料燃烧来释放动力；底盘接收发动机的动力来驱动汽车，并保证汽车按照驾驶人的操作正常行驶；车身是装载乘客和货物的地方；电气设备主要指汽车上的各种供电、用电设备，包括电源系统、点火装置、照明系统、通信系统、仪表设备等。

2. 燃油汽车的工作原理

燃油汽车的动力源泉是发动机，而发动机的动力则来自气缸内部，燃油在发动机气缸内燃烧，使气缸内的气体迅速膨胀，产生巨大压力推动活塞上下运动，通过连杆把力传给曲轴，最终转化为旋转运动，再通过变速器和传动轴把动力传递到驱动车轮上，驱动轮转动施加给地面一个力，地面给车轮一个反作用力（即牵引力），使车辆行驶。

（二）汽车驱动方式的定义

汽车驱动方式是指发动机的布置方式及驱动轮的数量、位置的形式。一般车辆有前后两排车轮，其中直接由发动机驱动转动从而推动（或拉动）汽车前进的车轮就是驱动轮。汽车的驱动方式对整车的性能、外形及内部尺寸、重量、轴荷分配、制造成本及维修保养等方面均产生重要影响。

（三）汽车驱动方式的分类

汽车驱动方式最基本的分类标准是按照驱动轮的数量，可分为两轮驱动和四轮驱动两大类。

在两轮驱动形式中，可根据发动机在车辆的位置及驱动轮的位置进而细分为前置后驱（front-engine rear-drive，FR）、前置前驱（front-engine front-drive，FF）、后置后驱（rear-engine rear-drive，RR）、中置后驱（middle-engine rear-drive，MR）等形式。四轮驱动分为分时四驱（part-time 4WD）、全时四驱（all wheel drive，AWD）、适时四驱和适时混合驱动，详见表 1-1-2。

表 1-1-2 汽车的驱动方式

驱动方式	图示	描述
两轮驱动	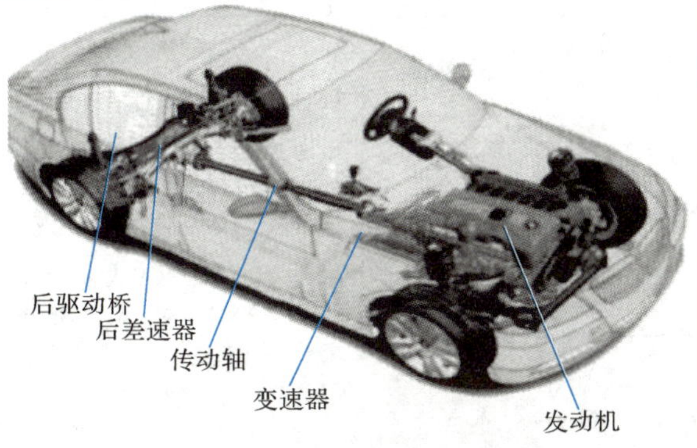 前置后驱	前置后驱即发动机前置、后轮驱动。前置后驱牵引性能比前置前驱方式优越且拥有较佳的操控性（操纵稳定性），但在雪地或易滑路面上起动加速时，后轮推动车身，易发生摆尾现象。 代表车型：丰田锐志、宝马 3 系、英菲尼迪 Q50L、红旗 H7 等。近几年，我国自主品牌的汽车在技术、工艺等方面取得了突破性的进步和质的飞跃，涌现出了一批性能稳定、技术完善、科技感强的车型，如红旗 H7
	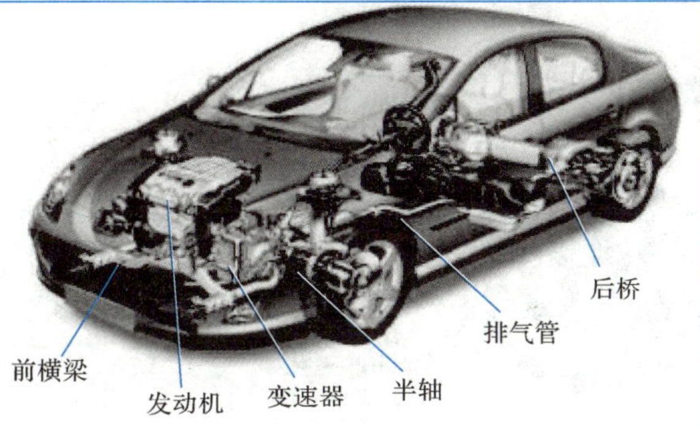 前置前驱	前置前驱即发动机前置、前轮驱动。前置前驱省略传动轴装置，车重减轻，结构较紧凑；动力传递效率高，经济性好，但起动、加速或爬坡时，前轮负荷减少，导致牵引力下降。 代表车型：大众迈腾、帕萨特、高尔夫、长安逸动等。长安作为我国自主品牌的杰出代表，其车型以配置齐全、外形时尚、技术成熟为大众所青睐。其中，长安逸动整体设计主打年轻风格、运动气息强烈，性价比高，2018 年销量突破 12 万辆，占有较高市场份额，是我国国产自主品牌崛起的代表车型之一

续表

<table>
<tr><th>驱动方式</th><th>图示</th><th>描述</th></tr>
<tr><td rowspan="2">两轮驱动</td><td>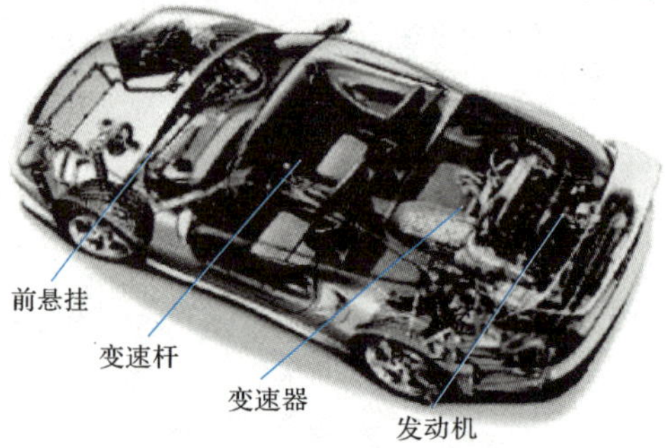

后置后驱</td><td>后置后驱即发动机后置、后轮驱动。后置后驱车辆操作灵活，具有良好的起动和爬坡性能，但由于前轮负荷小，在冰面上行驶时转向困难，且发动机消声问题难以解决，行李箱空间也受到较大限制。
代表车型：保时捷 911 和 Smart 等</td></tr>
<tr><td>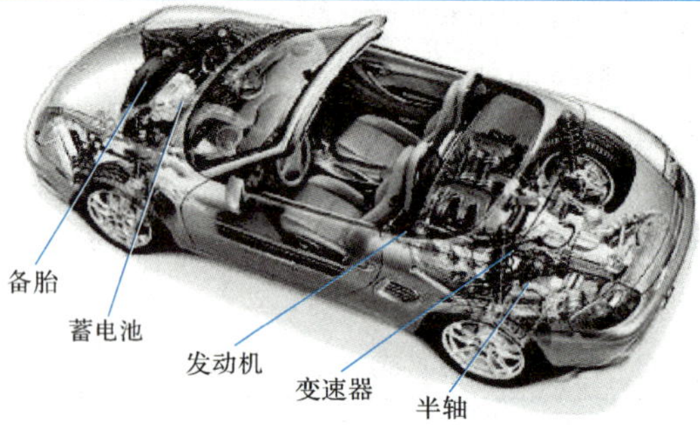

中置后驱</td><td>中置后驱即后轮为驱动轮，发动机布置在前轴的后面。
中置后驱具有极为优异的转向特性且起步和加速性能较好，但由于发动机和传动机构都集中布置在汽车中部，所以车内空间狭小，实用性较差。
代表车型：法拉利、兰博基尼等</td></tr>
<tr><td rowspan="2">四轮驱动</td><td>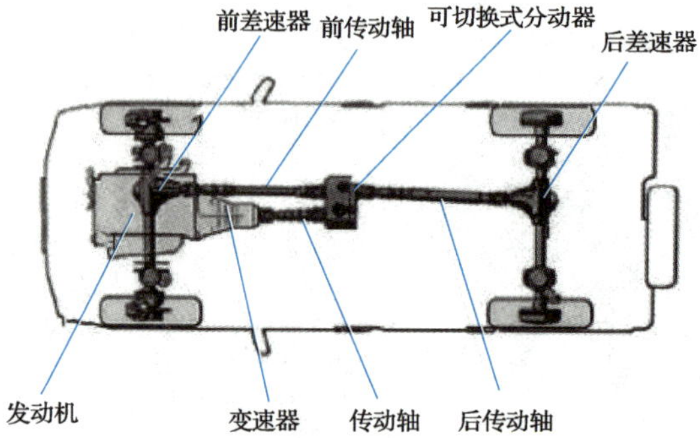

分时四驱</td><td>分时四驱由驾驶人根据路面情况，通过接通或断开分动器来改变驱动模式，从而实现两驱和四驱自由转换。可靠性强，不同模式切换需要手动操作，反应速度相对较慢。
代表车型：Jeep 牧马人、丰田 FJ 酷路泽、陆风 X8、哈弗 H5 等。哈弗 H5 作为一款分时四驱汽车，爆发力明显，通过性强，平顺性较好，是国产分时四驱车的代表之一</td></tr>
<tr><td>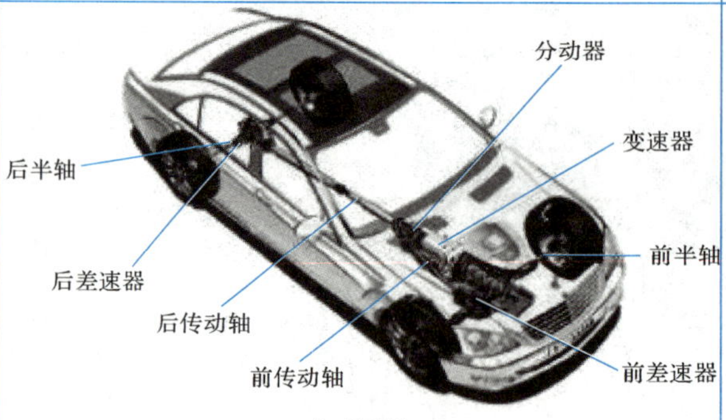

全时四驱</td><td>全时四驱指车辆在整个行驶过程中一直保持四轮驱动的形式，拥有较好操控性，反应速度快、脱困能力强，但油耗较高。
代表车型：纵置发动机的大众 4MOTION、奥迪 quattro、奔驰 4MATIC 等</td></tr>
</table>

续表

驱动方式	图示	描述
四轮驱动	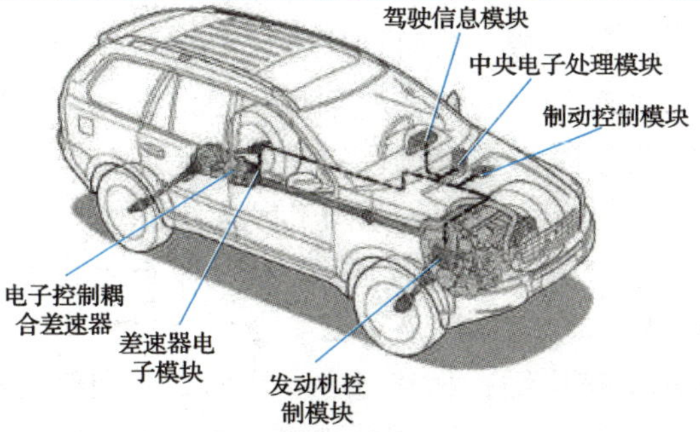 适时四驱	适时四驱在适当的时候自动转换为四轮驱动，而在其他情况下仍是两轮驱动；相比分时四驱，模式切换更智能。 代表车型：本田 CR-V、丰田 RAV4、日产奇骏、马自达 CX-5 等
	适时混合驱动	这是一种弥补分时与适时长短处的驱动形式。驾驶人可以按照自己的兴趣自由地变换静液传动或者适时传动方式

资讯二　燃油汽车的基本结构

（一）发动机

1. 定义

发动机是为汽车提供动力的装置，是汽车的“心脏”，决定着汽车的动力性、经济性、稳定性和环保性。汽车发动机可分为汽油发动机和柴油发动机。汽油发动机是以汽油作为燃料，将化学能转换成动能的发动机；柴油发动机是燃烧柴油来获取能量的发动机。

2. 发动机的工作原理

汽车发动机由两大机构和五大系统构成，分别是曲柄连杆机构、配气机构，燃油供给系统、点火系统、润滑系统、冷却系统、起动系统。其中，柴油发动机没有点火系统。四冲程发动机气缸内的进气、压缩、做功、排气四个行程有条不紊地循环运作，发动机就不断地输出动力，如图 1-1-2 所示。

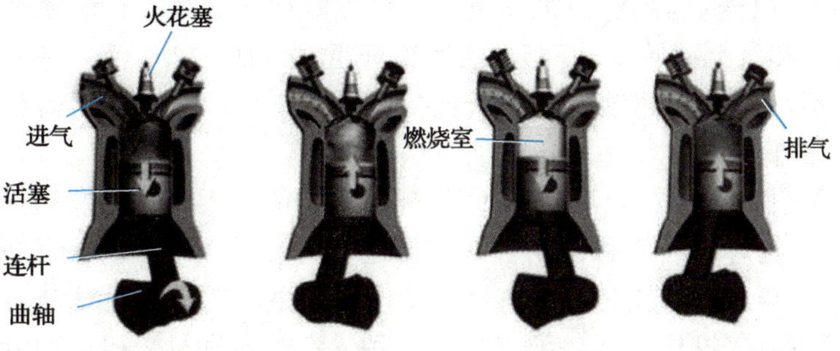

（a）进气行程　（b）压缩行程　（c）做功行程　（d）排气行程

图 1-1-2　四冲程发动机的工作原理

微课：四冲程汽油机工作原理

微课：四冲程柴油机工作原理

四冲程汽油机的工作循环由四个活塞行程组成，即进气行程、压缩行程、做功行程和排气行程。

① 进气行程，如图 1-1-2（a）所示。进气门开启，排气门关闭，活塞由上止点向下止点移动，活塞上方的气缸容积增大，产生真空度，气缸内压力降到进气压力以下，在真空吸力作用下，通过汽油喷射装置，雾化的汽油与空气混合形成可燃混合气，由进气道和进气门吸入气缸内。进气过程一直延续到活塞过了下止点进气门关闭为止。

② 压缩行程，如图 1-1-2（b）所示。上行的活塞开始压缩气体，进气门、排气门全部关闭，压缩气缸内可燃混合气，混合气温度升高，压力上升。活塞临近上止点前，可燃混合气压力上升到 0.6～1.2MPa，温度可达 330～430℃。

③ 做功行程，如图 1-1-2（c）所示。在压缩行程接近上止点时，装在气缸盖上方的火花塞产出电火花，点燃所压缩的可燃混合气。可燃混合气燃烧后放出大量的热量，缸内燃气压力和温度迅速上升，燃烧压力可达 3～6MPa，燃烧温度可达 2200～2500℃。高温高压燃气推动活塞快速向下止点移动，通过曲柄连杆机构对外做功。做功行程开始时，进气门、排气门均关闭。

④ 排气行程，如图 1-1-2（d）所示。做功行程接近终了时，排气门开启，由于这时缸内压力高于大气压力，高温废气迅速排出气缸，这一阶段属于自由排气阶段，高温废气以当地声速通过排气门排出。随排气过程的进行进入强制排气阶段，活塞越过下止点向上止点移动，强制将缸内废气排出，活塞到达上止点附近时，排气过程结束。排气终了时，气缸内气体压力稍高于大气压力，为 0.105～0.115MPa，废气温度为 600～900℃。由于燃烧室占有一定容积，因此在排气终了时，不可能将废气彻底排除干净，剩余部分废气称为残余废气。

3. 发动机的总体构造

通常，汽油发动机由两大机构和五大系统组成，柴油发动机由两大机构和四大系统组成（无点火系统）。

微课：汽油机总体构造

① 曲柄连杆机构。曲柄连杆机构的作用是将燃料燃烧时产生的热能转换为机械能，通过连杆将活塞的往复运动变为曲轴的旋转运动而对外输出动力。曲柄连杆机构主要由机体组（包括气缸体、曲轴箱、油底壳、气缸套、气缸盖和气缸垫等不动件）、活塞连杆组（包括活塞、活塞环、活塞销和连杆等运动件）和曲轴飞轮组（包括曲轴、飞轮、扭转减振器和平衡轴等机构）三部分组成，如图 1-1-3 所示。

② 配气机构（图 1-1-4)。发动机配气机构的作用是根据发动机每一气缸内进行的工作循环顺序，定时地开启和关闭各气缸的进气门、排气门，以保证新鲜可燃混合气（汽油机）或空气（柴油机）及时进入气缸并把燃烧后生成的废气及时排出气缸。

配气机构主要分为气门配气机构和气口配气机构两种，汽车发动机一般采用气门配气机构。配气机构按气门的布置形式可分为气门顶置式和气门侧置式；按凸轮轴的布置形式可分为凸轮轴下置式、凸轮轴中置式和凸轮轴上置式；按凸轮轴的传动方式可分为齿轮传动式、链条传动式和齿形带传动式；按每个气缸气门数及其排列方式可分为二气门式、四气门式、五气门式等。

③ 燃油供给系统（图 1-1-5）。汽油机燃油供给系统是汽油发动机的重要组成部分，其作用是根据发动机各种不同工况的要求，配制出一定数量和浓度的可燃混合气，然后供入气缸燃烧，使之在临近压缩终了时点火燃烧而膨胀做功，最后将燃烧废气排入大气中。

汽油泵将汽油自油箱泵出，流经汽油滤清器，滤除所含杂质后，将汽油泵入燃油分器，再将汽油分配给对应喷油器中。空气则经空气滤清器滤去所含灰尘后，经过进气管进入气缸。汽油经过喷油器雾化后喷入气缸，并与空气混合形成可燃混合气。可燃混合气燃烧生成的废气经排气管与排气消声器等被排到大气中。

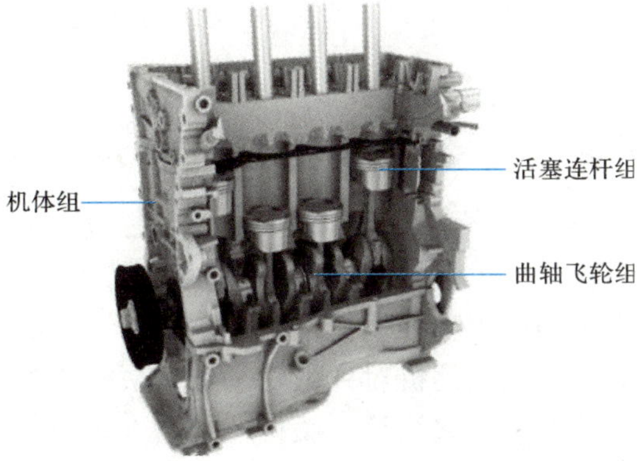

图 1-1-3　曲柄连杆机构

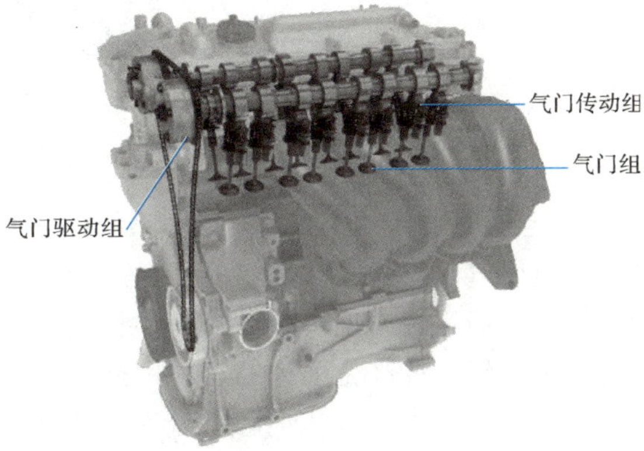

图 1-1-4　配气机构

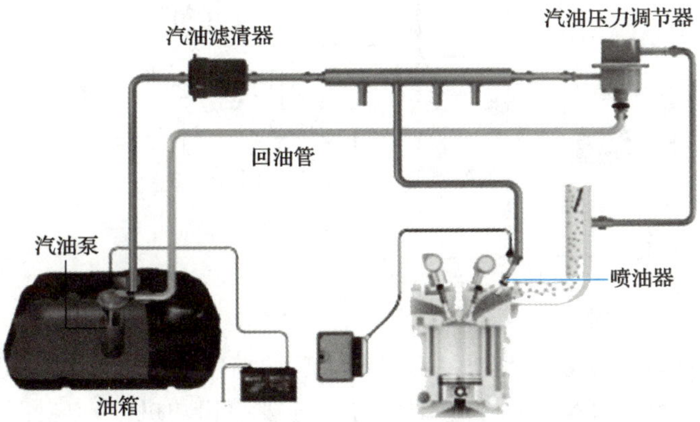

图 1-1-5　燃油供给系统

④ 润滑系统。润滑系统的作用就是在发动机工作时连续不断地将数量足够而温度适当的洁净润滑油输送到运动零件的摩擦表面，并在摩擦表面产生油膜，形成液体摩擦，使摩擦阻力减小、功率消耗降低、机件磨损减轻，以提高发动机工作的可靠性和耐久性。发动机的润滑系统主要由机油泵、机油滤清器、曲轴主油道和凸轮轴润滑油道等零部件组成，如图 1-1-6 所示。它主要有压力润滑、飞溅润滑、润滑脂润滑三种方式。

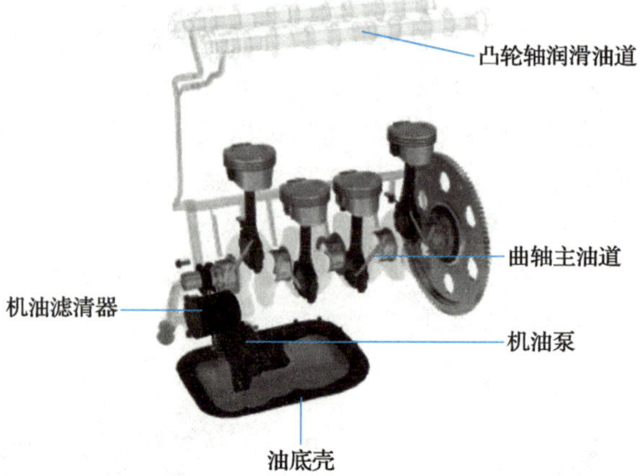

图 1-1-6　润滑系统

⑤ 点火系统（图 1-1-7）。点火系统的主要功能是按照汽油机工作的要求，定时地产生高压电点燃气缸内的高温高压的可燃混合气。汽油发动机工作时，在压缩行程终了时，点火线圈的次级线圈产生 15～20kV 电压，火花塞产生的电火花使通过进气行程吸入气缸中的可燃混合气燃烧产生强大的动力，推动活塞向下运动使发动机对外做功。点火系统按照组成和产生高压电的方法不同，分为传统点火系统、电子点火系统、微机控制点火系统及磁电机点火系统。

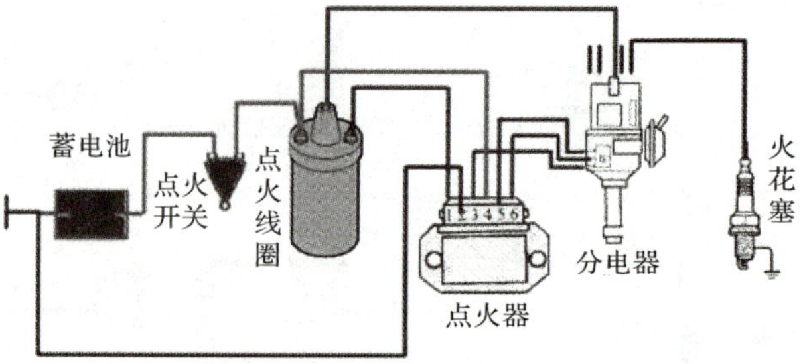

图 1-1-7　点火系统

⑥ 起动系统。起动系统由蓄电池、起动机、起动继电器、点火开关等组成，如图 1-1-8 所示。其工作过程是当点火系统启动起动机时，先接通起动机控制电路，再接通起动机供电电路，让蓄电池电流经电磁开关流入起动机，并使其转动起来；与此同时，电磁开关还将起动机的驱动齿轮向外推出，使其与发动机飞轮齿圈相啮合，拖转发动机。待发动机被拖转到自己完成爆发并加速运转后，飞轮又反过来带动起动机驱动齿轮运转，起动机上的单向离合器使起动机的驱动齿轮相对于起动机电枢轴空转（以保护起动机）。驾驶人应及时将点火开关转到点火挡，切断起动机控制电路，在控制机构弹簧恢复力作用下，驱动齿轮退回原处，脱离与飞轮齿圈的啮合。由于供电电路同时被切断，起动机停止运转。

⑦ 冷却系统。发动机冷却系统的作用是使发动机在所有工况下都保持在适当的温度范围内，采用的冷却方式分为水冷式和风冷式两种。以冷却液为冷却介质冷却发动机的高温零件，然后将热量传给空气的冷却系统称为水冷系统（图 1-1-9），水冷式发动机气缸体水套中适宜的温度为 80～90℃。以空气为冷却介质的冷却系统称为风冷系统，风冷式发动机气缸壁适宜的温度为 150～180℃。汽车发动机大多采用水冷系统。水冷式发动机冷却系统分为强制循环式和自然循环式两种。

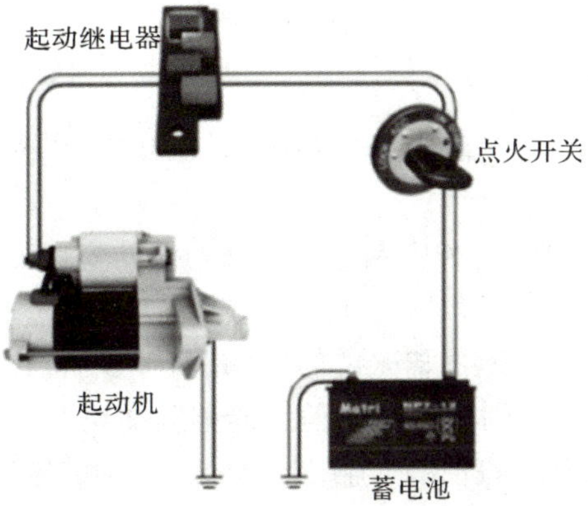

图 1-1-8　起动系统

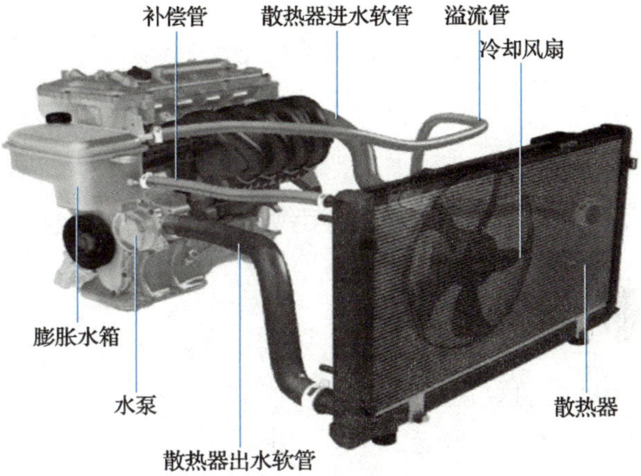

图 1-1-9　水冷系统

（二）底盘

汽车底盘由传动系统、行驶系统、转向系统和制动系统四部分组成，如图 1-1-10 所示。

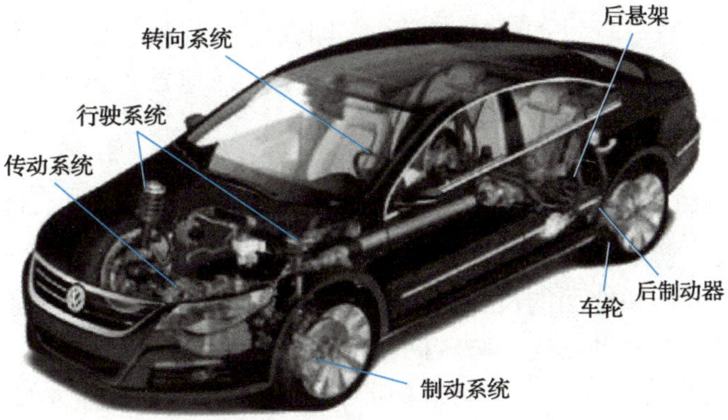

图 1-1-10　底盘构造

1. 传动系统

传动系统由离合器、变速器、传动轴、万向节、主减速器、差速器和半轴组成（图 1-1-11），主要具有减速增矩、变速变矩、实现倒车、中断动力、差速等功能。

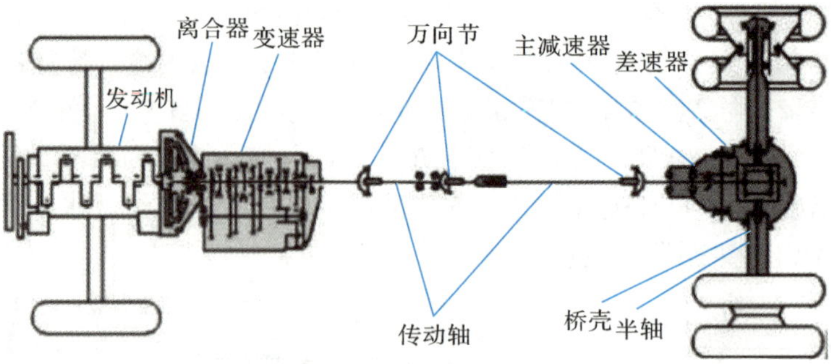

图 1-1-11　传动系统

① 离合器。离合器的主要作用是使汽车平稳起步，适时中断到传动系统的动力以配合换挡，还可以防止传动系统过载。

② 变速器。变速器的主要作用有变速变矩、实现倒车和中断动力，分为手动变速器和自动变速器。

③ 传动轴。传动轴装在变速器与驱动桥之间，将变速器传来的转矩与旋转运动传递给驱动桥的主减速器。在转向驱动桥和断开式驱动桥中，则用来连接差速器和驱动轮。

④ 万向节。万向节利用球形等装置来实现不同方向的轴动力输出，位于传动轴的末端，用来连接传动轴驱动桥、半轴等机件。

⑤ 主减速器。主减速器是在驱动桥内改变转矩和转速的机构。其基本功用是增大来自变速器或者万向传动装置的转矩，同时降低转速并改变转矩的传递方向。

⑥ 差速器。汽车差速器是能够使左、右（或前、后）驱动轮实现以不同转速转动的机构，主要由左右半轴齿轮、两个行星齿轮及齿轮架组成。功用是当汽车转弯行驶或在不平路面上行驶时，使左右车轮以不同转速滚动，即保证两侧驱动车轮做纯滚动运动。

⑦ 半轴。半轴（driver shaft）也称驱动轴，是将差速器与驱动轮连接起来的轴。

2. 行驶系统

汽车的行驶系统由车架、车桥、悬架、车轮与轮胎组成（图 1-1-12）。汽车底盘行驶系统的功能有：接收传动系统的动力，通过驱动轮与路面的作用产生牵引力，使汽车正常行驶；承受汽车的总重量和地面的反作用力；缓和不平路面对车身造成的冲击，衰减汽车行驶中的振动，保持行驶的平顺性；与转向系统配合，保证汽车操控性。

① 车架。车架是跨接在汽车前后车桥上的框架式结构，俗称大梁，是汽车的基体。车架的功用是支撑、连接汽车的各总成，使各总成保持相对正确的位置，并承受汽车内外的各种载荷。轿车一般采用承载式车身。

② 车桥。汽车车桥（又称车轴）通过悬架与车架（或承载式车身）相连接，其两端安装车轮。车桥的作用是承受汽车的载荷，维持汽车在道路上的正常行驶。车桥分为前桥和后桥，根据车桥上车轮的作用不同，车桥又分为转向桥、驱动桥、转向驱动桥和支撑桥，其中转向桥和支撑桥属于从动桥。

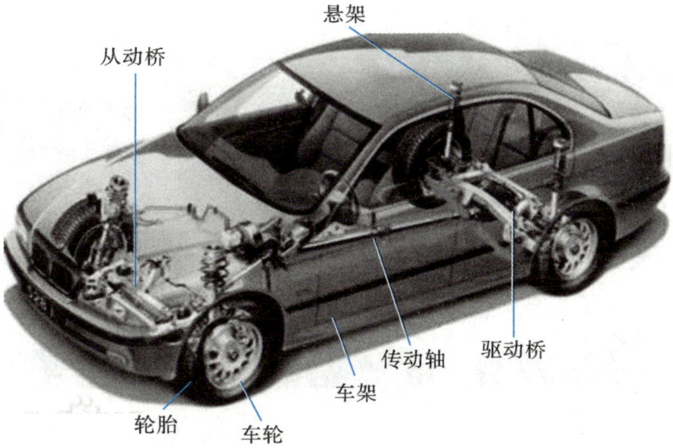

图 1-1-12 行驶系统

③ 悬架。悬架是汽车的车架（或承载式车身）与车桥（或车轮）之间一切传力连接装置的总称，其作用是传递作用在车轮和车架之间的力和力矩，并且缓冲由不平路面传给车架或车身的冲击力，并减少由此引起的振动，以保证汽车能平顺地行驶。

④ 车轮与轮胎。车轮是固定轮胎内缘、支持轮胎并与轮胎共同承受负荷的刚性轮。也将组合在一起的轮胎、轮辋与轮辐统称车轮。车轮总成由车轮和轮胎两大部件组成。

3. 转向系统

用来改变或保持汽车行驶或倒退方向的一系列装置称为汽车转向系统。汽车转向系统分为机械转向系统和动力转向系统。

① 机械转向系统。机械转向系统由于轮胎和地面的反作用力直接传递到转向盘上，所以在转动转向盘时很费劲，特别是原地打方向时。

② 动力转向系统。动力转向系统分为液压助力转向系统和电动助力转向系统。

4. 制动系统

制动系统是使汽车的行驶速度可以强制降低的一系列专门装置。制动系统主要由供能装置、控制装置、传动装置和制动器四部分组成。制动系统的主要功用是使行驶中的汽车减速甚至停车、使下坡行驶的汽车速度保持稳定、使已停驶的汽车保持不动。

（三）车身

车身包括车窗、车门、驾驶舱、乘客舱、发动机舱和行李箱等，按承载方式可分为承载式车身和非承载式车身，按用途可分为轿车车身、货车车身和客车车身等，如图 1-1-13 所示。

车身可以由多种材料组成，如铝、钢等。如图 1-1-14 所示为车身材料结构示意，它由铝板材、铸造铝、钢材、热成型高强度钢材构成。

图 1-1-13　车身类型

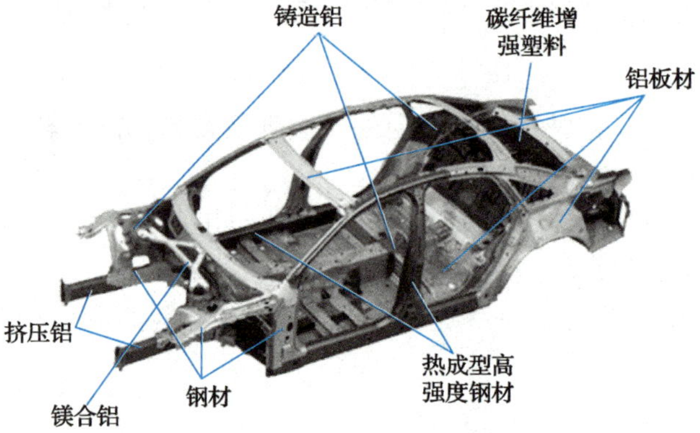

图 1-1-14　车身材料

（四）电气设备

① 汽车电源系统。汽车电源系统包括蓄电池和发电机，蓄电池不仅可以为汽车供电，还可以储存电能。车载蓄电池属于铅酸类电池。汽车发电机是汽车的主要电源，其功能是在发动机正常运转时（怠速以上）向所有用电设备（起动机除外）供电，同时向蓄电池充电。

② 起动系统。起动系统主要包括起动机及其控制电路，其作用是起动发动机。

③ 点火系统。点火系统用于产生电火花，点燃汽油机中的可燃混合气。点火系统主要由点火开关、点火线圈、点火器、分电器、火花塞等组成。

④ 照明系统。照明系统包括车内外各种照明灯及提供夜间安全行驶所必要的灯光，其中前照灯最为重要。

⑤ 信号装置。信号装置包括电喇叭、闪光器、蜂鸣器及各种信号灯，主要用来提供安全行车所必需的信号。

⑥ 信息显示系统。信息显示系统包括润滑油压力表、冷却液温度表、燃油表、车速里程表、发动机转速表。

⑦ 电子控制系统。电子控制系统包括电控燃油喷射系统、防抱死制动系统（anti-lock braking system，ABS）、驱动防滑控制系统、电控自动变速器、电控悬架、自适应巡航系统等。

⑧ 其他辅助电器。其他辅助电器包括电动刮水器、汽车空调、汽车音响、安全气囊、中控门锁系统、电动车窗、电动天窗、电动后视镜、电动座椅等。

课堂练习

（一）填空题

1. 汽车的驱动方式有________、________、________、________和________、________、________、________。

2. 列举各种驱动方式的代表车型：____、____。

3. 燃油汽车的总体结构由________、________、________、________四部分组成。

（二）选择题

1. 汽车在雪地或易滑路面上起动加速时，后轮推动车身，易发生摆尾现象的驱动方式是（　　）。

A．前置前驱　B．前置后驱　C．后置后驱　D．中置后驱

2. 下列说法中正确的是（　　）。

A．汽油发动机是以汽油作为燃料，将机械能转换成动能的发动机

B．汽油机燃油供给系统根据工况要求，配制出一定数量和浓度的可燃混合气

C．水冷式发动机气缸体水套中适宜的温度为150～180℃

D．风冷式发动机气缸壁适宜的温度为80～90℃

3. 以下不属于电气设备的是（　　）。

A．点火开关　B．前照灯　C．发动机转速表　D．车窗

（三）问答题

1. 简述发动机的工作原理。
2. 汽车行驶系统的功能是什么？

项目实施

小组根据该项目的学习情况，查阅相关资料或实训室的教具用车，完成下列工作任务单。

燃油汽车基本结构认识工作任务单

任务名称	认识燃油汽车		
小组成员		任务成绩	
要求	1．你能指出 1～19 分别是什么吗？请在表中空白处写出对应的部件名称； 2．在教师指定的实训车辆上找到 1～19 对应的部件		
认识燃油汽车	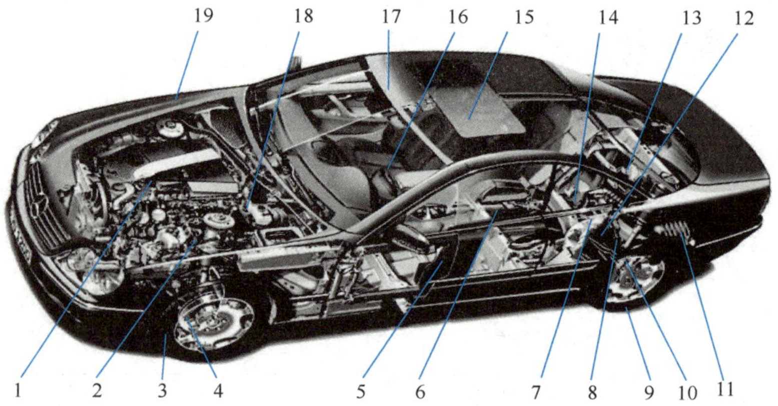		

考核评价

综合整个学习过程，通过学生的课堂表现、课后习题、任务完成情况等对学生的知识、能力、思政要素和职业素养目标达成情况进行评价。

项目教学目标达成情况评价表

班级：________________ 姓名：________________

知识目标达成情况		
目标描述	教师评价	学生自评
是否能正确识别燃油汽车各部件		
是否能够区分汽车的驱动方式		
是否知道各部件的功能		
评价结论：知识目标达成与否	□ 是 □ 否	

续表

能力目标达成情况		
目标描述	教师评价	学生自评
是否知道驱动方式的分类及其代表车型		
是否知道燃油汽车的基本结构及功能		
是否能在实车上识别燃油汽车的主要部件		
评价结论：能力目标达成与否	□ 是 □ 否	
思政要素和职业素养目标达成情况		
目标描述	教师评价	学生自评
小组活动中展现的团队协作、沟通交流能力		
本讲课堂表现的积极性		
实验是否严谨、客观、科学		

项目二 新能源汽车基本结构认识

项目描述

本项目主要介绍新能源汽车的分类、各类新能源汽车的基本结构及功能，使学生对新能源汽车及其环保意义有基础的认知。

学习目标

知识目标	能力目标	思政要素和职业素养目标
1. 知道新能源汽车的分类及代表车型。 2. 知道不同类别新能源汽车的基本结构、功能及代表车型	能在实车上识别新能源汽车主要部件等总成或系统	1. 培养图文读取与识别的能力。 2. 培养节能环保意识与社会责任感。 3. 感受汽车之美，践行制造强国战略
对接 1+X 证书模块 2-1（初级）工作任务 1—动力电池系统检查保养		

情境导入

客户刘先生想要为家里增购一辆汽车，经过上网查询发现新能源汽车在使用成本、道路通行、积分落户、购车补贴等方面都有一定的优势，因此刘先生决定对新能源汽车的分类、结构及技术做进一步了解。请你根据客户的实际情况，解答相关问题，并为客户选择合适车型。

课前练习

根据查找的资料，完成下列课前练习（表 1-2-1）。

表 1-2-1　新能源汽车基本结构认识练习

1. 新能源汽车包含哪四大类型，它们各自的动力源是什么？

（新能源汽车）

分类

(　　　　)(　　　　)(　　　　)(　　　　)

动力源

(　　　　)　(　　　　)　(　　　　)　(　　　　)

2. 为推动绿色发展、缓解能源短缺问题、培育新的经济增长点，我国近年来一直致力于推行新能源汽车产业升级与推广应用。为此国家发布了众多激励举措，如双积分政策、新能源车指标无须摇号、新能源汽车减免购置税等，使得新能源汽车的普及度越来越高。

想一想：使用新能源汽车能为环保节能做出哪些贡献呢？

____

____

____

____

____

____

相关资讯

新能源汽车是指采用非常规的车用燃料作为动力来源（或使用常规的车用燃料但采用新型车载动力装置），综合车辆的动力控制和驱动方面的先进技术，形成的技术原理先进并且具有新技术、新结构的汽车。

微课：新能源汽车的分类

资讯一　新能源汽车的分类

新能源汽车包括纯电动汽车（battery electric vehicle，BEV）、增程式电动汽车（extended-range electric vehicle，E-REV）、混合动力汽车（hybrid electric vehicle，HEV）、燃料电池电动汽车（fuel cell electric vehicle，FCEV）等。各类新能源汽车的定义、特点及代表车型见表 1-2-2。

表 1-2-2　新能源汽车的分类及其描述

类型	纯电动汽车	增程式电动汽车	混合动力汽车	燃料电池电动汽车
定义	纯电动汽车指以车载电源为动力，用电机驱动车轮行驶，符合道路交通、安全法规各项要求的车辆	增程式电动汽车是一种既可通过外接电源获得电能驱动车辆行驶，也可通过增程器获得电能驱动车辆行驶的新型电动汽车	混合动力汽车指车上装有两个以上动力源，用电机驱动，符合汽车道路交通、安全法规的汽车。又可分为插电式与非插电式	燃料电池电动汽车是利用氢气等燃料和空气中的氧在催化剂的作用下在燃料电池中经电化学反应产生电能，并作为主要动力源驱动的汽车

续表

类型	纯电动汽车	增程式电动汽车	混合动力汽车	燃料电池电动汽车
特点	①无污染、噪声小；②单一的电能；③结构简单，维修方便；④能量转换效率高；⑤平抑电网的峰谷差	兼有纯电动汽车和混合动力汽车的特点：①续驶里程较纯电动汽车有很大提高；②无须配备大容量动力电池，使得制造成本降低；③避免了动力电池的过放电，寿命得到延长	①油耗较传统汽车降低；②燃烧充分，排放气体干净；③不需要外部充电；④电池组的小型化使成本和重量低于电动汽车；⑤发动机和电机动力可互补	①零排放或近似零排放；②提高了经济性；③提高了发动机燃烧效率；④运行平稳、无噪声；⑤能量转换效率高，燃料电池的能量转换效率可高达 60%～80%，为内燃机的 2～3 倍
代表车型	特斯拉、荣威 MARVEL X、比亚迪 E5 等	宝马 i3（可选装增程模块），Fisker 卡玛和奥迪 A1 e-tron 等	卡罗拉双擎、雷凌双擎、比亚迪秦 Pro PHEV、雅阁锐混动等	现代 ix35 F、本田 FCX CL、广汽 Aion LX 等
图片				

资讯二　新能源汽车的结构及功能

本项目按新能源汽车的分类，分纯电动汽车、增程式电动汽车、混合动力汽车、燃料电池电动汽车四部分展开。

微课：新能源汽车的结构与工作原理（上）

微课：新能源汽车的结构与工作原理（下）

微课：纯电动汽车组成

（一）纯电动汽车

1. 纯电动汽车的基本结构

典型纯电动汽车的结构如图 1-2-1 所示，主要包括电源系统、驱动电机系统、整车控制器和辅助系统等。动力电池输出电能，通过电机控制器驱动电机运转产生动力，再通过减速机构将动力传给驱动车轮，使电动汽车行驶。

2. 纯电动汽车各系统的功能

（1）电源系统

电源系统主要由动力电池、电池管理系统（battery management system，BMS）、车载充电机和辅助动力源等组成。动力电池提供动力来源，是能量的储存装置。BMS 也称电池管家，实时监控电池的状态，包括电池的端电压、内阻、温度、电解液浓度、剩余电量等参数，并按要求进行调温控制和避免蓄电池过充电、过放电。车载充电机是固定安装在电动汽车上的充电机，具有为电动汽车动力电池安全、自动充满电的能力，充电机依据 BMS 提供的数据，能动态调节充电电流或电压参数，执行相应的动作，完成充电过程。辅助动力源一般为 12V 或 24V 的直流低压电源，主要给动力转向、照明、空调等供能。

知识窗

新能源汽车需要解决的主要问题是电池的续航能力、快速充电、使用安全等问题。我国汽车自主品牌以比亚迪、吉利、长安、北汽等为代表的厂家在这方面积极探索，做出了巨大的投入和努力。例如，比亚迪一直致力于磷酸铁锂电池的研究，这种电池能量密度虽然不高，但稳定性强，安全性相对可靠。早些年比亚迪 E6 最高续航能力仅能达 200km，后来国家对续航能力提出了新的要求，比亚迪响应政策换用三元锂电池，使得其续航能力提升了一倍多，达到了 500km 以上。在这方面，比亚迪电池技术不输特斯拉，是我们民族的自豪。

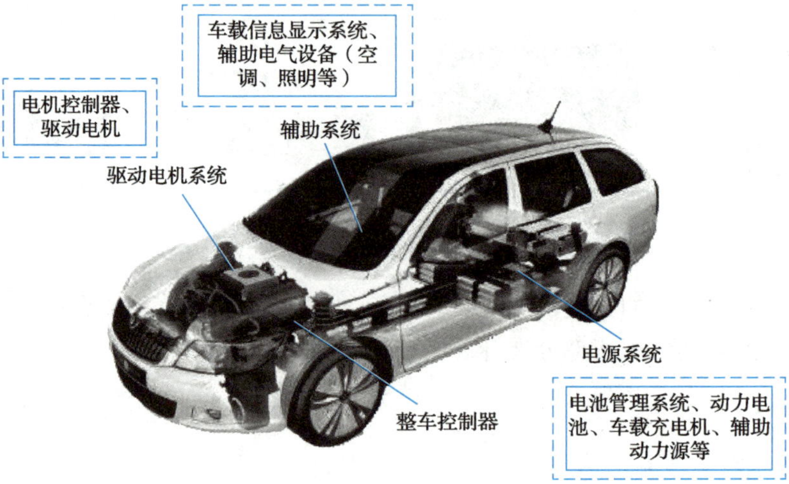

图 1-2-1　纯电动汽车的结构

微课：驱动电机的认知

（2）驱动电机系统

驱动电机系统主要包括电机控制器和驱动电机。电机控制器主要是对驱动电机的转速、转矩和旋转方向进行控制；电机承担着电动和发电的双重功能，正常行驶时将电能转换成机械旋转能，在减速或下坡滑行时将车轮的惯性动能转换为电能。

（3）整车控制器

整车控制器（VCU）是整个汽车的核心控制部件，相当于汽车的大脑。它采集加速踏板信号、制动踏板信号及其他部件信号，并做出相应判断后，控制下层的各部件控制器的动作，驱动汽车正常行驶。作为汽车的指挥管理中心，整车控制器的主要功能包括驱动力矩控制、制动能量的优化控制、整车的能量管理、CAN 网络的维护和管理、故障的诊断和处理、车辆状态监视等，它起着控制车辆运行的作用。

（4）辅助系统

辅助系统包括车载信息显示系统、动力转向系统、导航系统、空调、照明及除霜装置、刮水器和收音机等。辅助系统的主要功用是提高汽车的操控性和舒适性。

3. 纯电动汽车的工作原理

纯电动汽车的工作原理简单来说就是动力电池输出电能，经电机控制器驱动电机运转产生动力，再通过减速机构将动力传递到驱动车轮，最终驱使汽车行驶。

微课：纯电动汽车工作原理与常见驱动形式

（二）增程式电动汽车

1. 增程式电动汽车的基本结构

增程式电动汽车的基本结构如图 1-2-2 所示，主要由驱动电机系统、电源系统、增程器和整车控制器组成，与纯电动汽车相比，增加了增程器。

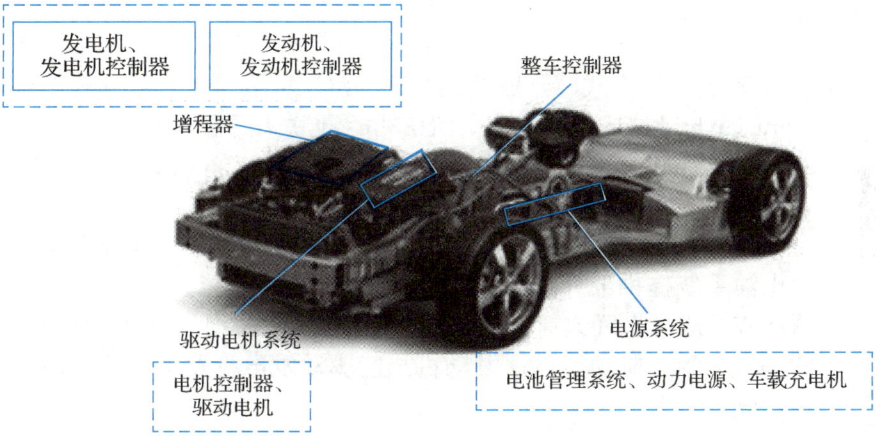

图 1-2-2　增程式电动汽车的基本结构

2. 增程式电动汽车各系统的功能

（1）驱动电机系统

与纯电动汽车相似，也是由驱动电机和电机控制器组成的，还增加了增程器。发电机发电，将发动机输出的机械能转换成电能，然后电机控制器根据车辆工况需求对电能进行分配，多余的电能将储存到动力电池中。

（2）电源系统

电源系统由电池管理系统、动力电源、车载充电机等组成。增程式电动汽车的纯电动模式续航里程较短，动力电池容量较小，且动力电池需兼顾纯电动和混合动力两种模式；在深度放电时，依然有较长的循环寿命；在较低电池荷电状态（state of charge，SoC）下，可输出大功率电能，使增程式电动汽车的加速性能仍然良好；在较高 SoC 下能大电流充电；保持高 SoC 可延长其使用寿命。

（3）增程器

增程器是指能够提供额外的电能，从而使电动汽车能够增加行驶里程的电动汽车零部件，由发电机、发动机及其各自的控制器共同组成。增程器只提供电能，电能用来驱动电机或者为动力电池充电，增加电动汽车的续航里程，发动机到驱动电机之间的动力传动路线没有机械连接，可以将电能用于驱动车辆，不经过动力电池的充放电过程，降低了从增程器到动力电池的能量传递损耗。

（4）整车控制器

VCU 通过 CAN 网络与其他系统进行信息交互，实现增程的控制，增程器、驱动电机和动力电池间通过 VCU 进行电能交换，将能量最优分配。

3. 增程式电动汽车的工作原理

当动力电池能量充足时，使用纯电动模式，工作原理与纯电动汽车相当；当动力电池能量不足时，增程器启动，发动机根据制定的控制策略在最佳状态下运行，一部分用于驱动车辆行驶，多余的电能为动力电池充电，当动力电池电量恢复充足时，发动机停止工作，又由动力电池来驱动车辆。

（三）混合动力汽车

根据混合动力驱动的连接方式，一般把混合动力汽车分为三类：串联式混合动力汽车（series hybrid electric vehicle，SHEV）、并联式混合动力汽车（parallel hybrid electric vehicle，PHEV）、混联式混合动力汽车（power-split hybrid electric vehicle，PSHEV）。

微课：混合动力汽车定义

微课：混合动力的特点

微课：混合动力汽车结构认知

微课：混合动力汽车工作原理

① 串联式混合动力汽车由内燃机驱动发电机产生电能驱动电机，同时由电池系统提供部分能量。发动机、发电机、驱动电机三大动力总成用串联方式组成了串联式混合动力汽车的动力系统，如图 1-2-3 所示。串联结构的动力来源于驱动电机，发动机只能驱动发电机发电，并不能直接驱动车辆行驶。

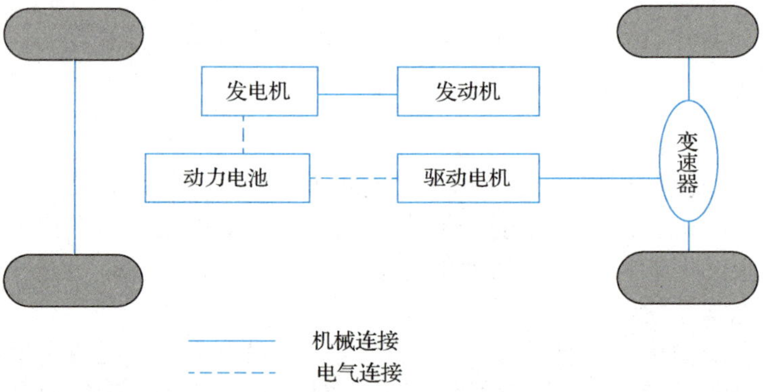

图 1-2-3　串联式混合动力汽车的基本结构

② 并联式混合动力汽车的发动机和驱动电机都是动力总成，如图 1-2-4 所示，两大动力总成的功率可以互相叠加输出，也可以单独输出。并联式混合动力汽车有发动机和驱动电机两套驱动系统，它们可分开工作，也可一起协调工作，共同驱动。并联式混合动力汽车由于发动机和驱动电机的高效工作区域并不相同，为了发挥并联式混合动力系统的优势，汽车应根据不同运行工况，采取与之相适应的工作模式，以提高车辆整体的动力性、经济性及排放性。

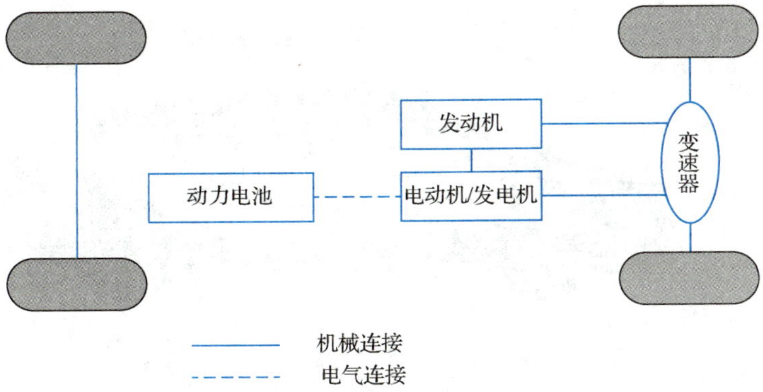

图 1-2-4 并联式混合动力汽车的基本结构

③ 混联式混合动力汽车是综合了串联式和并联式的结构而组成的电动汽车，主要由发动机、发电机和驱动电机三大动力总成组成，如图 1-2-5 所示。混联式混合动力汽车在发动机和驱动电机协同驱动汽车行驶的同时，发动机还能带动发电机为动力电池充电，不再像并联结构中单一驱动电机需要身兼二职，并且理论上它能够实现发动机带动发电机发电、驱动电机驱动汽车的模式。当然，两个动力单元也能够单独驱动车辆。

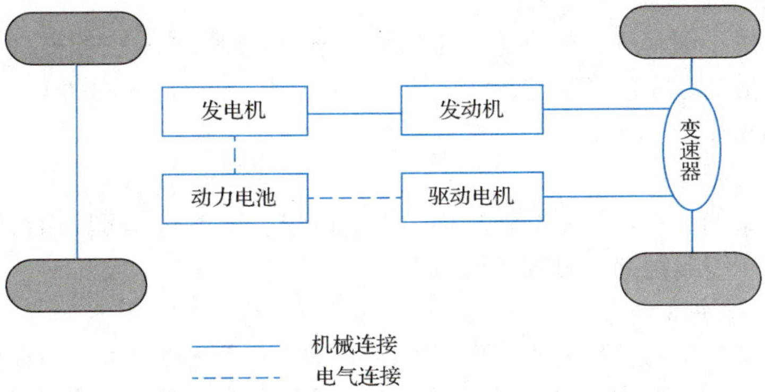

图 1-2-5 混联式混合动力汽车的基本结构

（四）燃料电池电动汽车

1. 燃料电池电动汽车的基本结构

纯燃料电池电动汽车只有燃料电池一个动力源，汽车的所有功率负荷都由燃料电池承担。如图 1-2-6 所示，燃料电池汽车多采用混合驱动形式，在燃料电池的基础上增加了一组电池或超级电容作为另一个动力源。燃料电池的基本组成有电极、电解质、燃料和氧化剂。燃料可以是氢气（H_2）、甲烷（CH_4）、甲醇（CH_3OH）等，氧化剂一般是氧气或空气，电解质可为酸碱溶液（H_2SO_4、H_3PO_4、NaOH 等）、熔融盐（Na_2CO_3、K_2CO_3）、固体聚合物、固体氧化物等。与普通电池不同的是，只要能保证燃料和氧化剂的供给，燃料电池就可以连续不断地产生电能。

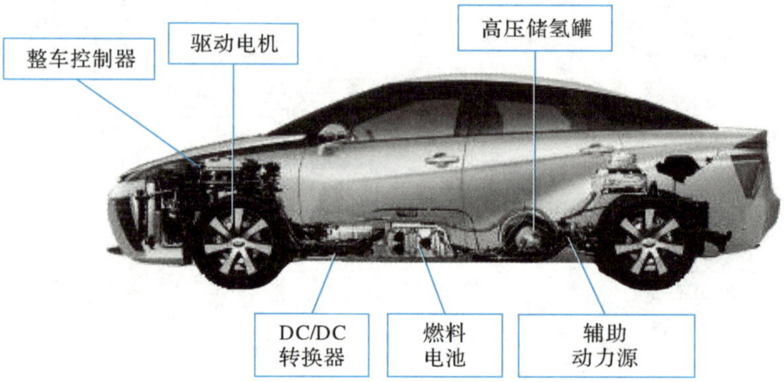

图 1-2-6　燃料电池电动汽车的基本结构

2. 燃料电池电动汽车各系统的功能

（1）燃料电池

燃料电池是一种把燃料所具有的化学能直接转换成电能的化学装置，又称电化学发电器，是燃料电池电动汽车的主要动力源。

（2）高压储氢罐

高压储氢罐用于储存气态氢，并供给燃料电池。为保证汽车一次充气有足够的续航里程，需要多个高压储氢罐来储存气态氢气。一般情况下，一辆普通轿车需要 2～4 个高压储氢罐，大客车则需要 5～10 个。

（3）辅助动力源

根据设计方案的不同，采用的辅助动力源系统也有所不同，可以用蓄电池组、飞轮储能器或超大容量电容器等共同组成双电源系统。

（4）DC/DC 转换器

燃料电池电动汽车的燃料电池需要装置单向 DC/DC 转换器，蓄电池和超级电容器需要装置双向 DC/DC 转换器。DC/DC 转换器的主要功能有调节燃料电池的输出电压，升压到 650V，调节整车能量分配；稳定整车直流母线电压。

（5）驱动电机

燃料电池电动汽车用的驱动电机主要有直流电机、交流电机、永磁同步电机和开关磁阻电机等，具体选型必须结合整车开发目标，综合考虑电机的特点。

3. 燃料电池电动汽车的工作原理

微课：燃料电池汽车工作原理

结合图 1-2-6 介绍燃料电池电动汽车的工作原理，高压储氢罐中的氢气和空气中的氧气在汽车搭载的燃料电池中发生氧化还原化学反应，产出电能，驱动电机工作，驱动电机产生的机械能经减速机构传给驱动轮，进而驱动汽车行驶。

知识窗

大力发展新能源汽车对缓解全球能源资源短缺、解决全球生态环境恶化问题具有重大的意义。具体体现在：可以减少汽车尾气排放；缓解交通压力；减少煤炭、石油等传统能源的消耗，同时也减缓对传统资源的过度开发，长期来看还可以减缓因环境恶化带来的疾病等健康问题。因此，无论是出于环保性、降低石油依赖还是产业升级的考虑，我国积极推广新能源汽车都将是发展的必然趋势。

课堂练习

（一）填空题

1．新能源汽车是指采用____________作为动力来源，综合车辆的________和________的先进技术，形成的技术原理先进并且具有新技术、新结构的汽车。

2．新能源汽车可分为______________________________、______________________________、______________________________、______________________________四类。

3．纯电动汽车的总体结构由________、________、________、________等系统组成。

（二）选择题

1．下列属于纯电动汽车车型的是（　　）。

A．特斯拉　　B．比亚迪秦 Pro PHEV

C．宝马 i3　　D．雷凌双擎

2．下列说法中不正确的是（　　）。

A．燃料电池电动汽车的制造成本和使用成本较低

B．增程式电动汽车可随时在加油站加油，续航里程得到很大提高

C．纯电动汽车使用电能，在行驶中无废气排出，不污染环境

3．（多选）根据混合动力驱动的连接方式，一般把混合动力汽车分为（　　）。

A．SHEV　　B．PHEV　　C．PSHEV　　D．FCEV

（三）问答题

1．简述增程式电动汽车的工作原理。

2．燃料电动汽车的优点是什么？你认为它是未来电动汽车的发展趋势吗？谈谈你的看法。

项目实施

小组根据该项目的学习情况，查阅相关资料或实训室的教具用车，完成下列工作任务单。

新能源汽车基本结构认识工作任务单

任务名称	认识新能源汽车		
小组成员		任务成绩	
任务要求	1．利用教师提供的新能源实训车辆，写出车辆的具体类型，在实车上指认前面介绍的各大系统部件，并在下表中记录所找到的总成或部件； 2．通过线上、线下收集信息，列出不同类型新能源汽车的典型车型产品（至少列出 1～2 种）		
安全要求	记录实训中应该注意的安全注意事项：		
新能源汽车部件、总成识别记录	1．实训车辆 1：__________ 车辆型号及类型记录： 部件与总成位置记录： 2．实训车辆 2：__________ 车辆型号及类型记录： 部件与总成位置记录：		
新能源汽车代表车型信息收集	1．纯电动汽车： 2．增程式电动汽车： 3．混合动力汽车： 4．燃料电池电动汽车：		

注：若相关信息栏不够，可自行补充。

考核评价

综合整个学习过程，通过学生的课堂表现、课后习题、任务完成情况等对学生的知识、能力、思政要素和职业素养目标达成情况进行评价。

项目教学目标达成情况评价表

班级：______________　　　　姓名：______________

知识目标达成情况		
目标描述	教师评价	学生自评
是否能正确区分新能源汽车		
是否能够准确说出各类新能源汽车的结构		
是否知道各类新能源汽车的特点		
评价结论：知识目标达成与否	□ 是　　　□ 否	

续表

能力目标达成情况		
目标描述	教师评价	学生自评
是否知道新能源汽车的分类及代表车型		
是否知道新能源汽车的基本结构及功能		
是否能在实车上识别电动汽车的主要部件		
评价结论：能力目标达成与否	□ 是 □ 否	
思政要素和职业素养目标达成情况		
目标描述	教师评价	学生自评
小组活动中展现的团队协作、沟通交流能力		
本讲课堂表现的积极性		
实验是否严谨、客观、科学		

项目三　汽车参数及配置认识

项目描述

本项目主要介绍车身参数、发动机参数、变速器参数、底盘参数。通过本项目的学习，掌握汽车车身、发动机、底盘等组成部分常用参数的含义，知道汽车常用参数对于车辆使用的影响。

学习目标

知识目标	能力目标	思政要素和职业素养目标
1. 知道汽车车身、发动机、底盘等组成部分常用参数的含义。 2. 能列出汽车基本参数的项目	1. 能够对汽车的各项参数进行对比评价。 2. 能够在购车网站上对汽车参数进行解读	1. 培养图文读取与识别的能力。 2. 养成严谨、客观、认真分析的能力。 3. 培养团结互助的团队精神和积极沟通交流的职业能力
对接 1+X 证书模块 1-7（初级）工作任务 3—汽车车型主要技术参数解说 知识要求：1.1.1 影响车辆性能的车辆参数及配置；1.2.1 车身参数及配置；1.2.2 车辆上的不同配置及参数的优缺点 技能要求：1.1.1 能熟记所销售车辆的参数及配置；1.2.1 能回答客户关于车辆参数及配置的问题；1.2.2 能针对车辆上的不同部件配置为客户分析优缺点		

情境导入

客户小王通过前期的资料收集对汽车的基本结构有了认识，经朋友推荐打算先在购车平台物色一款自己比较满意的车型。但是小王打开网站后发现上面涉及的很多参数都难以理解，因此向汽车销售服务4S店寻求帮助。请你为客户解答汽车参数的相关问题，并为他选择合适的车型。

课前练习

根据查找的资料，完成下列课前练习（表 1-3-1）。

表 1-3-1　汽车参数及配置认识练习

1. 汽车相关参数一般包含哪几个方面的内容？各部分又包含哪些主要知识点？请查阅！
2. 请利用网页或手机 App 查阅任一品牌车型（自选），找到参数配置详情页，仔细阅读并记录，你能从中获取什么信息呢？又有什么疑问呢？记录下来！

相关资讯

汽车相关参数主要包含以下方面：车身参数、发动机参数、底盘参数等，每一类又包含相应的具体内容。在评价对比汽车的性能时，应尽量收集完备的相关参数信息，进行客观、科学的评价。

资讯一　车 身 参 数

车身参数指的是汽车各个部件之间的尺寸和数据。下面以通俗易懂的方式介绍汽车车身的各项参数。

（一）长×宽×高

车身的长、宽、高就是一部汽车的外形尺寸，一般以毫米（mm）为单位计，这里以图 1-3-1 为例进行讲解，定义如下。

微课：车身尺寸与重量参数认识

车身长度：汽车长度方向两个极端点间的距离，即从车前保险杠最凸出的位置量起，到车后保险杠最凸出的位置，这两点间的距离。图 1-3-1 中车身长度为 4650mm。

车身宽度：汽车宽度方向两个极端点间的距离，也就是车身左、右两侧最凸出位置之间的距离。图 1-3-1 中车身宽度为 1700mm。

车身高度：从地面算起，到汽车最高点的距离。而所谓最高点，也就是车身顶部最高的位置，但不包括车顶天线的长度。图 1-3-1 中车身高度为 1480mm。

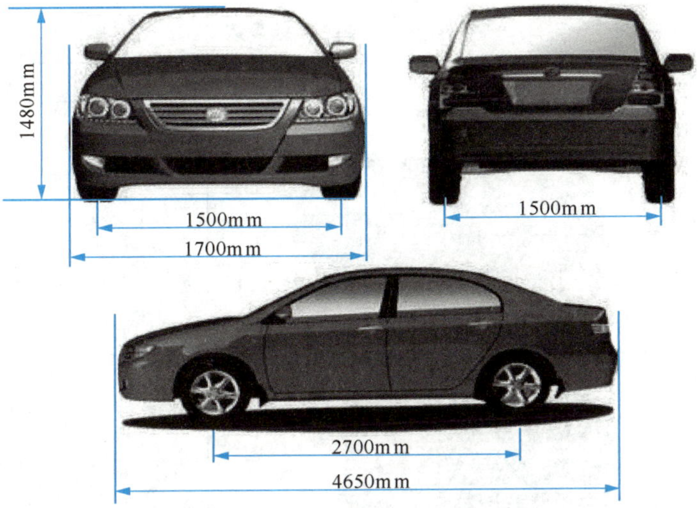

图 1-3-1　汽车车身外形尺寸图示

（二）轴距

汽车的轴距是同侧相邻前后两个车轮中心点间的距离，即从前轮中心点到后轮中心点之间的距离。图 1-3-1 中轴距为 2700mm。

轴距是最能反映汽车内部空间的参数，根据轴距的大小，国际通用的按表 1-3-2 对轿车进行分类。

表 1-3-2　轿车分类

类别	轴距/mm	代表车型
微型车	＜2400	奇瑞 QQ、SMART、宝骏 E100 等
小型车	2400～2550	本田飞度、大众 POLO、宝马 MINI 等
紧凑型车	2550～2700	丰田卡罗拉、大众速腾、本田思域等
中型车	2700～2850	大众迈腾、丰田凯美瑞、本田雅阁等
中大型车	2850～3000	奔驰 E 级、宝马 5 系、奥迪 A6 等
豪华车	>3000	宝马 7 系、奔驰 S 级、迈巴赫 S 级等

（三）其他车身参数

除车身外形尺寸和轴距外，还有很多车身参数，下面通过图示和解释的方式介绍，详细见表 1-3-3。

表 1-3-3　其他车身参数

参数	图示	解释
前轮距/后轮距	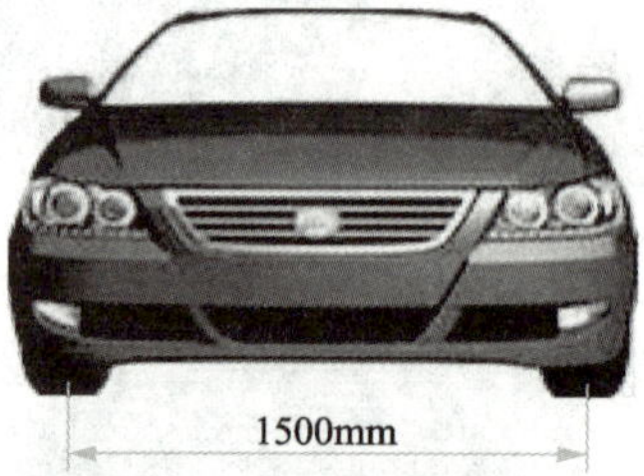	轮距分为前轮距和后轮距，而轮距即左、右车轮中心间的距离，通常单位为毫米（mm），图 1-3-1 中轮距为 1500mm，较宽的轮距有更好的横向稳定性与较佳的操控性
最小离地间隙		汽车的最小离地间隙，就是汽车满载静止时，汽车除车轮之外的最低点与支承平面之间的间距，通常单位为毫米（mm）
空气阻力系数	—	空气阻力是汽车行驶时所遇到的最大的也是最重要的外力。 空气阻力系数=正面风阻力×2÷（空气密度×车头正面投影面积×车速 ^{2}） 一般车辆的空气阻力系数为 0.25～0.4，空气阻力系数越小，说明正面风阻力越小
最小转弯半径	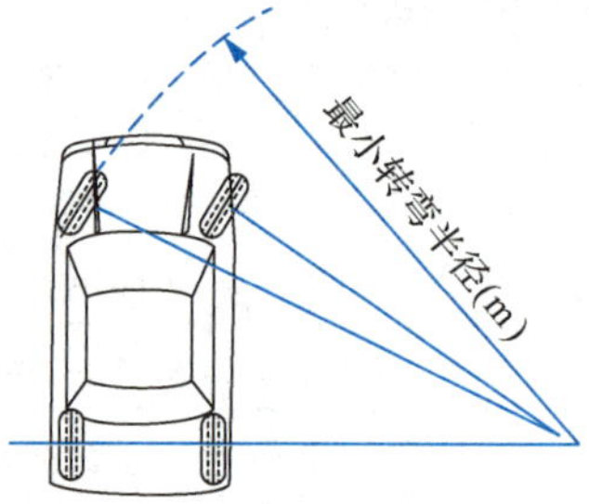	将车辆转向盘向某个方向打满，驾驶车辆转一个圈，这个圈的半径就是车辆的最小转弯半径，单位为米（m）
空车质量	—	空车质量指汽车按出厂技术条件装备完整（如备胎、工具等安装齐备），各种油水添满后的质量，通常单位为千克（kg）
允许总质量	—	允许总质量指汽车在正常条件下行驶时，包括的载人（包括驾驶人）、载物时允许的总质量，通常单位为千克（kg）
车门数	—	车门数指汽车车身上含行李箱门在内的总门数
座位数	—	座位数指汽车内含驾驶人座位在内的座位数，一般轿车为五座

续表

参数	图示	解释
行李箱容积		行李箱容积是衡量一款车携带行李或其他备用物品多少的能力，单位通常为升（L）
油箱容积	—	油箱容积指一辆车能够携带燃油的体积，通常单位为升（L）
前后配重	—	前后配重指车身前轴与车身后轴各自所承担重量的比。汽车的配重，一般 50∶50 是最平均的
接近角		接近角指在汽车满载静止时，汽车前端凸出点向前轮所引切线与地面的夹角，即水平面与切于前轮轮胎外缘（静载）的平面之间的最大夹角，通常单位为度（°）
离去角		离去角指汽车满载静止时，自车身后端凸出点向后车轮引切线与路面之间的夹角，即水平面与切于车辆后车轮轮胎外缘（静载）的平面之间的最大夹角，通常单位为度（°）
通过角		通过角指汽车空载静止时，分别通过前、后车轮外缘作切线交于车体下部较低部位所形成的最小锐角，通常单位为度（°）
爬坡角度	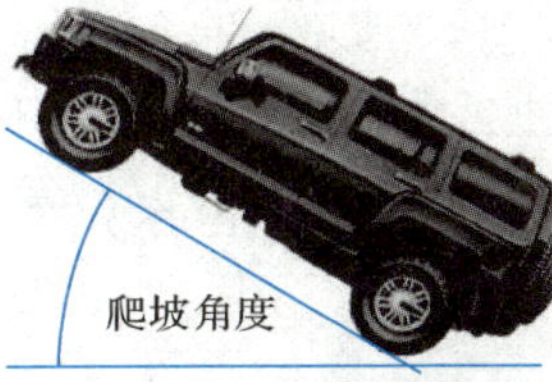	爬坡角度指汽车满载时在良好路面上用第一挡克服的最大坡度角，它表征汽车的爬坡能力。爬坡角度用坡度的角度值（以度数表示）或以坡度起止点的高度差与其水平距离的比值（正切值）的百分数来表示
最大涉水深度		最大涉水深度指汽车所能通过的最深水域，也是安全深度，通常单位为毫米（mm），这是评价汽车越野通过性的重要指标之一

资讯二　发动机参数

发动机参数指表述发动机基本构造的参数，如缸数、发动机冷却方式、气门数、缸径×行程、发动机排量、发动机功率、发动机转矩、最大功率和最大转矩、压缩比等。这些参数决定了发动机的基本尺寸和基本性能。

微课：发动机参数认知

（一）缸数

缸数即气缸数的多少，有单缸、3 缸、4 缸、6 缸、8 缸、12 缸等。

（二）气缸排列方式

气缸排列方式有单列式（直列式）、V 形、对置式和 W 形等，其中直列式和 V 形较常见（图 1-3-2）。气缸数和排列方式用以下方式表达：V6 表示 6 缸 V 形排列，P8 表示 8 缸平卧式，4 表示 4 缸直列（有的资料用 L4 表示）。大众汽车公司还生产了一种 W 形发动机（如帕萨特 W8），即 V 形发动机的每侧气缸再进行小角度的错开，由两个小 V 形组成一个大 V 形，从而形成一个类似 W 形的发动机。

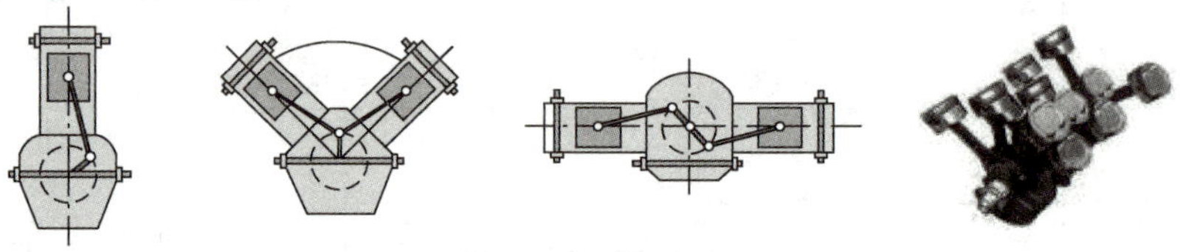

单列式（直列式）　　V形　　对置式　　W形

图 1-3-2　气缸排列方式

（三）发动机冷却方式

发动机的冷却方式包括风冷和水冷，具体介绍见本模块项目一。

（四）气门数

气门数指每缸的气门数或发动机气门总数，常见的是每缸 2 气门（1 个进气门和 1 个排气门，简称 1 进 1 排）、每缸 4 气门（2 进 2 排）和每缸 5 气门（2 进 3 排）。每缸的气门数越多，发动机进气越充分，排气越彻底，燃烧做功也越好，发动机性能越好。

（五）缸径×行程

缸径×行程是一种组合参数。从这个组合参数中可以了解到这台发动机的特性取向。缸径即气缸直径；行程是指活塞从上止点运动到下止点的移动距离。

（六）发动机排量

发动机排量常用升（L）表示，也有用 cc（$1cc=1cm^3$）表示的。排量大是指单位时间发动机所释放的能量（即将燃料的化学能转换为机械能）大，也就是人们常说的“动力性”好。例如，某发动机标有 L4 1.6，1.6 就代表发动机的排量为 1.6L，也可以说发动机的排量是 1600cc。

（七）发动机功率

简单来说，发动机功率是指发动机做功的快慢，即发动机单位时间内所做的功。与指示功、有效功相对应的，称为指示功率、有效功率（输出功率），这两者的差值叫作机械损失功率。

（八）发动机转矩

微课：理清功率、转矩和转速的关系

发动机转矩是曲轴对外输出的转矩，随着转速的变化而变化。发动机的最大转矩是在某一转速下的，在给出发动机最大转矩时也要给出对应的转速。例如，某发动机的最大转矩是 500N・m/3600r/min，是指发动机在每分钟 3600 转时，有最大转矩 500N・m。

（九）最大功率和最大转矩

最大功率和最大转矩是发动机非常重要的两个技术参数。一般压缩比越大、发动机排量越大、每缸气门数越多，最大功率和最大转矩就越大；采用增压技术能显著提高发动机的最大功率和转矩；在同样排量下，柴油机的最大功率和转矩大于汽油机。发动机的最大功率越大，动力性就越好，最高车速也越高，汽车在行驶过程中不换挡的条件下加速和爬坡的能力就越大。发动机最大转矩越大，能产生的驱动力就越大，汽车的起步加速能力就越强，能爬上的坡度也越大，在松软路面上的通过性就越好。带涡轮增压的发动机，它在较大转速范围内都有很大转矩与之对应，在使用过程中动力充沛。

（十）压缩比

压缩比表示活塞由下止点运动到上止点时，气缸气体被压缩的程度，用 ε 表示。就某个气缸而言，当活塞的行程到达最低点时的位置点称为下止点，整个气缸包括燃烧室所形成的容积为最大行程容积 V_a；当活塞反向运动，到达最高点位置时的位置点称为上止点，所形成的容积为整个活塞运动行程容积最小的状况，容积为 V_c。

$$压缩比\ \varepsilon = V_a / V_c$$

资讯三　底盘参数及其他

本书对于底盘基本知识的介绍请回顾本模块项目一资讯二。

底盘参数是描述汽车底盘基本构造的参数。本部分主要从变速器参数、驱动方式、悬架类型、转向助力方式和转向盘回转总圈数、安全气囊、电子安全系统等方面来展开。

（一）变速器参数

变速器参数包含挡位个数、变速器类型和制动器等。

1. 挡位个数

挡位个数即人们常说的汽车换挡的挡位数量，指有级齿轮变速器的前进挡的数量。挡位是指发动机在转速一定的情况下，用来调整变速器的齿轮比，从而来达到合理的转矩。挡位个数越多，发动机输出功率的区域划分越细。变速器的挡位个数基本上为 4～8 个。大部分手动变速器都是 5 个前进挡或 6 个前进挡，其中 5 挡的比较多，如捷达、思域等；6 挡的比较少，如卡罗拉、奔腾、1.6T 的君威等。

2. 变速器类型

变速器类型主要包括手动变速器（manual transmission，MT）、自动变速器（auto transmission，AT）、手自一体变速器（manumatic）、无级变速器（continuouslyvariable transmission，CVT）、双离合变速器（dual clutch transmission，DCT）等，详细描述见表 1-3-4。

表 1-3-4　变速器类型

分类	图示	解释
手动变速器	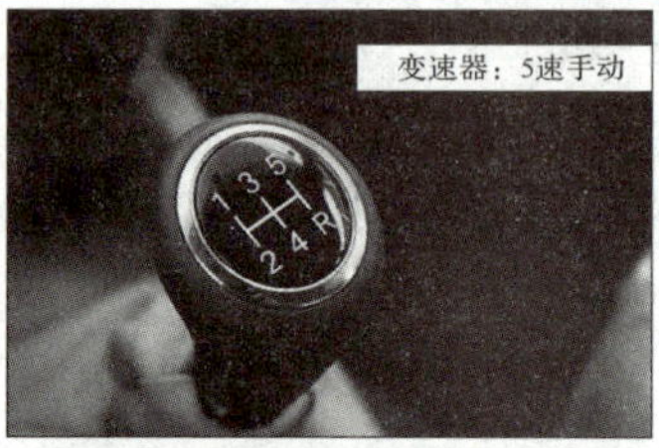	手动变速器是一种变速装置，用来改变发动机传到驱动轮上的转速和转矩，在原地起步、爬坡、转弯、加速等各种工况下，使汽车获得不同的牵引力和速度，同时使发动机工作在较为有利的工况范围内
自动变速器		自动变速器是相对手动变速器而出现的一种能够自动根据汽车车速和发动机转速来进行自动换挡操作的变速装置。目前常见的汽车自动变速器有四种形式：液力自动变速器、机械无级自动变速器、电控机械自动变速器和双离合自动变速器
手自一体变速器	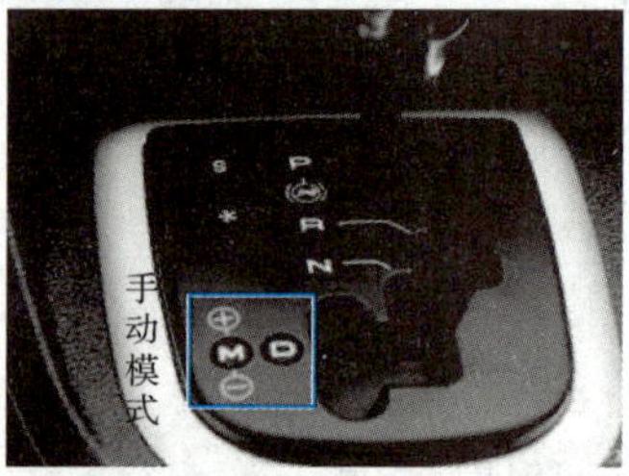	手自一体变速器，也就是手动、自动一体化变速器。它是在自动变速器的基础上，让用户可以人工增加、减少挡位的一种变速器。不过为了避免对变速器及汽车发动机造成伤害，在用户使用挡位不合理时都会由系统自动纠正
无级变速器		无级变速器是自动挡车型变速器中的一种，指可以连续获得变速范围内任何传动比的变速系统
双离合变速器		中文直译为“双离合变速器”（与 DSG“直接换挡变速器”相同，但 DSG 只是大众公司的叫法），因其是通过两套离合器工作的，所以一般被称为双离合变速器。双离合变速器有别于一般的自动变速器系统，它基于手动变速器但又不是自动变速器

3. 制动器

制动器是使行驶中的汽车停止或减速的部件，由制动架、制动件、操纵装置三大部分组成。制动器主要有鼓式和盘式两类，盘式制动器又可继续分类，详见表 1-3-5。

表 1-3-5 制动器类型

分类		定义
鼓式制动器	 鼓式制动器	鼓式制动也称块式制动，是靠制动块在制动轮上压紧来实现制动的。鼓式制动器是利用制动蹄片挤压制动鼓而获得制动力的，分为内张式和外束式，其中内张式在现代汽车中应用广泛，它的制动块（制动蹄）位于制动轮内侧，在制动的时候制动块向外张开，摩擦制动轮的内侧，达到制动的目的
盘式制动器	 实心盘式制动器	实心盘式制动器也称碟式制动器，由制动盘、分泵、制动钳、油管组成。通过液压的推动使其摩擦片接触制动盘，从而通过摩擦的效应实现制动。其材质都是实心的，没有任何缝隙，没有其他元素。多用于汽车后轮且价格较低
	 通风盘式制动器	属于盘式制动器的风冷型，在制动过程中可以减少热量的产生，从而延长其寿命，结构简单且质量小，材料的选择有碳纤维强化材料、铝基复合材料、陶瓷等。也可在制动盘上开小孔（打孔通风盘式），加速通风散热，提高制动效率。多用于前轮且价格较高

（二）驱动方式

关于汽车驱动方式的介绍已在本模块项目一资讯一中做出了详细讲解，此处不再赘述。

（三）悬架类型

汽车底盘悬架可以分为独立悬架和非独立悬架两种类型。独立悬架是指相关车轮都是单独通过弹性悬架系统悬挂在车架或者车身下面的。这类悬架设计主要运用在乘用车上，也就是人们常说的轿车、SUV 等。非独立悬架是指两侧车轮通过一个整体式车桥相连，车轮连同车桥一起通过弹性悬架系统悬挂在车架或者车身的下面。这类悬架主要运用在商用车上，也就是人们常说的大货车、大客车上。

1. 独立悬架与非独立悬架的特点

独立悬架质量比较小，此类设计可以使发动机和车身的重心较低，减振性能较好，而且左右轮的跳动都互不干涉，提高了汽车的舒适性。当然独立悬架设计稍微复杂，成本较高，维修不太方便。

非独立悬架结构比较简单，成本低，强度高，保养容易，但是操控性及舒适性较差。

2. 独立悬架的类型

（1）麦弗逊式独立悬架

麦弗逊式独立悬架是目前运用最广泛的，它是由螺旋弹簧、减振器、三角形下摆臂组成的，绝大部分车型还会加上横向稳定杆。在行车过程中，汽车的振动主要通过弹簧沿着滑动立柱上下跳动。这样的悬架结构简单，技术含量不高，稳定性一般。不过，这类悬架因为简单构造节约出的空间较大，发动机和转向机在布置的时候要相对容易些。

（2）双叉臂式独立悬架

双叉臂式独立悬架又称双 A 臂式独立悬架，双叉臂拥有上下两个叉臂，横向力由两个叉臂同时吸收，支柱只承载车身重量，因此横向刚度大，抗侧倾能力强。双叉臂式独立悬架运动性能出色，一般被宝马、玛莎拉蒂、奔驰等豪车运用，尤其是运动跑车。

（3）多连杆独立悬架

多连杆独立悬架是由连杆、减振器和减振弹簧组成的。之所以称为多连杆，是因为这类设计中采用了四个以上的连杆。多连杆独立悬架可以使汽车在行驶或者驻车过程中平稳转向，它与双叉臂式独立悬架难分伯仲。高档轿车由于空间充裕且注重舒适性和操控性，所以大多使用多连杆独立后悬架。

（四）转向助力方式

转向助力是指通过对转向盘施力，协助驾驶人对汽车方向进行调整，为驾驶人减小转向盘的用力强度，更好地操控车辆。转向助力主要有液压式和电子式两种方式，见表 1-3-6。

表 1-3-6　转向助力方式分类

分类	图示	描述
液压式	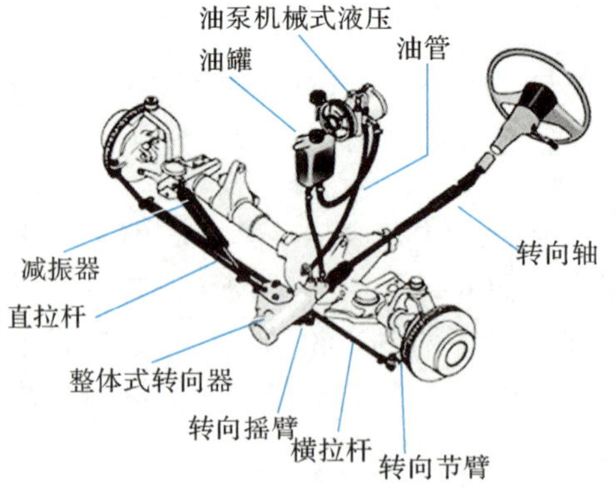 机械液压式	传统的转向助力方式又分为机械液压式和电子液压式。机械液压式是将一部分发动机动力输出转化成液压泵压力，对转向系统施加辅助作用力，从而使轮胎转向。电子液压式的工作原理与机械液压式基本相同，不同的是液压泵由电动机驱动，同时助力力度可变

续表

分类	图示	描述
电子式	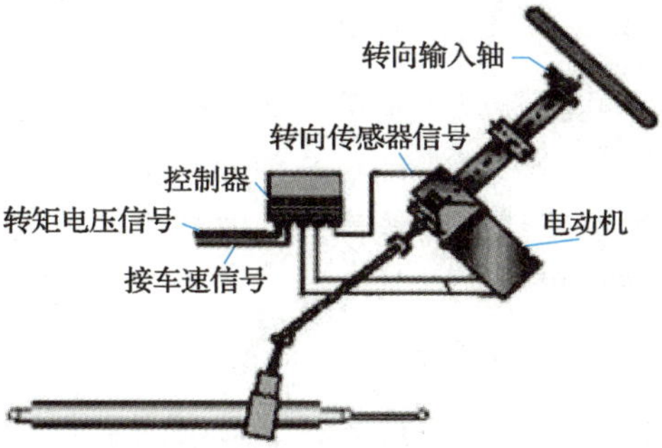	驾驶人在操纵转向盘进行转向时，转矩传感器检测到转向盘的转向及转矩的大小，将电压信号输送到电子控制单元，电子控制单元根据转矩传感器检测到的转矩电压信号、转动方向和车速信号等，向电动机控制器发出指令，使电动机输出相应大小和方向的转向助力转矩，从而产生辅助动力

（五）转向盘回转总圈数

转向盘从一侧死点转向另一侧死点的总圈数就是转向盘回转总圈数。

（六）安全气囊

1. 单气囊、双气囊

国内生产的中低档轿车中标配的气囊个数是1～2个，一般车辆的驾驶和副驾驶位置各一个，可在车辆发生猛烈撞击时对前排驾乘人员的胸部和头部进行有效保护。

2. 四气囊

在一些中档的B级车中，一般会装有4个气囊，除了位于驾驶、副驾驶位的2个，在它的侧面车门内也装有2个，可有效缓冲来自前方和侧面的强大冲击力。

3. 多气囊

在一些高档车中，如以安全性著称的沃尔沃轿车的旗舰车型中，全车配备了6个气囊和18个气帘，分别位于车内前排正、副驾驶位，前后车门两侧各2个，18个气帘分布在前后风窗玻璃处、侧面视窗处，对来自各个方向的撞击提供了有效保护，如图1-3-3所示。

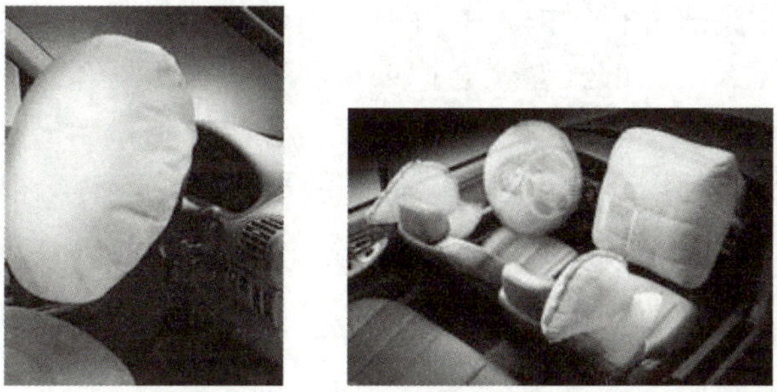

图1-3-3 沃尔沃轿车的安全气囊

4. 气囊式安全带

防汽车反弹伤亡的气囊式安全带，原名防汽车气囊反弹伤亡的保险带，又称气囊式安全带（图 1-3-4）。在车用安全带肩部及整体，设有标致形气囊装置。该保险带结合了传统安全带和安全气囊的特性，为乘客提供了更高级别的碰撞安全保护。这项技术减少了事故发生时对乘客头部、颈部和胸部的伤害。

当碰到意外情况时，气囊式安全带会瞬间膨胀成气囊状，其缓解冲击力的效果是传统安全带的 5 倍。其原因：一是面积大，可以有效降低头部与颈部的晃动；二是气囊膨胀时具备一定的反作用力，能减少车祸中乘客容易出现的肋骨骨折、内脏器官受损和淤伤等现象，可避免因气囊弹伤颈椎的 60%以上的伤亡事故。

5. 膝部安全气囊

大多数车型只配备了主、副驾驶安全气囊、侧气囊等，其实车辆在真正发生正面碰撞时，下肢是更应该受到保护的，膝部与中控台的距离最短，是最易造成骨折损伤的部位。

膝部安全气囊（图 1-3-5）可降低在二次碰撞中车内饰对乘员膝部的伤害。膝盖部分的气囊位于前排驾驶座椅内，一旦打开，能够有效保护后排乘员的腰下肢体部位，从而缓解来自正面碰撞的前冲力。

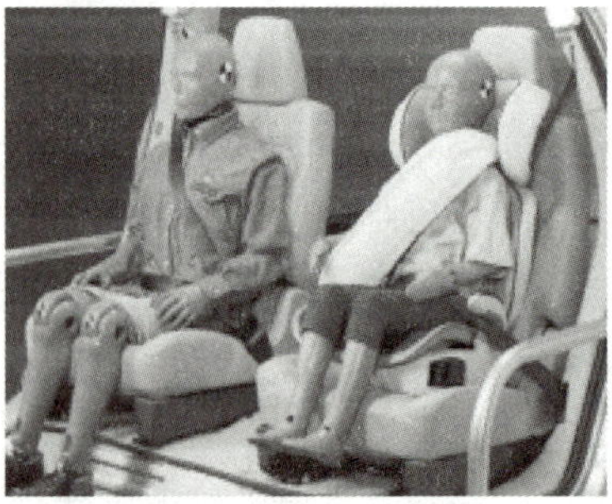

图 1-3-4　气囊式安全带

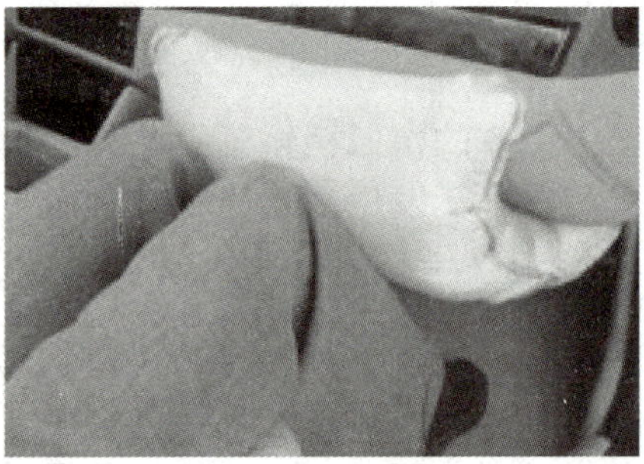

图 1-3-5　膝部安全气囊

6. 头部气囊

头部气囊也称侧气帘，在碰撞时弹出遮盖车窗，以达到保护乘客的效果。头部气囊主要针对侧撞时乘车人的头部进行保护。B 柱侧、窗玻璃，甚至安全带侧面支撑扣都有可能成为车祸中的杀手。那么，头部气囊就会把乘员和这些东西隔开。头部气囊安装在车顶弧形钢梁内，通常贯穿前后，受车身内横向加速度传感器控制。当横向加速度大于正常值，且达到危险值时就会控制起爆。对于侧撞、翻车等严重事故，有着很好的人员保护功能。

（七）电子安全系统

1. 电子制动力分配装置

汽车在制动时，四条轮胎与地面的摩擦力不同，制动时就容易产生打滑、倾斜和侧翻等现象，为了有效地避免这种现象，电子制动力分配（electronic brake force distribution，EBD）装置就应运而生，它的作用就是在汽车制动的瞬间，通过对四条轮胎附着的不同地面情况进行感应、计算，得出不同的摩擦力数值，使四条轮胎的制动装置根据不同的情况用不同的方式和力量制动，并在运动中不断调整，从而保证车辆的平稳、安全。

2. 制动辅助系统

在车辆行驶过程中，制动辅助系统会全程监测制动踏板，一般正常制动时该系统并不会介入，而是让驾驶人自行决定制动时的力度大小。但当其侦测到驾驶人忽然以极快的速度和力量踩下制动踏板时，会被判定为需要紧急制动，于是便会对制动系统进行加压，以增强并产生最强大的制动力道，让车辆及驾乘者能够迅速脱离险境。根据测试数据结果，拥有制动辅助系统的车辆比未装该系统的车辆可少约45%的制动距离。

据统计，90%的驾驶人在遇到紧急情况时，均不能采取快速、及时的制动措施，而制动辅助系统则可借助节气门和制动系统上的感应器来判断驾驶人对加速踏板、制动踏板的操作过程，如通过踩踏时间或力度来判断是否遇到紧急情况而需要采取紧急制动。如果此时驾驶人的腿或脚部力量并不是很足，或者系统判断当前力度并不能达到安全制动的效果，该系统便会在不到1s的时间内把制动力增至最大，使车辆及时、有效地完成制动。据相关资料介绍，在车速超过120km/h时采取制动，该系统可减少多至10m的制动距离，而当车速在200km/h时，将汽车完全停下的距离可比未装该系统的汽车缩短21m之多，要知道这段距离在危险情况下提高了车内人员生命安全的保护力度。

3. 驱动防滑系统

驱动防滑系统（acceleration slip regulation，ASR）或牵引力控制系统的作用是防止车辆尤其是大马力车辆，在起步、加速时驱动轮打滑，以维持车辆行驶方向的稳定性。

ASR可以通过减小节气门开度来降低发动机功率或者由制动器控制车轮打滑来达到对汽车牵引力的控制。装有ASR的车上，从加速踏板到汽油机节气门（柴油机喷油泵操纵杆）之间的机械连接被电控节气门装置所代替，当传感器将加速踏板的位置及轮速信号传送至控制单元时，控制单元就会产生控制电压信号，伺服电动机依此信号重新调整节气门的位置（或者柴油机操纵杆的位置），然后将该位置信号反馈至控制单元，以便及时调整制动器。

当汽车行驶在易滑的路面上时，没有ASR的汽车加速时驱动轮容易打滑，如果是后驱动轮打滑，车辆容易甩尾；如果是前驱动轮打滑，车辆方向容易失控。有ASR的汽车在加速时就不会有或能够减轻这种现象。在转弯时，如果发生驱动轮打滑，会导致整个车辆向一侧偏移，当有ASR时就会使车辆沿着正确的路线转向。

总之，ASR可以最大限度地利用发动机的驱动力矩，保证车辆起动、加速和转向过程中的稳定性。

4. 车身电子稳定系统

车身电子稳定系统（electronic stability program，ESP）通常是支援ABS及ASR的功能。它通过对从各传感器传来的车辆行驶状态信息进行分析，然后向ABS、ASR发出纠偏指令，来帮助车辆维持动态平衡。ESP可以使车辆在各种状况下保持最佳的稳定性，在转向过度或转向不足的情形下效果更加明显。

ESP一般需要安装转向传感器、车轮传感器、侧滑传感器、横向加速度传感器等。ESP可以监控汽车的行驶状态，并自动向一个或多个车轮施加制动力，以保持车辆在正常的车道上运行，甚至在某些情况下可以进行每秒 150 次的制动。ESP 有三种类型：能向四个车轮独立施加制动力的四通道或四轮系统；能对两个前轮独立施加制动力的双通道系统；能对两个前轮独立施加制动力和对后轮同时施加制动力的三通道系统。

5. 动力稳定性控制系统

BMW（宝马）公司开发的第三代动力稳定性控制（dynamic stability control，DSC）系统采用了 ABS、四轮牵引控制及转弯制动控制（cornering brake control，CBC）机制，即使在恶劣的驾驶条件下，也能确保汽车的稳定性。

如果检测到汽车可能正在滑行，DSC 系统会降低发动机功率，必要时对特定的车轮施加额外的制动力，从而对汽车采取必要的纠正措施。因此，DSC 能在 1s 的时间内使汽车在所选道路上稳定下来。

然而，再先进的系统也不能违背自然规律，因此驾驶人应始终保持最佳的状态，了解路况，用心驾驶。

（八）内部配置

转向盘及座椅、多媒体配置等。

（九）灯光配置

汽车灯具按照功能划分，主要有两个种类：汽车照明灯和汽车信号灯。汽车照明灯是为了保证汽车在光线不好的条件下提高车辆行驶的安全性和车辆运行速度而设置的。汽车照明灯按照其安装的位置及功用可分为外部照明灯和内部照明灯。汽车信号是用于汽车使用中指示其他车辆和行人的灯光信号，通常由制动灯、倒车灯、转向灯组成，以保证汽车行驶的安全性。

1. 汽车照明灯

（1）前照灯

前照灯主要用于夜间行车道路照明。前照灯现在以氙气灯居多。

氙气灯（high intensity discharge，HID）可称为重金属灯。它的原理是在 UV-cut 抗紫外线水晶石英玻璃管内，以多种化学气体充填，其中大部分为氙气（Xenon）与碘化物等惰性气体，然后透过增压器（ballast）将车上 12V 的直流电压瞬间增至 23 000V，经过高压振幅激发石英管内的氙气电子游离，在两电极之间产生光源，这就是所谓的气体放电。而由氙气所产生的白色超强电弧光，可提高光线色温值，类似白昼的太阳光芒，氙气灯工作时所需的电流量仅为 3.5A，亮度是传统卤素灯的 3 倍，使用寿命比传统卤素灯长 10 倍。氙气灯已广泛应用于汽车照明领域。

（2）雾灯

雾灯采用光波较长的黄色、橙色或红色，其穿透能力强，用来在雨雾天气行车时道路的照明和发出警示。雾灯有前雾灯和后雾灯两种。

前雾灯装于汽车前部，比前照灯稍低的位置，左右各一个。后雾灯装于汽车尾部。

（3）LED 灯带

LED（light emitting diode）中文名称是发光二极管。LED 灯带则是指把 LED 组装在带状的 FPC（柔性线路板）或 PCB 硬板上，因其产品形状像一条带子而得名。LED 光源广泛应用于日间行车灯。

日间行车灯应在车辆发动机起动后自动开启。天黑后，驾驶人需手动开启常规照明车灯，而日间行车灯随之自动熄灭。日间行车灯可让其他道路使用者更容易看清汽车，而且与现行近光车头灯相比，能耗更低。安装在车身前部的汽车 LED 日间行车灯，是使车辆在白天行驶时更容易被人认出来的灯具。它的功效不是使驾驶人看清路面，而是让别人知道有一辆车开过来了。因此，这种灯具不是照明灯，而是一种信号灯。固然，加装了汽车日间行车灯可使汽车看起来更酷更炫，但 LED 日间行车灯的最大功效不在于美观，而是提供车辆的被辨识性。据国外统计，行车时开启日间行车灯，可降低 12.4%的车辆意外，同时也可降低 26.4%的车祸死亡概率。总之，日间行车灯的目的就是交通安全。

2. 汽车信号灯

（1）制动灯

制动灯分为左右制动灯（两个）和高位制动灯（一个）两类。左右制动灯是汽车信号灯的重要组成部分，一左一右分布在两边。它们是红色的，红色有警示的作用。一踩制动踏板，灯就亮（包括驻车制动）。制动灯是提示后面车辆自己的车要减慢速度或停车，后面的车就可以提前准备。

高位制动灯一般安装在车尾上部，以便后面行驶的车辆易于发现前方车辆制动，起到防止追尾事故发生的目的。高位制动灯的作用是警示后面行驶的车辆，从而避免发生追尾事故。没有高位制动灯的车辆，尤其是底盘较低的轿车和微型汽车在制动时由于后制动灯位置较低且通常亮度也不够，其后面跟随行驶的车辆特别是底盘较高的货车、客车和公共汽车的驾驶人有时很难看清楚，因此发生追尾事故的隐患就比较大。大量研究调查结果表明，高位制动灯能够有效地防止和减少汽车追尾事故的发生。因此，高位制动灯在许多发达国家得到了广泛的应用。例如，在美国，按照法规要求，从 1986 年开始所有新销售的轿车都必须装备高位制动灯；从 1994 年开始所有销售的轻型货车也必须安装高位制动灯。

（2）倒车灯

倒车灯在驾驶人挂上倒挡时自动开启，它是白色透明的，主要起提示后面车辆“我正在倒车”的作用。

（3）转向灯

转向灯即转向信号灯，用于指示车辆的行驶方向，向交通指挥人员、周围车辆、行人发出转向信号，保证交通安全。通常车辆前后、左右共安装 4 只转向灯。

课堂练习

（一）填空题

1．评价一辆汽车的参数时，主要从________、________、________、________等方面展开。

2．汽车的轴距是指________________________________的距离。

3．常见的气缸排列方式有________、________、________、________等。

（二）选择题

1．下列属于小型车的车型是（　　）。

A．宝马 5 系　　B．本田飞度

C．大众 POLO　　D．雷凌双擎

2．下列说法中不正确的是（　　）。

A．非独立悬架系统较独立悬架系统其舒适性及操控性都较差

B．实心盘式制动器比通风盘式制动器价格更低

C．独立悬架系统存在结构复杂、成本高、维修不便的缺点

（三）问答题

1．转向动力系统有哪几种分类？它们各自的特点是什么？

2．燃料电动汽车的优点是什么？你认为它是未来电动汽车的发展趋势吗？谈谈你的看法。

（四）实操题

在实训室找到两辆汽车，对比它们的各项参数，并简述其优劣。

项目实施

小组根据该项目的学习情况，收集两种车型的各项参数信息，并进行简单的对比分析，完成下列工作任务单。

不同车型参数对比分析工作任务单

任务名称	车型参数收集与对比分析		
小组成员		任务成绩	
任务要求	1.运用汽车之家、易车网或品牌官网等平台收集两种车型的各项参数信息，并填入下表； 2.根据所收集的参数信息，进行简单的对比分析，并将结论填入下表		
参数相关信息	车型 1：________	车型 2：________	
对比分析：			
评价结论：			

考核评价

综合整个学习过程，通过学生的课堂表现、课后习题、任务完成情况等对学生的知识、能力、思政要素和职业素养目标达成情况进行评价。

项目教学目标达成情况评价表

班级：________ 年级：________

知识目标达成情况		
目标描述	教师评价	学生自评
能否知道汽车基本参数		
是否能够准确说出各类参数的含义		
是否能对比不同车型的参数配置		
评价结论：知识目标达成与否	□ 是 □ 否	
能力目标达成情况		
目标描述	教师评价	学生自评
是否知道车身、发动机、底盘等组成部分常用参数的含义		
是否能描述汽车各个参数		
评价结论：能力目标达成与否	□ 是 □ 否	
思政要素和职业素养目标达成情况		
目标描述	教师评价	学生自评
小组活动中的展现的团队协作、沟通交流能力		
本讲课堂表现的积极性		
实验是否严谨、客观、科学		

项目四　汽车使用性能认识

项目描述

本项目主要介绍汽车使用性能的定义、类别及不同方面的性能对于汽车选购的影响。通过学习，应能根据客户的不同需求，提供汽车选购的咨询与建议。

学习目标

知识目标	能力目标	思政要素和职业素养目标
1．知道汽车使用性能的含义与类别。 2．能理解不同类别汽车的使用性能对选购的影响	能够根据客户的需求背景，帮助其正确确定选购中的性能关注点	1．树立以客户需求为导向、细节周到的职业服务意识。 2．养成独立思考、自主探究的学习习惯。 3．培养团结友爱、互帮互助的团队协作精神。 4．提升口头、书面沟通交流的职业能力
对接 1+X 证书模块 1-7（初级）工作任务 3—汽车车型主要技术参数解说 1.1 根据汽车参数及配置针对客户所关心的车辆性能进行解说		

情境导入

客户刘女士近期想要购买一辆汽车，但是之前对汽车完全不熟悉，不太清楚汽车具体有哪些使用性能，选购的时候应该首先关注哪些方面的性能。刘女士向汽车销售服务 4S 店咨询。你该如何为刘女士介绍呢？

课前练习

根据查找的资料，完成下列课前练习（表 1-4-1）。

表 1-4-1　汽车使用性能认识课前练习

1. 简述汽车使用性能的含义。
2. 通过收集资料，调研身边的人群，说出汽车使用性能包括哪些方面。

相关资讯

汽车作为大宗昂贵型商品，消费者在选购时一般比较慎重。不同消费者因购车的用途、使用人及个人偏好等不同，对汽车使用性能的不同方面关注度也不一样。因此，作为汽车销售从业人员应该清楚消费者通常关注的汽车使用性能有哪些，并且能够根据消费者的需求背景从不同使用性能角度进行专业对比分析。

资讯一　汽车使用性能认识

（一）汽车使用性能的含义

汽车的使用性能是指汽车能适应各种使用条件，并发挥最大工作效率的能力。它是汽车利用率、便利性等综合结构特性的表征，主要包括动力性、经济性、安全性、舒适性、通过性、操控性、环保性、流通保值性、使用方便性、使用可靠性和耐久性、维修养护的简便性及载容特性等。

目前汽车市场产品品牌、型号繁多，使用性能各具特色。因此，科学评价汽车的使用性能对于汽车设计与生产企业改进产品性能、进行车型分析评定，消费者进行车型合理选购，销售顾问针对性地推荐介绍产品、提升销售业绩等都有重要的意义。

通过对汽车使用性能的综合评价，可以帮助汽车消费者充分了解车型各方面的表现性能，有针对性地制定购车方案，做出正确的购买决策，实现汽车消费者、汽车企业、销售顾问多方共赢的局面。消费者在进行汽车选购时，因有不同的购车需求、背景，对于汽车产品性能的关注点不同。例如，家庭代步用车，大多需要将经济性、安全性放在首位，动力性、操控性则为次要考虑因素；更新换代型用车，则往往将舒适性、动力性放在首位考虑，经济性反而放在次要位置。因此，有针对性地满足主要关注性能并兼顾相应的次要性能，在车型选择与比较中尤为重要。

（二）汽车使用性能的类别

随着全球经济水平的稳步提升、汽车技术的迅猛发展，对于人们而言，汽车产品已经从原来的“奢侈品”逐渐转变为“日用品”。尤其是近年来新能源和智能网联汽车技术的不断发展完善，使得消费者对于汽车产品的使用性能要求也发生了新的变化——除追求传统的动力性、经济性、安全性等方面的性能外，越来越多地强调汽车的智能化、环保性。

微课：如何确定汽车选购中的性能关注点

1. 动力性

汽车的动力性又称为汽车牵引性，是指汽车克服行驶阻力的能力，主要从最高车速、加速能力和爬坡能力三个方面来表示。汽车作为一种高效率的运输工具，运输效率的高低在很大程度上取决于汽车的动力性。所以，动力性是汽车各种性能中最基本、最重要的性能。

（1）最高车速

最高车速是指在无风条件下，在水平、良好的沥青或水泥路面上行驶时，汽车所能达到的最高行驶速度。

（2）加速能力

加速能力指汽车在行驶中迅速增加行驶速度的能力，也被形象地称为汽车的反应速度能力。加速能力包括原地起步加速性和超车加速性两方面。

原地起步加速性是指汽车由静止状态起步后，以最大加速强度连续换挡至最高挡，加速到一定距离或车速所需要的时间，它是真实反映汽车动力性能最重要的参数。

超车加速性是指汽车以最高挡或次高挡由该挡最低稳定车速或预定车速全力加速到一定高速度所需要的时间。

现在多用原地起步加速性时间表示汽车的加速能力。因为起步加速性与超车加速性的性能是同步的，起步加速性良好的汽车，超车加速性也一样良好。

（3）爬坡能力

爬坡能力指汽车在良好的路面上，满载以一挡行驶所能爬行的最大坡度。

对于以上表示动力性的指标，不同的车型要求侧重点不同。例如，对于越野汽车来说，爬坡能力是一个相当重要的指标，一般要求能够爬不小于60%或31° 左右的坡路；对于轿车而言，最高车速和加速能力更加重要，一般不强调轿车的爬坡能力，爬坡能力在20%左右即可。

2. 经济性

汽车的经济性指汽车为完成单位运输量所支付最少费用的能力，与汽车本身的技术状况、使用条件、驾驶技术、品牌的售后养护成本等很多因素有关。汽车选购中主要从汽车本身的技术状况带来的能量消耗费用和售后养护费用两个相对客观的因素考虑，其中以能量消耗费用为主、售后养护费用为辅。

对于传统汽车，常用一定工况下汽车行驶的百公里燃油消耗量或者一定燃油量能使汽车行驶的里程来衡量。对于纯电动汽车，则通过一定工况下汽车行驶百公里的电能消耗量或者动力电池在可充放电的范围内整车所能运行的最大续驶里程衡量。

3. 安全性

汽车的安全性指汽车在行驶中避免事故发生，保障行人和乘员安全的性能，一般分为主动安全性和被动安全性。主动安全性又称积极安全性，主要是指汽车防止或减少道路交通事故发生的性能。其中主要包括视认性、驾驶操作性、制动效能。此外，还包括减轻驾驶人的疲劳程度、行人的安全性等。被动安全性又称消极安全性，是指事故发生时减少乘员伤亡的能力。其中主要包括结构吸能性、内饰软化、安全防护装置及安全玻璃等。

对汽车安全性能的评价采取定量和定性相结合的方式。定量评价主要是针对汽车制动性能的评价，具体指标包括制动距离、制动时间、制动减速度、制动效能（热衰退性）等。定性评价则通过对汽车主动安全和被动安全装置的配备进行考量。需要说明的是，对于新能源汽车来说，电池技术本身的安全性也不容忽视。

4. 舒适性

汽车的舒适性指能够为乘员提供舒适、愉快的乘坐环境，货物的安全运输和方便安全的操作条件的性能。舒适性主要包括汽车行驶的平顺性、噪声、气候调节性能、乘坐环境及驾驶操作性能等。汽车的舒适性主要受车内空间尺寸、汽车配备的电子装备、人性化的设置和内饰等影响。随着汽车智能化、网联化的发展，汽车的舒适性有大幅提升。由于舒适性受主观体验的影响较大，所以难以通过具体某一个量化的指标进行评价。

5. 操控性

汽车的操控性是指汽车能够准确地按照驾驶人的指令行驶，以及抵抗外界干扰、恢复和保持稳定性的能力。操控性主要受整车质量、发动机、变速器、转向、悬架和轮胎及主动安全技术等因素影响。

6. 通过性

汽车的通过性是指汽车在一定车载质量下，能以足够高的平均车速通过各种坏路及无路地带和克服各种障碍的能力，通常受整车的尺寸影响。衡量汽车通过性的参数主要包括最小离地间隙、接近角、离去角、纵向通过角等。另外，汽车的最小转弯半径和内轮差、转弯通道圆及车轮半径也是汽车通过性的重要轮廓参数（具体的参数含义见模块二项目六“汽车通过性评价”）。

7. 保值性

汽车保值性是汽车性价比的重要组成部分，通常用保值率来衡量。汽车保值率是指汽车在使用一段时期后，将其售出的交易价格与新车指导价格的比值，它取决于汽车的性能、价格变动幅度、市场保有量、认可度、可靠性、配件价格及维修便捷程度等多项因素，是汽车综合水平的体现。

保值率高的车型的优势在于它的价格受降价风潮的影响不大，使消费者承受较小的因产品贬值而造成的经济损失。

8. 环保性

汽车的环保性是指汽车对环境的影响力，主要包括汽车排放、汽车噪声和汽车电磁干扰方面的性能。随着人们社会责任感和环保意识的不断增强，以及汽车环保性对二手车的残值（在规定的汽车的合理使用年限内，所剩余的使用价值）的影响，汽车环保性也逐渐成为消费者选购过程中会考虑的性能。

9. 其他性能

视频：汽车外观造型及奥迪 A6 外观评价示例

汽车的使用性能是汽车诸多系统组合形成的综合性能，除上述几方面外，还包括汽车产品的可靠性、耐久性、售后的便利性等。

（1）可靠性

汽车的可靠性主要是指在规定的使用条件下和规定的行程内完成规定功能的能力，取决于汽车本身的固有可靠性及汽车的使用维修水平，并与汽车的使用条件有关。汽车使用时间增长，其出现故障的可能性随之增大，使用可靠性下降。定期的维护、规范的维修能在一定程度上维持汽车的技术状况，提高使用可靠性，但不能完全恢复其固有可靠性水平。可靠性的评价指标包括平均首次故障里程、平均故障间隔里程、当量故障率等。

一般来说，投放市场越久，经历更新换代数越多的车型可靠性越高；新产品、新技术投入市场前期其可靠性相对较弱；相比新能源汽车，传统汽车经过长期市场考验，技术完善，其可靠性更高一些。

（2）耐久性

汽车的耐久性是指汽车在规定的使用和维修条件下，达到某种技术或经济指标极限时，完成功能的能力。汽车的耐久性是汽车质量好坏的重要标志之一。汽车耐久性的评价，通常从故障类别上判断或者从汽车维修和保养费用上判断汽车是否发生了耐久性损坏，下列情况出现其中一项，即判定汽车发生了耐久性损坏。

① 从故障类别上判断：

A．同一辆汽车的发动机、驾驶室（货车）、车身（客车）、转向系统、变速器、驱动桥、前轴和车架等总成中总共发生了两次致命故障，即判定该车发生了耐久性损坏。

B．两辆以上（包括两辆）汽车在上述总成范围内的同一种总成上发生致命故障，即判定这两辆以上（包括两辆）汽车发生了耐久性损坏。

C．在上述总成范围内，每辆车在同一总成上发生了 10 次严重故障折算为该车的一次致命故障（整车动力性降低25%，燃料消耗量增加30%，均判定为致命故障）。

② 从汽车维修费用上判断：汽车的维修和维护费用达到了汽车出厂价格的80%，即判定该车发生了耐久性损坏。

近年来，随着消费者汽车养护意识的加强、换车间隔的缩短及汽车技术的不断成熟完善，耐久性在汽车选购中的考虑逐渐减少。目前汽车的耐久性评价主要体现在汽车生产企业的产品试验中。

（3）售后的便利性

汽车作为昂贵型消费品，在被购买之后需要定期维护保养才能保证其良好的运转性和使用的安全性。因此，越来越多的消费者在购车时会将售后服务的便利性作为重要的考察指标。汽车售后的便利性与以下几方面因素相关：

① 汽车品牌的销售服务网点数量、地理位置。一般所在区域设置的网点越多，地理位置离消费者住宅、工作场所越近，购车后的售后服务便利性越好。

② 汽车品牌的售后管理体制、服务模式、人员素质。售后服务的质量与企业的管理有紧密的联系，管理越规范，运行的效率越高，客户售后服务的品质越能得到保障。例如，预约的有效实行，能够大大减少客户到店排队等候的时间，同时也能有效利用企业有限的工位、人员资源。

③ 汽车产品的保有量及零配件的获取渠道。保有量越大的车型，有能力提供售后服务的网点越多，零配件越普遍，因此售后服务也就越方便。例如，一些原装进口的车型，在车辆需要更换配件的时候，等待配件到货少则需要15天，多则需要几个月。

（三）不同使用性能对汽车选购的影响

消费者在选购汽车的过程中，往往因为购车用途、使用场景、预算、个人偏好等需求背景不同，对汽车的使用性能要求的侧重点各不相同。

1. 按照用车经历

通常初次购车的消费者主要为了解决代步问题，对汽车性能相对比较陌生，购车预算大多比较保守，因此一般会着重考虑汽车产品的经济性、安全性、可靠性，兼顾一定的动力性、舒适性。对于增购或者置换的改善型汽车消费者，由于具有汽车使用经历，对汽车性能比较熟悉，因此会比较注重汽车的舒适性、动力性、操控性，兼顾安全性、经济性和保值性等其他性能，或者着重围绕消费者需求，对所需提升的配置进行比对（如经常在高速路况行驶，可配备定速巡航功能等）。

2. 按照购车用途

大多数家庭用车会考虑汽车的综合性价比，因此对于经济性、舒适性、安全性、动力性、可靠性、保值性等综合表现考虑较多；商务型用车则主要考虑的是品牌溢价、舒适性和动力性。

3. 按照使用场景和喜好

消费者购买汽车产品主要用于城市道路、高速公路或其他路况相对较好的场景，通常会追求舒适性、动力性、经济性较好的汽车产品；如果偏好自驾旅行或者经常行驶在山区、工地等路况，则会比较注重汽车的动力性、通过性和操控性等。

除以上因素外，消费者的性别、年龄、家庭状况、职业、爱好等也会对选购中关注的性能造成影响。

总体而言，汽车产品最终的使用者是消费者，消费者会通过接触产品而对产品的使用性能进行评价。因此，在汽车销售中应注意以客户需求为导向，把握客户细节信息，确定客户的性能关注点，针对性地介绍产品的相关优点，满足客户需求，提升客户满意度。

资讯二　汽车选购中的性能关注点案例分析

在实际中，不同使用性能对于汽车选购的影响往往是复杂多变的，需要针对每一位消费者个体的具体情况进行综合分析，不可一概而论。因此，首先应该了解消费者的具体需求背景信息，包括使用对象、主要用途、意向车型（是 SUV、轿车还是其他车型）、使用地点、使用时间、职业、预算、家庭状况、爱好习惯、用车经历等尽可能详尽的信息，再针对性地明确选购中的性能关注点及各关注点的优先级别。

（一）消费者购车需求背景介绍

本节任务中，刘女士向从事汽车销售的朋友小李咨询购车事项。小李首先向刘女士了解了本次购车的具体背景：刘女士 25 岁，小学教师，参加工作 2 年，首次购车，用于上下班代步，大概预算为 10 万元，喜欢利用寒暑假时间出门游玩。

（二）选购中的性能关注要点建议

1. 要点分析

① 使用人：25 岁年轻女士。用途：主要是上下班代步。

② 意向车型分析：刘女士喜欢利用假期出门游玩，本应偏向推荐 SUV，但因刚参加工作不久，预算 10 万元左右，SUV 车型选择面较窄，且今后用车经济性不高；另外刘女士属于第一次购车，之前无用车经验，驾校学习多用的是轿车，因此轿车上手可能会更快，不需要时间适应，更安全，开起来更加得心应手。相比之下，轿车更适合刘女士。

③ 性能分析：用车人为年轻女教师，在外观方面可以考虑设计经典、耐人回味且不张扬的车款；上下班代步使用，低油耗且售后养护经济、方便的车型更符合刘女士的需求；无驾车经验的女性用车，安全性配置完善、操控性好的车型往往更适合；此外教师职业收入水平良好且稳定，换车周期较短，首次购车选择保值率较高的车型，今后换车的时候才会更凸显其价值。

2. 结论分析

综上所述，刘女士在选购车型的时候应该着重关注外观经典、不张扬，经济性良好、安全配置齐全、操控性好，兼顾一定的空间舒适性和保值性的轿车。

课堂练习

(一) 填空题

1. 汽车的使用性能是指汽车能________________，并发挥________________的能力。

2. 汽车的使用性能包括________、________、________、________、________、________、________和使用方便性、可靠性、耐久性等其他性能。

(二) 选择题

1. 下列说法中正确的是（　　）。

A. 选购汽车时，不同客户需求对使用性能的要求不同

B. 动力性、安全性、经济性是所有购车者均关注的性能

C. 具有一定驾驶经验的客户往往对汽车的动力性、操控性有一定要求

D. 对于 SUV 来说，汽车的动力性、通过性比较重要

2. 甲说家庭上下班代步用车比较注重汽车的经济性和安全性；乙说刘女士一家喜欢自驾游，购车时应多考虑汽车的动力性、舒适性和通过性。下列判断中正确的是（　　）。

A. 只有甲正确　　B. 只有乙正确

C. 甲乙都正确　　D. 甲乙都不正确

3. 以下说法中不正确的是（　　）。

A. 新能源汽车的经济性可通过一定工况下汽车行驶百公里的电能消耗量反映

B. 动力性和经济性是两项重要的汽车使用性能，但是两者不可兼得

C. 汽车耐久性的评价，通常从故障类别上判断或者从汽车维修和保养费用上判断，两者均达到损坏条件，即判定汽车发生了耐久性损坏

D. 选购汽车时，销售顾问尽可能多地了解客户背景信息，对明确其性能关注点有帮助

(三) 问答题

1. 客户的哪些信息对明确其购车的性能关注点有影响？

2. 列出汽车使用性能的不同类型，并解释不同性能的含义。

项目实施

以小组的方式（2～3 人一组），通过角色扮演，完成以下汽车使用性能认识工作任务表。（角色分工：客户、销售顾问、观察员。销售顾问通过与客户的沟通交流，获取客户购车需求信息，并应用所学知识帮助客户明确汽车选购中的性能关注点）

汽车使用性能认识工作任务表

任务名称	明确客户选购汽车的性能关注点		
小组成员	客户：________ 销售顾问：________ 观察员：________	任务成绩	
客户需求背景信息要点记录：（由销售顾问完成）			
选购性能推荐分析：（由销售顾问完成）			
过程要点记录与评价：（由观察员和客户共同完成）			

考核评价

综合整个学习过程，通过学生的课堂表现、课后习题、任务完成情况等对学生的知识、能力、思政要素和职业素养目标达成情况进行评价。

项目教学目标达成情况评价表

班级：________________ 姓名：________________

知识目标达成情况		
目标描述	教师评价	学生自评
是否能正确描述汽车使用性能的含义		
是否能列出汽车使用性能体现在哪些方面		
是否能够描述不同使用性能对汽车选购的影响		
评价结论：知识目标达成与否	□ 是 □ 否	

续表

能力目标达成情况		
目标描述	教师评价	学生自评
是否能够根据汽车消费者的需求背景信息，帮助其正确确定选购中的性能关注点		
评价结论：能力目标达成与否	□ 是　　　　□ 否	
思政要素和职业素养目标达成情况		
目标描述	教师评价	学生自评
分析问题、解决问题的能力是否得到提升		
在任务实施中的沟通交流、表达能力		
有效信息收集与筛选能力		
小组活动中展现的团队协作能力		
本讲课堂表现的积极性		

模块二 汽车性能评价

项目一　汽车动力性评价

项目实施

本项目主要介绍汽车动力性的定义、类型与影响因素及提升动力性的技术措施。通过学习动力性对比评价案例示范分析，应能对不同车型的动力性进行对比评价。

学习目标

知识目标	能力目标	思政要素和职业素质目标
1．知道汽车动力性的评价指标。 2．知道影响汽车动力性的因素	能够评价和比较汽车动力性的好坏	1．培养信息收集、处理与分析的能力。 2．养成严谨、客观进行分析、评价的能力。 3．培养应用国家机动车的动力性要求及管理办法等相关政策法规的能力。 4．培养团结互助的团队精神和积极沟通交流的职业素养
对接 1+X 证书模块 1-7（初级）工作任务 3—汽车车型主要技术参数解说 知识要求：1.1.3 影响车辆动力性的因素 技能要求：1.1.3 能根据车辆参数就车辆动力性对客户进行介绍		

情境导入

客户小刘因上班的地方离家较远，需通过 40 多 km 的高速公路，为了节省时间，想购买一辆家用轿车上下班用。请你根据客户的购车需求，提供针对性的帮助。

课前练习

根据查找的资料，完成下列课前练习（表 2-1-1）。

表 2-1-1　汽车动力性评价课前练习

1. 汽车动力性主要有（　　　　）、（　　　　）和（　　　　）三个评价指标。
2. 影响汽车动力性的参数都有哪些？

相关资讯

资讯一　发动机性能指标

发动机的性能指标用来表征发动机的性能特点，并作为评价各类发动机性能优劣的依据。发动机的性能指标主要有动力性指标、经济性指标、环境指标、可靠性指标和耐久性指标。

（一）动力性指标

动力性指标是表征发动机做功能力大小的指标，一般用发动机的有效转矩 M_e、有效功率 P_e、转速 n 等作为评价指标。

1. 有效转矩

有效转矩 M_e 是指发动机运转时由曲轴输出给传动系统的有效旋转力矩。

2. 有效功率

有效功率 P_e 是指发动机运转时由曲轴输出的功率。其值可以由发动机测功机实际测得。M_e 和 P_e 是有效动力性指标，用来衡量发动机动力性大小。M_e 和 P_e 之间有如下关系：

$$M_e = 9550\frac{P_e}{n}$$

式中：n——发动机的转速（r/min）；

　　P_e——有效功率（kW）。

3. 转速

转速是指发动机曲轴每分钟的转数，单位为 r/min。发动机产品铭牌上标明的功率及相应转速称为额定功率和额定转速。按照汽车发动机可靠性试验方法的规定，汽车发动机应能在额定工况下连续运行 300～1000h。

（二）经济性指标

发动机的经济性指标一般用有效燃油消耗率 g_e 表示。发动机每输出 1kW·h 的有效功所消耗的燃油量（以 g 为单位）称为有效燃油消耗率。

$$g_e = \frac{1000G_T}{P_e} \quad [g/(kW \cdot h)]$$

式中：G_T——发动机工作每小时的耗油量（kg/h）。

（三）环境指标

环境指标主要指发动机的排气品质和噪声水平。由于发动机排气和噪声关系到人类的健康及赖以生存的环境，所以各国政府都制定出严格的控制法规，以削减发动机排气和噪声对环境的污染。当前，排放指标和噪声水平已成为发动机的重要性能指标。

排放指标主要是指从发动机油箱、曲轴箱排出的气体和从气缸排出的废气中所含的有害排放物的含量。对汽油机来说，主要是废气中的一氧化碳（CO）和碳氢化合物（HC）含量；对柴油机来说，主要是废气中的氮氧化物（NO_x）和颗粒（PM）含量。

噪声是指对人的健康造成不良影响及对学习、工作和休息等正常活动产生干扰的声音。由于汽车是城市中的主要噪声源之一，而发动机又是汽车的主要噪声源，所以控制发动机的噪声就显得十分重要。例如，我国的国家标准《声学　汽车车内噪声测量方法》（GB/T 18697—2002）中规定，轿车的噪声不得大于 79dB（A）。在选购车辆时，在满足安全性和使用性的前提下，应尽量选购噪声小的车辆。

（四）可靠性指标和耐久性指标

可靠性指标是表征发动机在规定的使用条件和规定的时间内持续正常工作的能力。可靠性有多种评价方法，如首次故障行驶里程、平均故障间隔里程等。耐久性指标是指发动机主要零件磨损到不能继续正常工作的极限时间。

（五）发动机的外特性

1. 发动机的速度特性

当发动机运转时，其功率、转矩和耗油量这三个基本性能指标随着发动机转速的变化而变化的特性，称为发动机的速度特性。

2. 发动机的外特性曲线

发动机外特性曲线是当发动机节气门开度为100%时测得的发动机的速度特性。如图 2-1-1 所示，功率曲线和转矩曲线都为凸形曲线，但两者表现是不一样的。转矩往往在较低转速下就能获得最大值，然后随转速上升而下降。故低转速时转矩大，牵引力也大；随着转速的升高，转矩降低，牵引力也降低。但对于增压发动机，在较大的转速范围内有较大的转矩，其较大转速范围内动力性都较好。转矩 M_e 的单位是牛·米（N·m），转矩曲线对于选车很重要。最大值决定了汽车最大牵引力的大小，最大值出现在低转速说明车在低速时比较有力，出现在高转速说明车在高速时比较有力。转矩曲线的平顺性比最大值更重要，

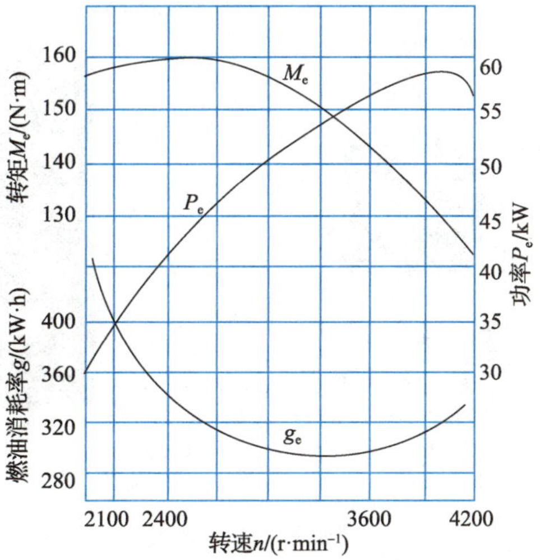

图 2-1-1　发动机外特性曲线

平滑的曲线说明发动机在不同的转速都能输出很大的转矩，比较陡峭的曲线说明只有在某一转速时发动机才有较大的转矩输出。输出大转矩的范围越大，驾车时的选择性越大。

大体上，在用车中，我们主要注意发动机的两个指标：一个是功率，另一个是转矩。

通俗来讲，功率反映的是车的绝对速度，或者说它可以跑多快；转矩反映的是加速度，也就是提速能力。一般来说，功率大的发动机可以跑得很快，达到 300km/h 的速度都是可以做到的。转矩大的发动机提速性能好，加速快，灵活。但有一个共同的特点，就是在表述这两项指标的时候，不能脱离发动机转速，性能强的发动机可以在一个相当宽泛的转速范围内保持高功率和高转矩。例如，在 2800～5500r/min 的转速范围内，发动机可以保持95%的功率或转矩。在转速越低的位置出现高转矩，说明发动机的提速性能越好。

资讯二　汽车动力性认识

（一）汽车动力性的定义

汽车动力性是指汽车在良好路面上直线行驶时，由汽车受到的纵向外力决定的、所能达到的平均行驶速度。汽车是一种高效率的运输工具，运输效率的高低在很大程度上取决于汽车的动力性。所以，动力性是汽车各种性能中最基本、最重要的性能。

（二）汽车动力性的评价

从获得尽可能高的平均行驶速度的观点出发，汽车动力性主要用三个方面的指标来评价，即汽车的最高车速、汽车的加速时间、汽车爬坡能力。

1. 汽车的最高车速

微课：动力性评价指标认识

视频：动力性评价指标及奥迪 A6 动力性评价示例

最高车速是指在无风条件下，在水平良好的路面（混凝土或沥青）上汽车能达到的最高行驶车速。如图 2-1-2 所示，车速表上的最高车速为 140km/h。

图 2-1-2　车速表

知识窗

1769 年，法国人 N.J.居纽制造了世界上第一辆蒸汽驱动的三轮汽车。这辆汽车被命名为“卡布奥雷”，车长 7.32m，车高 2.2m，车架上放置着一个梨形大锅炉，前轮直径为 1.28m，后轮直径为 1.50m，前进时靠前轮控制方向，每前进 12～15min，需停车加热 15min，运行速度为 3.5～3.9km/h。

1885 年年末，戴姆勒对马车进行改装，增加了转向装置和传动装置，安装了功率为 1.1kW 的内燃机，装上 4 个轮子，车速达到了 14.4km/h。

Thrust SSC 是一辆超声速车。超声速推进号（Thrust SSC，SSC 是超声速车 super sonic car 的缩写）是一辆由英国人设计制造，由两台战斗机用涡扇发动机（turbofan engine）提供动力，专门用来打破世界陆上极速纪录（land speed record，LSR）的特殊车辆。截至 2005 年，Thrust SSC 除是世界陆上极速纪录冠军外，也是第一辆在正式规则之下于陆地上突破音障的车子，创下平均车速 1227.99km/h 的可怕速度。

按我国的规定，以 1.6km 长的试验路段的最后 500m 作为最高车速的测试区，共往返 4 次，取平均值。最高车速不同于理论最高车速（指发动机在最佳状态所发挥的最佳成绩，仅限于理论）。

对于内燃机汽车来说，依据排量不同，其最高车速也不相同，一般 1.6L 排量左右的经济型轿车最高车速为 170～180km/h，同排量的轿车最高车速高于这个数值则动力性较好，低于这个数值则动力性较差；一般 2.4L 排量左右的中型轿车最高车速为 190～200km/h；一般 3.0L 排量左右的中高级轿车最高车速为 220～230km/h。

电动汽车的最高车速主要取决于驱动电机、最小减速比和动力电池的电压等级。

2. 汽车的加速时间

汽车的加速时间表示汽车的加速能力，分为原地起步加速时间和超车加速时间。原地起步加速时间是指汽车满载在平直良好的路面上，由一挡或者二挡起步，并以最大的加速强度（包括选择恰当的换挡时机）逐步由某一较低车速全力加速至某一较高车速的时间。一般可用从汽车静止加速到 400m 距离或达到 100km/h 速度所需的时间评价汽车原地起步加速性。

超车加速时间是指用最高挡或者次高挡某一速度全力加速至某一较高车速所需的时间。因为汽车超车是与被超车车辆并行，容易发生安全事故，所以超车加速能力强，并行行驶的时间就短，行程也短，行驶就安全。超车加速能力较多采用 0～100km/h 所需的时间来表示。超车加速性好，可以使超车时并行时间或距离短，从而减少发生碰撞事故的概率。

对于内燃机汽车来说，依据排量不同，其加速能力也不相同。一般 1.6L 排量左右的经济型轿车 0～100km/h 加速时间在 11s 左右；同排量的轿车加速时间低于这个数值则动力性较好，高于这个数值则动力性较差；一般 2.4L 排量左右的中型轿车 0～100km/h 的加速时间在 10s 左右，同排量的轿车加速时间低于这个数值则动力性较好，高于这个数值则动力性较差；一般 3.0L 排量左右的中高级轿车 0～100km/h 的加速时间在 9s 左右，同排量的轿车加速时间低于这个数值则动力性较好，高于这个数值则动力性较差。

电动汽车较传统汽车在动力性方面的优越之处主要体现在起步加速更快。由于驱动电机在低转速就能以最大转矩输出，而发动机在低转速下不能实现峰值转矩输出，所以通常电动汽车的起步加速性能要优于传统内燃机汽车。其加速性能除由汽车惯性转矩及传递到驱动轴上的转矩决定外，还受到传动链形式、变速形式、换挡程序及车轮滑行量等因素的影响。对纯电动汽车而言，加速性能主要取决于驱动电机的起动性能和短时过载能力。

3. 汽车爬坡能力

汽车爬坡能力采用汽车的最大爬坡度来评价。汽车的最大爬坡度是指汽车满载时，在良好的路面上以一挡所能爬上的坡度。

① 轿车最高车速大，加速性好，爬坡能力也会强，且多在平坦路面上行驶，一般不强调其爬坡能力。

② 货车经常在各种道路上行驶，必须要求有足够的爬坡能力。货车的最大爬坡度一般为 30%（16.7°）。

③ 越野汽车需要在恶劣的路面或无路条件下行驶，需要克服松软坡道路面及凹凸不平路面上较大的阻力，越野汽车的最大爬坡度不小于 60%（30°）。

也可以用规定坡道（如 6%）上必须达到的车速评价汽车的爬坡能力。

电动汽车动力性的优势在于低速动力性，如 0～50km/h 起步加速和爬坡，高速段的动力性稍差。

资讯三　影响汽车动力性的因素

（一）汽车动力性理论分析

1. 汽车的驱动力与行驶阻力

（1）汽车的驱动力

在汽车行驶过程中，发动机产生的有效转矩 M_e 经变速器、传动轴、主减速器后，由半轴传给驱动车轮。如果变速器的传动比为 i_g，主减速器的传动比为 i_o，传动系统的机械效率为 η_T，则传动系统传到驱动轮上的转矩 T_t（即驱动力矩）为

$$T_t = M_e i_g i_o \eta_T$$

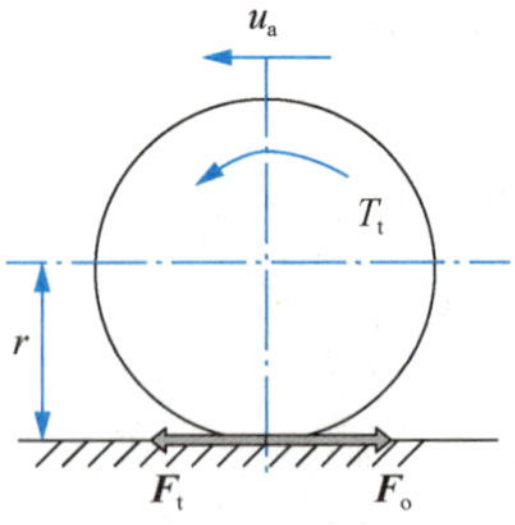

图 2-1-3　汽车的驱动力 F_t

如图 2-1-3 所示，驱动轮在 T_t 的作用下给地面作用一圆周力 F_o，地面对驱动轮的反作用力 F_t 即为驱动力。如果驱动车轮的滚动半径为 r，就有 $F_t = T_t / r$，因而汽车驱动力为

$$F_t = M_e i_g i_o \eta_T / r$$

由以上公式可知，驱动力 F_t 的大小与发动机有效转矩 T_e、变速器的传动比 i_g、主减速器的传动比 i_o、传动系统的机械效率 η_T 成正比，与车轮半径 r 成反比。

1）发动机的有效转矩 M_e

由发动机的外特性可知，不同转速下的转矩是不同的。一般发动机在低转速下有较大的转矩，而在高转速下转矩有所下降。但对于增压发动机，其在较大的转速范围内有较大的转矩，即在较大的转速范围内，动力性较好。图 2-1-4 是宝来汽车 1.8T 发动机外特性曲线，其在 2000～5000r/min 时具有较强的动力。

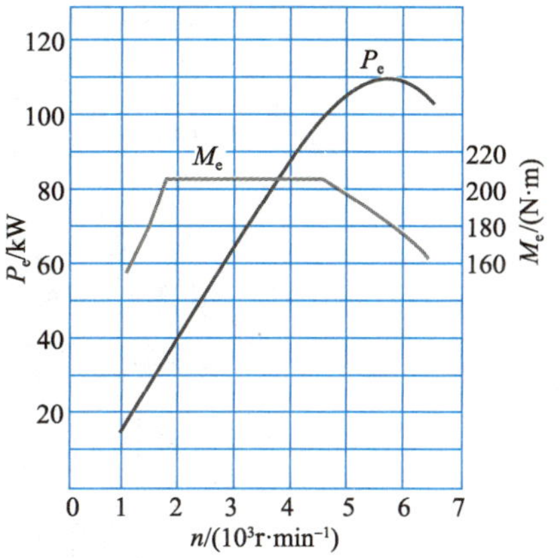

图 2-1-4 宝来汽车发动机外特性曲线

2）传动系统的机械效率 η_T

发动机发出的功率 P_e，经传动系统传到驱动车轮的过程中，要克服传动系统各部件的摩擦而有一定的损失。若损失的功率为 P_T，则传到驱动轮的功率为（$P_e - P_T$），传动系统的机械效率 η_T 为

$$\eta_T = \frac{P_e - P_T}{P_e} = 1 - \frac{P_T}{P_e}$$

传动系统的功率损失由传动系统中各部件——变速器、万向传动装置、主减速器、差速器等的功率损失组成。其中，变速器和主减速器的功率损失所占比例最大，其余部件功率损失较小。

传动系统的功率损失可分为机械损失和液力损失两大类。机械损失是指齿轮传动副、轴承、油封等处的摩擦损失，其大小取决于啮合齿轮的对数、传递的转矩等因素。液力损失指消耗于润滑油的搅动、润滑油与旋转零件之间的表面摩擦等功率损失，其大小取决于润滑油的品种、温度、箱体内的油面高度及齿轮等旋转零件的转速。

传动系统的机械效率是在专门的试验台上测得的。机械效率因受到多种因素的影响而有所变化，但对汽车进行初步的动力性分析时，可把它看作一个常数。采用有级机械变速器传动系统的轿车，其机械效率为 0.9～0.92，单级主传动货车的机械效率为 0.9，4×4 汽车的机械效率为 0.85，货车、客车的机械效率为 0.82～0.85。

3）车轮半径

轮胎的尺寸及结构直接影响汽车的动力性。

车轮按规定充好气压后，处于无载时的半径称为自由半径。

汽车静止时，车轮中心至轮胎与道路接触面间的距离称为静力半径。由于径向载荷的作用，轮胎发生显著变形，所以静力半径小于自由半径。

车轮转动时，其中心至轮胎与道路接触面切向反作用力之间的距离称为滚动半径。在一般分析中常不计其差别，统称为车轮半径 r。

4）汽车的驱动力图

一般用驱动力与车速之间的函数关系曲线 $F_t - u_a$ 来全面表示汽车的驱动力，称为汽车的驱动力图。根据汽车发动机的外特性曲线、传动系统的传动比、机械效率、车轮半径等参数，求出各个挡位的发动机相应转速的驱动力 F_t 值。

同时，根据发动机转速与汽车行驶速度之间的转换关系求出汽车行驶速度：

$$u_a = 0.377\frac{rn}{i_g i_o}$$

式中：u_a——汽车行驶速度（km/h）；

n——发动机转速（r/min）；

r——车轮半径（m）；

i_g——变速器的传动比；

i_o——主减速器的传动比。

根据所求得的各个挡位的 F_t 和 u_a，即可得到曲线 $F_t - u_a$。图 2-1-5 是具有 5 挡变速器的货车的驱动力图。从图 2-1-5 中可以看出，驱动力与其行驶速度的关系及不同挡位驱动力的变化。图 2-1-5 可以作为工具来分析汽车的动力性。

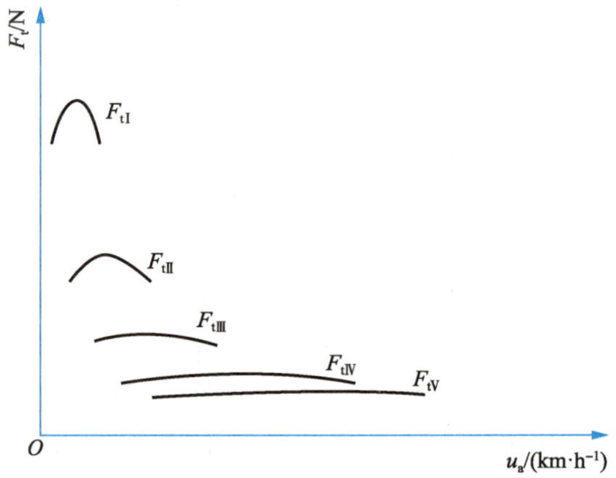

图 2-1-5　具有 5 挡变速器的货车的驱动力图

（2）汽车的行驶阻力

汽车运动时需要克服所遇到的各种阻力。汽车在水平道路上等速行驶时必须克服来自汽车赖以行驶的地面滚动阻力 F_f 和来自汽车周围的空气阻力 F_w；当汽车在坡道上上坡行驶时，还必须克服汽车重力沿坡道的分力，称为坡度阻力 F_i；汽车加速行驶时需要克服的惯性力，称为加速阻力 F_j。汽车行驶的总阻力为

$$\sum F = F_f + F_w + F_i + F_j$$

在上述各种阻力中，滚动阻力和空气阻力在任何行驶条件下都是存在的。但坡度阻力和加速阻力并非这样。坡度阻力在上坡行驶时存在，在水平道路上行驶时没有坡度阻力。加速阻力在汽车加速行驶时存在，等速行驶时没有加速阻力。

下面就各种阻力进行进一步分析。

1）滚动阻力

车轮滚动时，轮胎与路面的接触区域产生相互作用力，轮胎和支承路面发生相应的变形。由于轮胎和支承面的相对刚度不同，它们的变形特点不同。

当弹性轮胎在混凝土、沥青路等硬路面上滚动时，轮胎的变形是主要的。这时，轮胎由于内部摩擦产生弹性迟滞损失，使轮胎变形时损耗了一部分能量。这部分能量消耗在轮

胎各组成部分相互间的摩擦及橡胶、帘线等物质的分子间的摩擦，最后转换为热能而散失在大气中。这种损失称为弹性物质的迟滞损失。

轮胎的弹性迟滞损失表现为阻碍车轮滚动的一种阻力偶，阻碍车轮滚动。

滚动阻力等于滚动阻力系数（f）与车轮载荷（W）的乘积，即

$$F_{\mathrm{f}}=\frac{T_{\mathrm{f}}}{r}=Wf$$

滚动阻力系数是概括轮胎变形、道路变形及接触面上的摩擦等损失的系数，滚动阻力系数与路面的种类、行驶车速及轮胎的构造、材料、气压等有关，其数值通过试验确定。

① 路面种类及其状态对滚动阻力系数的影响。表 2-1-2 列出了车速为 50km/h 时，汽车在各种路面上行驶时的车轮滚动阻力系数值。

表 2-1-2 滚动阻力系数值

路面类型	滚动阻力系数
良好沥青或混凝土路面	0.010～0.018
一般的沥青或混凝土路面	0.018～0.020
碎石路面	0.020～0.025
良好的卵石路面	0.025～0.030
坑洼的卵石路面	0.030～0.050
干燥压紧土路	0.025～0.035
雨后压紧土路	0.050～0.150
泥泞土路	0.100～0.250
干砂路面	0.100～0.300
湿砂路面	0.060～0.150
结冰路面	0.015～0.030
压紧雪道	0.030～0.050

② 轮胎的结构、材料和气压对滚动阻力系数有很大影响。如图 2-1-6 所示，在保证轮胎具有足够的强度和使用寿命的条件下，采用较少的帘布层、较薄的胎体及较好的轮胎材料，均可减少轮胎滚动时的迟滞损失，减小滚动阻力系数。子午线轮胎的滚动阻力系数较低。在软路面上行驶的汽车，采用大直径宽轮缘的轮胎，其与路面的接触面积增加，减小路面变形，因而可得较小的滚动阻力系数。

③ 轮胎的充气压力对滚动阻力系数影响很大。在硬路面上行驶的汽车，为了提高汽车的行驶平顺性及车轮与道路的附着性能而多采用低压轮胎，轮胎气压降低，轮胎在滚动过程中的变形加大，迟滞损失增加，因而低压轮胎较高压轮胎有较高的滚动阻力系数。在软路面上行驶的汽车，降低轮胎气压可增大轮胎与地面的接触面积，减小轮胎对地面的单位压力，土壤变形减小，轮辙深度变浅。因而由于土壤变形而引起的滚动阻力减小，滚动阻力系数较小。但过多地降低轮胎气压，致使轮胎变形过大，则会由于轮胎变形而引起的滚动阻力急速增长，亦可导致滚动阻力系数增加。故在软路面上行驶的轮胎，对于一定的使用条件有一最佳轮胎气压值，如图 2-1-7 所示。

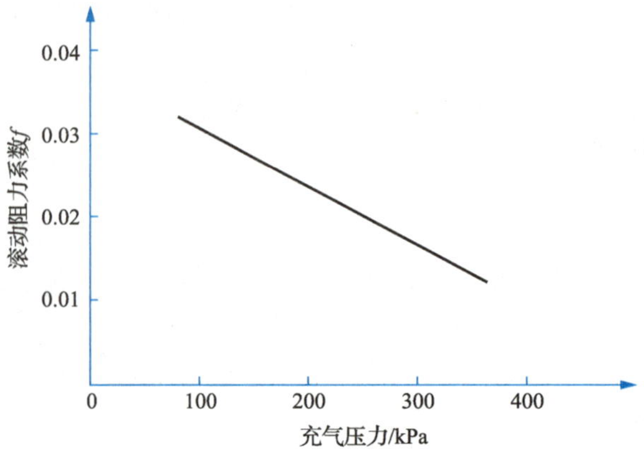

图 2-1-6　滚动阻力系数与充气压力的关系

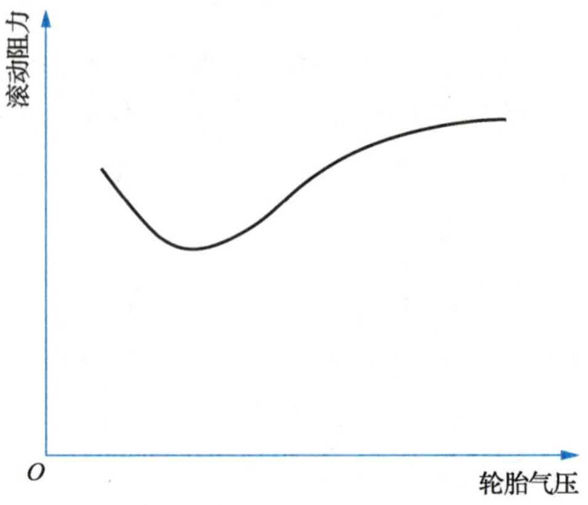

图 2-1-7　软路面上轮胎气压与滚动阻力的关系

④ 行驶车速对滚动阻力系数有很大影响（图 2-1-8）。行驶车速较低时，滚动阻力系数无显著变化。但在高速行驶时，由于轮胎质量的惯性影响，迟滞损失随变形速度的增加而加大，滚动阻力系数迅速增长。当车速达到某一临界车速时，轮胎会发生驻波现象，即由于轮胎变形速度提高，轮胎来不及恢复原形而使轮胎周缘不再是圆形而呈明显的波浪形。出现驻波后，不但滚动阻力系数显著增加，轮胎的温度也很快增加到 100℃以上，胎面与轮胎帘布层脱落，会出现爆胎现象，这是非常危险的。

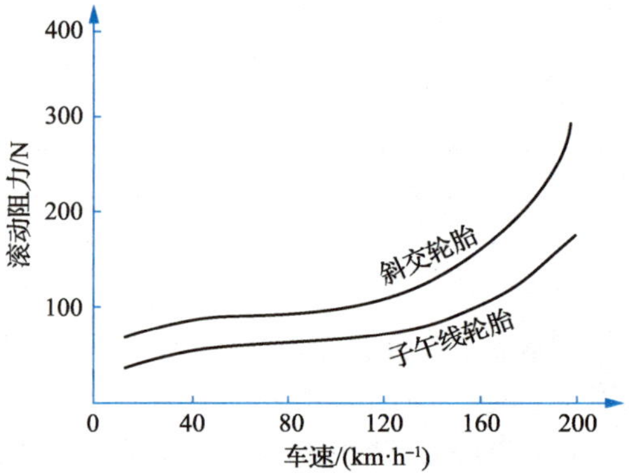

图 2-1-8　不同轮胎的滚动阻力与车速的关系

⑤ 滚动阻力系数与径向载荷有一定的关系。载荷增加时轮胎变形增加，加大迟滞损失，因而滚动阻力系数也增加，但影响很小，所以可认为滚动阻力系数不随径向载荷的大小而变化。

综上所述，对滚动阻力系数影响最大的是路面的类型、表面状态和力学物理性质等。当路面无变形时，滚动损失仅由轮胎变形损失所决定；在路面有变形时，滚动损失大部分由路面变形损失所组成，且其数值较大。所以混凝土路面、沥青路面、碎石路面、土路、沙地、雪地、冰道等路面类型和干燥、潮湿、有无尘土、有无冰雪、高低凹凸不平程度等表面状态及道路粒度、多孔度、抗压强度、抗剪强度等力学物理性质都会影响路面有无变形、变形的大小和性质。不仅如此，在不同路面上，不同的轮胎形式、结构、材料、尺寸、气压和不同的行驶车速、受力情况对滚动阻力系数的影响也不相同。所以，不同路面，尤其是在各种因素的综合影响下，所有的滚动阻力系数能在很大的范围变动。即使为同一种轮胎，沿各种类型路面滚动时的滚动阻力系数差别也很大。所以在汽车工程的实际应用中，滚动阻力系数可近似按路面类型取用，而忽略其他的影响。

2）空气阻力

汽车直线行驶时受到的空气作用力在行驶方向上的分力称为空气阻力。空气阻力分为摩擦阻力与压力阻力两部分。摩擦阻力是由于空气的黏性在车身表面产生的切向力在行驶方向上的分力。压力阻力是作用在汽车外形表面上的法向压力在行驶方向上的分力。压力阻力分为形状阻力、干扰阻力、内循环阻力和诱导阻力四部分。形状阻力是由汽车形状引起的阻力，与车身主体形状有关；干扰阻力是车身表面上一些如门把手、后视镜、引水槽、驱动轴等凸起物而引起的阻力；内循环阻力为发动机冷却系统及车身通风系统等所需要的空气在车体内部流动时形成的阻力；诱导阻力是汽车行驶时的空气升力在行驶方向上的分力。

在一般轿车中，形状阻力占58%，干扰阻力占14%，内循环阻力占12%，诱导阻力占7%，摩擦阻力占9%。

如果汽车与空气的相对速度单位以km/h计，则空气阻力F_w的大小为

$$F_w = \frac{C_D A u_r^2}{21.15}$$

式中：F_w——空气阻力（N）；

C_D——空气阻力系数；

A——迎风面积（m^2）；

u_r——汽车的相对速度（km/h）。

空气阻力与汽车相对速度的二次方成正比，相对速度越高，空气阻力越大。空气阻力与C_D及A成正比。汽车迎风面积受到汽车乘坐使用空间的限制不易进一步减少，所以降低空气阻力系数C_D是降低空气阻力的主要手段。

空气阻力系数C_D可由道路试验、风洞试验等方法求得。迎风面积是汽车在其纵轴的垂直平面上投影的面积，该面积可直接在投影面上测得，亦常用汽车的轮距与汽车的高度之乘积近似表示。以近似法求得的面积，对轿车来说常比实际面积大5%～10%，而对货车来说则常比实际面积小5%～10%，计算时应加以校正。

一般汽车的空气阻力系数C_D和迎风面积A的数值列于表2-1-3中。

表2-1-3 汽车的空气阻力系数和迎风面积

车型	迎风面积/m^2	空气阻力系数
轿车	1.4～1.9	0.32～0.5
货车	3～7	0.6～1.0
客车	4～7	0.5～0.8

3）坡度阻力

当汽车以速度u_a上坡行驶时（图 2-1-9），汽车重力沿坡道的分力称为汽车坡度阻力F_i，即

$$F_i = G\sin\alpha$$

式中：F_i——坡度阻力（N）；

G——汽车重力（N）；

α——坡道角。

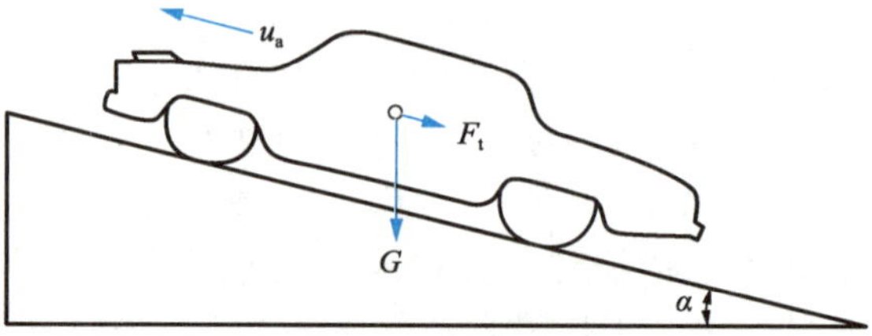

图 2-1-9　汽车的坡度阻力

4）加速阻力

汽车加速行驶时，需要克服汽车质量加速运动时产生的惯性力，这就是加速阻力 F_j。汽车的质量包括平移质量和旋转质量两部分，加速时平移质量产生惯性力，旋转质量产生惯性力偶矩。为了计算方便，通常把旋转质量的惯性力偶矩转化为平移质量的惯性力，计算时，用系数δ作为计入旋转质量惯性力偶矩的汽车质量换算系数。因此，汽车加速时的加速阻力为

$$F_j = \delta m \frac{du}{dt}$$

式中：F_j——加速阻力（N）；

δ——汽车旋转质量换算系数；

m——汽车质量（kg）；

$\frac{du}{dt}$——汽车行驶加速度（m/s^2）。

δ主要与飞轮的旋转惯量、车轮的旋转惯量及传动系统的传动比有关。

2. 汽车的行驶方程式与汽车的行驶条件

（1）汽车的行驶方程式

汽车行驶时，作用于汽车的外力有驱动力和行驶阻力，它们互相平衡，得到的汽车行驶方程式为

$$F_t = \sum F$$

式中：F_t——驱动力（N），$F_t = \frac{M_e i_g i_o \eta_T}{r}$；

$\sum F$——各种行驶阻力之和(N)，$\sum F = F_f + F_w + F_i + F_j = Gf + \frac{C_D A}{21.15} u_r^2 + Gi + \delta m \frac{du}{dt}$。

（2）汽车的行驶条件

由汽车行驶动力方程

$$F_t = F_f + F_w + F_i + \delta m \frac{du}{dt}$$

得
$$\delta m\frac{\mathrm{d}u}{\mathrm{d}t}=F_{\mathrm{t}}-(F_{\mathrm{f}}+F_{\mathrm{w}}+F_{\mathrm{i}})$$

由此得知，行驶中的汽车当驱动力等于滚动阻力、坡度阻力和空气阻力之和时，汽车等速行驶；当驱动力大于滚动阻力、坡度阻力与空气阻力之和后，汽车才能起步和加速行驶；当驱动力小于滚动阻力、坡度阻力与空气阻力之和时，汽车无法起步，行驶中的汽车将减速直至停车。所以，汽车行驶的第一个条件为

$$F_{\mathrm{t}}\geqslant F_{\mathrm{f}}+F_{\mathrm{w}}+F_{\mathrm{i}}$$

这就是汽车的驱动条件，即汽车行驶的必要条件。

为了满足汽车的驱动条件，可以采用增加发动机转矩、加大传动比等办法来增大汽车的驱动力。但是增大驱动力有时会使驱动轮与路面发生滑转现象。驱动力增大后，驱动轮只能加速旋转，而不能增加地面切向反作用力，实际上无法增大用于驱动汽车的驱动力。这种现象表明，汽车行驶除满足驱动条件外，还要满足轮胎与地面的附着条件。

地面对轮胎切向反作用力的极限值称为附着力 F_{φ}。附着力与驱动轮法向反作用力 F_Z 成正比，即

$$F_{\varphi}=F_Z\varphi$$

式中：φ——附着系数。

附着系数由路面和轮胎的情况决定。地面切向反作用力不能大于附着力，否则会发生驱动轮滑转现象。所以

$$F_{\mathrm{t}}\leqslant F_Z\varphi$$

式中：F_Z——作用于所有驱动轮上的地面法向作用力。

这是汽车行驶的第二个条件——附着条件，即汽车行驶的充分条件。

汽车行驶的必要与充分条件为

$$F_{\mathrm{f}}+F_{\mathrm{w}}+F_{\mathrm{i}}\leqslant F_{\mathrm{t}}\leqslant F_Z\varphi$$

这称为汽车行驶的驱动-附着条件。

汽车的附着力取决于附着系数及地面作用于驱动轮的法向作用力。

附着系数主要取决于路面的种类和表面状况，还和轮胎结构、胎面花纹及使用条件等有关。

车轮在硬路面上滚动时，轮胎的变形远较路面的变形大，路面的微观结构粗糙且有一定的尖锐棱角，路面的坚硬微小凸起会嵌入轮胎的接触表面，使车轮与路面有较好的附着能力。当路面覆盖有尘土时，路面的微观凹凸处为尘土所填，附着系数降低。在潮湿的路面上，轮胎与路面间的液体起着润滑的作用，附着性能显著下降。

车轮在软路面上滚动时，土壤变形较轮胎变形大，轮胎花纹的凸起部分嵌入土壤，这时附着系数的数值不仅取决于轮胎与土壤间的摩擦，同时还取决于土壤的抗剪强度，因为只有在嵌入轮胎花纹凹入部分的土壤被剪切后，车轮才开始滑转。土壤的抗剪强度与土壤的粒度、湿度、多孔度、内摩擦系数等有关。

轮胎的结构及材料对附着系数的影响也很显著。在硬路面上，具有细而浅花纹的轮胎有较好的附着能力；而在软土壤上，具有宽而深花纹的轮胎则可得较大的附着系数。花纹纵向排列的轮胎所能传递的侧向力较大；而横向或人字形排列的花纹的轮胎则传递的切向

力较大。轮胎材料不同，附着系数也不同，合成橡胶轮胎较天然橡胶轮胎有较高的附着系数。轮胎气压不同，附着系数也不同（图 2-1-10）。低气压、宽断面的子午线轮胎，其轮胎与地面的接触面积较大，附着系数比一般轮胎高。轮胎的磨损会影响附着能力，随着胎面花纹深度的减小，其附着系数将有显著下降。

汽车行驶速度对附着系数也有显著影响（图 2-1-11）。在硬路面上提高行驶速度时，由于胎面橡胶还来不及与路面微观凹凸构造完全啮合，所以轮胎的附着系数有所降低。在潮湿路面上提高行驶速度时，轮胎不易将液体挤出，所以附着系数显著降低。在软土壤上行驶时，由于高速轮胎的动力作用易破坏土壤的结构，所以提高行驶速度会对附着系数产生极不利的影响。

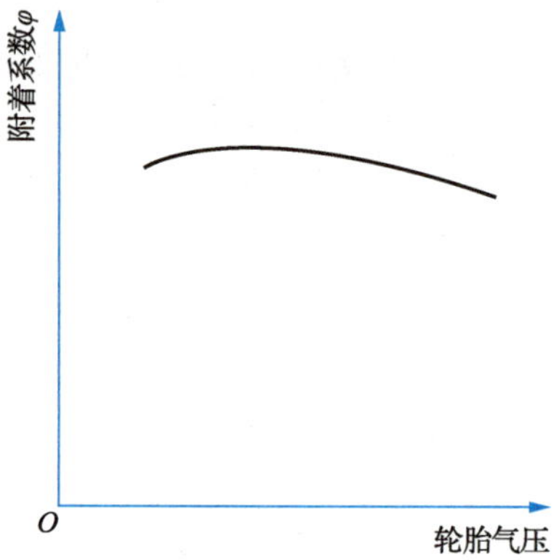

图 2-1-10　附着系数与轮胎气压的关系

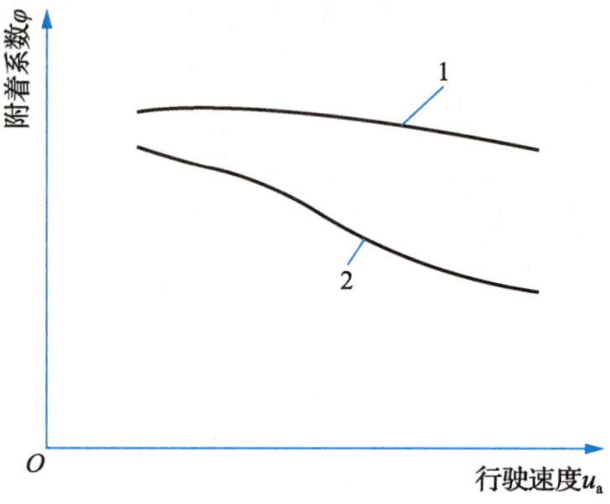

1—干燥路面；2—潮湿路面。

图 2-1-11　附着系数与行驶速度的关系

综上所述，轮胎与路面的附着系数和一系列影响因素有关。表 2-1-4 中所列为不同轮胎在各种路面上行车时的附着系数。

表 2-1-4　不同轮胎在各种路面上行车时的附着系数

路面		轮胎		
类型	状态	高压轮胎	低压轮胎	越野轮胎
沥青、混凝土路面	干燥	0.50～0.70	0.70～0.80	0.70～0.80
	潮湿	0.35～0.45	0.45～0.55	0.50～0.60
	污染	0.25～0.45	0.25～0.40	0.25～0.45
碎石路面	干燥	0.50～0.60	0.60～0.70	0.60～0.70
	潮湿	0.30～0.40	0.40～0.50	0.40～0.55
土路	干燥	0.40～0.50	0.50～0.60	0.50～0.60
	湿润	0.20～0.40	0.30～0.40	0.35～0.50
	泥泞	0.15～0.25	0.15～0.25	0.20～0.30
积雪荒地	松软	0.20～0.30	0.20～0.40	0.20～0.40
	压实	0.15～0.20	0.20～0.25	0.30～0.50
结冰路面	—	0.08～0.15	0.10～0.20	0.05～0.10

在实际计算中可采用附着系数的平均值。在良好的混凝土、沥青路面上，当路面干燥时，φ值可取为 0.7～0.8；当路面潮湿时，可取为 0.5～0.6。当为干燥的碎石路时，可取为

0.6～0.7。当为干燥的土路时，可取为0.5～0.6；湿路面时，可取为0.2～0.4。

3. 汽车的驱动力-行驶阻力平衡图与动力因数

（1）驱动力-行驶阻力平衡图

由前面可知，汽车行驶方程式为$F_t=\sum F$或$F_t=F_f+F_w+F_i+\delta m\frac{du}{dt}$，此公式表明了汽车行驶时驱动力和外界阻力之间相互关系的普遍情况。当发动机的转速特性、变速器的传动比、主减速比、机械效率、车轮半径、空气阻力系数、汽车迎风面积及汽车质量等初步确定后，便可利用此式分析附着性能良好的典型路面（混凝土、沥青路面）上的行驶能力，即确定汽车在节气门全开时可能达到的最高车速、加速能力和爬坡能力。

为了清晰而形象地表明汽车行驶时的受力情况及其平衡关系，一般将汽车行驶方程式用图解法来进行分析。也就是说，汽车驱动力图上把汽车行驶中经常遇到的滚动阻力和空气阻力也算出并画上，作出汽车驱动力-行驶阻力平衡图，并以它来确定汽车的动力性。图2-1-12为一具有5挡变速器紧凑型轿车的驱动力行驶阻力平衡图。

利用驱动力-行驶阻力平衡图可以分析汽车的各项动力性指标。

1）汽车的最高车速

汽车的最高车速是指汽车在无风条件下，在水平良好的路面上，节气门全开，变速器置于最高挡所能达到的车速。根据汽车行驶方程

$$F_t=F_f+F_w+F_i+\delta m\frac{du}{dt}$$

可知此时$F_i=0$，$F_j=0$，$F_t=F_f+F_w$，即F_t曲线与F_f+F_w曲线的交点便是u_{max}，因为此时驱动力和行驶阻力相等，汽车处于稳定的平衡状态。图2-1-12中最高车速为175km/h。从图2-1-12中还可以看出，当车速低于最高车速时，驱动力大于行驶阻力。这样，汽车就可以利用剩余的驱动力加速或爬坡。当需要在120km/h等速度行驶时，驾驶人可以关小节气门开度，此时发动机只用部分负荷特性工作，相应地得到虚线所示的驱动力曲线，以使汽车达到新的平衡。

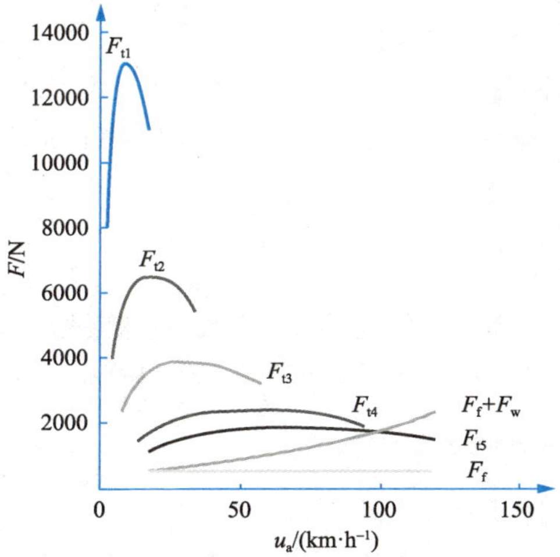

图2-1-12 具有5挡变速器汽车的驱动力-行驶阻力平衡图

2）汽车的加速能力

汽车的加速能力可用它在水平良好路面上行驶时能产生的加速度来评价，但前面已经指出，由于加速度的数值不易测量，实际中常用加速时间来表明汽车的加速能力。例如，用直接挡行驶时，由最低稳定速度加速到一定距离或 80%最高车速时所需的时间表明汽车的加速能力（新车一般用 0～100km/h 所需时间来表示加速能力）。

一般来说，高挡位时的加速度要小些，一挡的加速度最大。但是有的越野汽车二挡的加速度可能比一挡的加速度还大。一般而言，在低速行驶时，轮胎的路面附着条件可能是限制因素，而在高速行驶时则受发动机输出功率的限制。

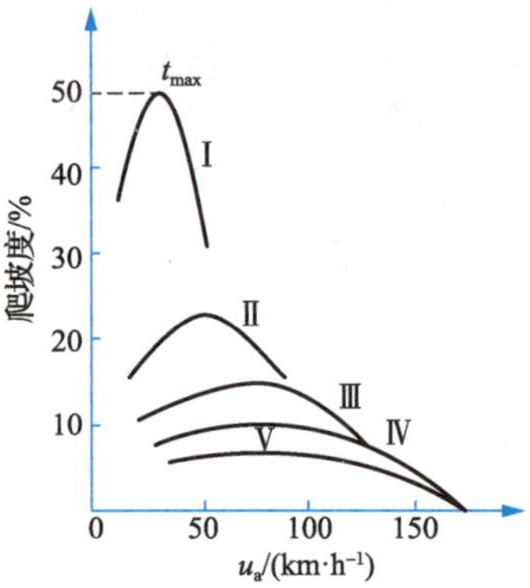

图 2-1-13　汽车爬坡度

3）汽车的爬坡能力

汽车的爬坡能力是用最大爬坡度来评定的。

根据汽车行驶方程式与驱动力-行驶阻力平衡图可确定汽车的爬坡能力。汽车的最大爬坡度是指汽车满载时，在良好的路面上以一挡所能爬上的坡度。此时，汽车在良好路面上克服（$F_f + F_w$）后的力，全部用来克服坡度阻力。

一般汽车最大爬坡度达 30%左右。汽车最大爬坡度为一挡时的最大爬坡度，如图 2-1-13 所示。最高挡最大爬坡度亦应引起注意，特别是货车、牵引车，因为货车经常是以最高挡行驶的，如果最高挡的最大爬坡度过小，迫使货车在遇到较小的坡度时经常换挡，这样就影响了行驶的平均车速。

（2）动力因数

利用汽车驱动力-行驶阻力平衡图可以确定汽车的动力性，但不能用来直接评价不同种类汽车的动力性。因为种类不同的汽车，其质量或外形有所不同，所以各行驶阻力也不同，也就是说即使驱动力相近的汽车，其动力性也不一定相近。所以可以预想到表征动力性的指标应该是一种既考虑驱动力，又包含汽车自重和空气阻力在内的综合性参数。若令 $(F_t - F_w)/G$ 为汽车的动力因数，并以符号 D 表示，则无论汽车自重等参数有何不同，只要有相等的动力因数 D，便能克服同样的坡度和产生同样的加速度。因此，有时把动力因数作为表征汽车动力特性的指标。

（二）影响汽车动力性的因素

汽车动力性主要受发动机参数、主减速器传动比、变速器挡数及传动比、汽车外形、汽车质量、轮胎尺寸与形式和行驶条件等影响。

微课：影响汽车动力性的因素分析

1. 发动机参数的影响

（1）发动机最大功率的影响

发动机的最大功率越大，汽车的动力性越好，设计中发动机最大功率的选择必须保证汽车预期的最高车速。最高车速越高，要求的发动机功率越大，其后备功率也越大，加速和爬坡能力必然较好。但发动机功率不宜过大，否则在常用条件下发动机负荷率过低，油耗增加。单位汽车重量所具有的发动机功率 P/G 称为比功率或功率利用系数（比功率和汽车类型有关）。总重力为 49kN（对应质量为 5t）的货车，其比功率在较小范围内变化，一般在 3275kW/kN 以上。轿车和总重力小于 39.2kN 的货车比功率较大，动力性很好；重型自卸汽车速度低，比功率较小。

（2）发动机最大转矩

发动机的最大转矩大，在 i_g 及 i_o 一定时，最大动力因数较大，汽车的加速和上坡能力也强。

（3）发动机外特性曲线的形状

两台发动机的外特性曲线形状不同，但其最大功率和相对应的转速可能相等。假定汽车的总质量、流线型、传动比均为已知，为了便于比较，并假定总阻力功率曲线与两台发动机的功率曲线交于最大功率点，后备功率较大的外特性曲线所代表的汽车具有较大的加速能力和上坡能力，因而动力性较好，同时使汽车具有较低的临界车速，换挡次数可以减少，因而有利于提高汽车的平均行驶速度。

2. 主减速器传动比的影响

传动系统的总传动比是传动系统各部件传动比的乘积。普通汽车上没有分动器和副变速器，如果变速器的最高挡是直接挡，则主减速器的传动比 i_o 对汽车动力性的影响大，选择主减速器的传动比 i_o 时，应使其对应的汽车的最高车速等于发动机最大功率时的车速，这时最高车速最大。

主减速器的传动比 i_o 不同，汽车的后备功率也不同。i_o 增大，汽车的后备功率增大，动力性加强，但经济性较差；i_o 减小，汽车的后备功率较小，但发动机功率利用率高，经济性较好。

3. 变速器挡数及传动比的影响

无副变速器和分动器时，传动系统的挡数即为变速器前进挡的挡数。挡数的多少还影响挡与挡之间传动比的比值。比值过大时会造成换挡困难，一般认为比值应为 1.7～1.8。因此变速器头挡传动比越大，挡数也应越多。各种汽车变速器挡数有大致的规律。货车变速器挡数随整车装备质量的增加而增多；质量为 3.5t 以下的轻型货车绝大多数采用 4 挡变速器；总质量为 3.5～10t 的货车 80%采用 5 挡变速器；总质量为 14t 以上的汽车 85%带有副变速器，采用 8、10、12 挡或更多挡变速器；质量在 3.5t 以下的越野车多采用 4 挡变速器和 2 挡分动器；3.5t 以上的越野车采用五六挡变速器和 2 挡分动器。而对于轿车，现在越来越多地采用 5 挡以上的变速器，有些还用了无级变速器。

4. 汽车外形的影响

汽车的空气阻力系数对汽车动力性也有影响。因为空气阻力和车速的二次方成正比，克服空气阻力所消耗的功率和车速的三次方成正比，所以汽车的外形是否为流线型对汽车的最高车速影响很大。流线型外形对高速汽车的动力性、经济性影响十分显著，但对汽车的爬坡能力和低速时的加速性能影响不大。

5. 汽车质量的影响

汽车在使用中，其总质量随载运货物和乘客的多少而变化。尤其是货车拖带挂车时，总质量的变化更大。汽车质量对其动力性有很大影响。

汽车总质量增加时，动力因数 D 将随之下降，而道路阻力和加速阻力随之增大，故汽车的动力性将随汽车总质量的增加而变差，汽车的最高行驶速度和上坡能力也下降。汽车的自身质量对汽车动力性影响也大，对于具有相同额定载重量的不同车型，其自身质量较轻的，总质量也较轻，因而动力性也较好。因此，对于额定载重量一定的汽车，在保证刚度与强度足够的前提下，应尽量减小自身质量，从而提高汽车的动力性。

6. 轮胎尺寸与形式的影响

汽车的驱动力与滚动阻力及附着力都受轮胎的尺寸与形式的影响，故轮胎的选用与汽车动力性的关系十分密切。

汽车的驱动力与驱动轮的半径成反比，汽车的行驶速度与驱动轮半径成正比。但一般车轮半径是根据汽车类型选定的。轮胎花纹对附着性能有显著影响，因此合理选用轮胎花纹与形式对汽车的动力性有重要意义。

7. 行驶条件的影响

在我国南方，由于气温高，车辆发动机冷却系统散热不良，容易产生过热并降低发动机功率。试验表明，汽车长时间在高气温环境下工作后，发动机功率只能发挥 30%～45%。

在高原地区，由于海拔较高，空气稀薄（气压和空气密度下降），车辆发动机充气量与气缸内压缩终点压力降低，因而使发动机功率下降。汽车在使用过程中，道路条件不断变化。有时行驶在坏路（雨季翻浆土路、冬季冰雪路和覆盖砂土路）和无路（松软土路、草地和灌木林等地带）的条件下，由于路面的附着系数减小和车轮滚动阻力增加，因而使汽车动力性大大下降。

（三）汽车动力性试验

汽车动力性试验包括动力性评价指标（最高车速、加速时间、最大爬坡度）、驱动力、行驶力及附着力的测量。动力性试验可在道路上和实验室内进行。道路试验主要是测定最高车速、加速时间、最大爬坡度等评价指标。在实验室内可测量汽车的驱动力和各种阻力。

1. 道路试验

道路试验应在混凝土或沥青路面的直线路段上进行。路面要求平整、干燥、清洁，坡度不大于 0.1%。试验时，大气温度应为 10～30℃，风速不大于 3m/s。以下介绍道路试验测试项目。

（1）最高车速

汽车在试验道路上行驶，达到最高车速后，测定汽车通过 1km 路段所需要的时间，计算出最高车速。通过的时间可用光电测时仪或秒表来测定。

（2）加速时间

测定原地起步加速时间：汽车用一挡起步，节气门开至最大，按最佳换挡时机，以最大的加速强度逐步换至高挡，测定全力加速至 100km/h 的加速过程所需的时间。也有用原地起步加速行驶 400m 所需的时间来表明汽车的加速性能的。测定超车加速时间：汽车在最高挡工作，节气门开至最大，测定由 30km/h 加速至 100km/h 所需的时间，可采用车速测量仪进行测量。不与地面接触的车速测量仪是利用光电原理和跟踪滤波技术，将车辆的行驶速度转换为电信号频率来测量汽车车速的。其安装方便，测量精度高，适用于高车速测量，最高测量速度可达 250km/h，但在低车速时测量误差大。加速过程也可以采用数字式电子装置五轮仪来测定，但用五轮仪进行试验时，由于道路不平而使第五轮产生跳动和侧滑，会影响测量精度。

（3）最大爬坡度

测量汽车的最大爬坡度时，应具备一系列不同坡度的坡道，坡道长度应大于汽车长度的 2.3 倍。试验时，汽车接上最低挡，以最低速度驶至坡前，然后迅速将节气门开至最大，驶上坡道。汽车所能爬上的最陡坡道的坡度，就是汽车的最大爬坡度。如果坡度过大或过小，可以采用增减负荷或变换排挡的方法，折算出最大爬坡度。

（4）汽车滚动阻力与空气阻力

汽车的滚动阻力与空气阻力可以用滑行试验来测定。滑行试验是汽车加速至某一预定速度，然后摘挡脱开发动机，汽车滑行，直至停车。试验时，记录滑行过程中的速度与时间的关系曲线，通过计算可以得到减速度与车速的关系曲线，从而获得汽车滚动阻力与空气阻力。

轮胎的滚动阻力也常用装有测力传感器的轮胎试验拖车来测量。对于地面与轮胎间的附着系数，可用装有制动器或能驱动轮胎的试验拖车进行实地测量。

2. 实验室实验

实验室内的动力性试验主要是驱动力的测量，以及传动系统机械效率、轮胎滚动阻力系数及汽车空气阻力系数的测定等。实验室常用的实验设备有汽车测功机、变速器机械效率试验台、轮胎试验台。空气阻力系数则在风洞实验室中测定。

资讯四　提升汽车动力性的技术

（一）提升汽车动力性的方法

提升汽车动力性的方法主要依据汽车的结构影响因素来进行选择，具体可以从以下方面考虑。

1. 发动机参数

（1）发动机最大功率

依据汽车的发动机最大功率考虑提升。同级别的汽车，发动机功率越大，最高车速越高，动力性越好。

（2）发动机最大转矩

依据汽车的发动机最大转矩考虑提升。同级别的汽车，发动机转矩越大，汽车的加速和上坡能力越强，动力性越好。

2. 主减速器传动比

依据汽车的主减速器传动比考虑提升。同级别的汽车，设计的主减速器的传动比 i_o 对应汽车的最高车速（相当于发动机最大功率时的车速）时，其对应的最高车速最大，动力性就最好。

3. 传动系统的变速器挡数

依据汽车传动系统的变速器的挡数考虑提升。同级别的汽车，变速器挡数增加时，发动机在接近最大功率工况下工作的机会增加，发动机的平均功率利用率高，后备功率增大，有利于汽车加速和上坡，提高了汽车中速行驶时的动力性。

4. 汽车外形

依据汽车的外形考虑提升。同级别的汽车，外形是否为流线型对汽车的最高车速影响很大。流线型外形对高速汽车的动力性、经济性影响十分显著，可以提高汽车的动力性。

5. 汽车质量

依据汽车的质量考虑提升。同级别的汽车，汽车总质量增加时，道路阻力和加速阻力随之增大，汽车的动力性随之变差，汽车的最高行驶速度和上坡能力也下降。因此，对于额定载重量一定的汽车，在保证刚度与强度足够的前提下，应尽量减轻自身质量，可以提高汽车的动力性。

6. 轮胎尺寸与形式

依据汽车的轮胎尺寸与形式考虑提升。同级别的汽车，汽车的驱动力与驱动轮的半径成反比，汽车的行驶速度与驱动轮的半径成正比，同时，轮胎花纹对汽车的驱动力有显著影响，因而合理选用轮胎花纹与形式对汽车的动力性提升有重要意义。

（二）提升动力性的新技术及应用车型介绍

1. 缸内直喷技术

（1）缸内直喷技术简介

微课：提升汽车动力性的技术介绍

缸内直喷式（gasoline direct injection，GDI）汽油机是指汽油直接喷射到气缸内燃烧，具有高精度控制燃烧过程的发动机。当燃油直接喷入气缸内时，可以自由控制燃烧室内的燃油分布，并利用直立式进气道与弯曲顶面活塞形成空气流动，使气缸内混合气分层分布，由此获得在传统发动机中不可能达到的空燃比（40∶1），实现超稀薄混合气稳定燃烧。直喷技术产生了两个新概念：均质燃烧和分层燃烧。均质燃烧是指在全负荷时，燃油喷射与进气同步，燃油得到完全雾化，使混合气均匀地充满燃烧室，进行充分燃烧，使发动机动力得到充分发挥。在均质燃烧时有和传统喷射发动机相同的空气与燃油混合比（即空燃比），为 14.7∶1，此时的过量空气系数（指实际供给燃料燃烧的空气量与理论空气量之比，是反映燃料与空气配合比的一个重要参数，常用符号λ表示）是 1。均质燃烧模式下，在获得高动力输出和转矩值的同时付出了较低的燃油消耗。分层燃烧是指可燃混合物只分布在火花塞周围，换句话说，空燃比为 14.7∶1 的混合气集中在火花塞周围，在燃烧室的其他部分则是纯净的空气。混合气层的大小范围精确地反映了瞬时发动机动力的需求。在分层燃烧时，直到压缩行程时才喷射燃油，油雾直接进入燃烧室中的空气，而喷油就发生在点火前瞬间。分层燃烧时发动机处于中低速， 值为 4，达到了节省燃油的目的。同时，在燃烧时空气层隔绝了热，减少了热量向气缸壁的传递，从而减少了热量损失，提升了发动机的热效率。

（2）缸内直喷技术的应用

缸内直喷技术实现了高负荷及低负荷下的燃油消耗降低，同时动力还有很大提升。目前，多家汽车公司已经开发了缸内直喷技术，如博世公司开发了 Motronic MED77 汽油直喷系统，奥迪公司开发了 FSI 系统，奔驰汽车公司开发了 CGI 系统，菲亚特汽车公司则开发了 JTS 系统，虽然名字不同，但它们都代表了缸内直喷技术。

应用缸内直喷技术的车型有奥迪系列车型。奥迪第一款作为量产车匹配直喷发动机的车型是 2002 年 3 月在日内瓦车展展出的 A21.6FS。接下来是奥迪 A4，其匹配了 110kW、2.0L FSI 发动机，有别于 96kW 的 A4，使用了单柱塞高压油泵，4 气门替代了 5 气门，显然是为了在燃烧室安装汽油喷嘴节省地方。A4 2.0FS 的最大转矩 200N·m 出现在 3250～4250r/min，0～100km/h 的加速时间为 9.6s，最高时速达 218km/h，百公里综合油耗仅为 7.1L。此外，缸内直喷技术也应用在 2001 年 7 月勒芒 24h 耐力赛上获胜的奥迪 R8 上，它匹配着双增压的 V8 FSI 直喷发动机。出色的表现使它领先一圈，良好的经济性使它延长了加油的间隔，有力证明了直喷发动机不仅有出色的动力表现，燃油还可节省 8%。不仅如此，奥迪 R8 车手还认为发动机动力反应敏捷且非常到位。

应用缸内直喷技术的车型还有奔驰系列车型。在 2002 年年底，奔驰汽车公司上市了配有 1.8L CGI 汽油缸内直喷发动机的 C 级轿车，即 C200 CGI。其峰值功率是 125kW，转矩比上一代增加了 15%，当发动机转速只有 1500r/min 时即可输出转矩的 75%，在 3000r/min 时最高转矩为 250N・m，并持续到 4500r/min。与相同排量 C 级车相比，节油超过 19%，综合油耗为 7.8L/100km。该车排放达到欧Ⅳ；0～100km/h 的加速时间是 9.0s，最高车速达 222km/h。与 C200CG 有着相同排量的 C80 KOMPRESSOR，其峰值功率为 105kW，在 2500r/min 时最高转矩为 220N・m，0～100km/h 的加速时间为 9.7s，最高车速达 222km/h，综合油耗为 8.2L/100km。在奔驰 C200CG 发动机上，燃油以 42° 角喷入气缸，燃油压力随发动机的工作特性为（50～120）$\times10^3$Pa，而传统四缸汽油喷射发动机的喷射压力为 3.8×10^6Pa；高压油泵由进气凸轮轴驱动，轨道中的油压由发动机电子控制单元调节，并直接连接到喷嘴；压力信号取自压力传感器；部分负荷时，在低转速下压力为（4～5）$\times10^3$Pa，满足稀薄燃烧。

2. 内燃机增压技术

内燃机增压就是利用增压器将空气或可燃混合气进行预压缩，再送入气缸的过程。增压后，每循环进入气缸的新鲜充气量密度增大，使实际充气量增加，从而达到提高发动机功率和改善经济性的目的。

（1）增压方式

① 机械增压系统。装置在发动机上并由传动带与发动机曲轴相连接，从发动机输出轴获得动力来驱动增压器的转子旋转，从而将空气增压吹到进气歧管中。机械增压系统的优点是转子的速度与发动机转速是相对应的，所以没有滞后或超前，动力输出更为流畅；其缺点是由于它要消耗部分发动机动力，会导致增压效率不高。

② 废气涡轮增压系统。废气涡轮增压系统简称涡轮增压，它利用发动机排出的废气达到增压目的。增压器与发动机无任何机械联系，压气机由内燃机废气驱动的涡轮来带动。一般增压压力可达 180～200kPa 或 300kPa 左右，需要增设空气中间冷却器来给高温压缩空气进行冷却。涡轮增压的优点是增压效率高于机械增压；其缺点是发动机动力输出略滞后于节气门的开启，加大节气门开度后一般需要等待片刻，稍后发动机会有惊人的动力爆发。

③ 复合增压系统。复合增压即废气涡轮增压和机械增压并用，大功率柴油机上用得较多。复合增压系统发动机输出功率大、燃油消耗率低、噪声小，但结构过于复杂。

④ 气波增压系统。利用高压废气的脉冲气波迫使空气压缩。这种系统低速增压性能好、加速性好、工况范围大，但尺寸大、笨重且噪声大。

（2）涡轮增压系统

目前在家用轿车上使用最多的是涡轮增压系统。涡轮增压器实际上就是一个空气压缩机。它是利用发动机排出的废气作为动力来推动涡轮室内的涡轮（位于排气道内），从而带动同轴的叶轮（位于进气道内），叶轮压缩由空气滤清器管道送来的新鲜空气，再送入气缸。当发动机转速加快，废气排出速度与涡轮转速也同步加快，空气压缩程度就得以加大，发动机的进气量就相应地增加，就可以增加发动机的输出功率。涡轮增压器及其工作原理如图 2-1-14 所示。

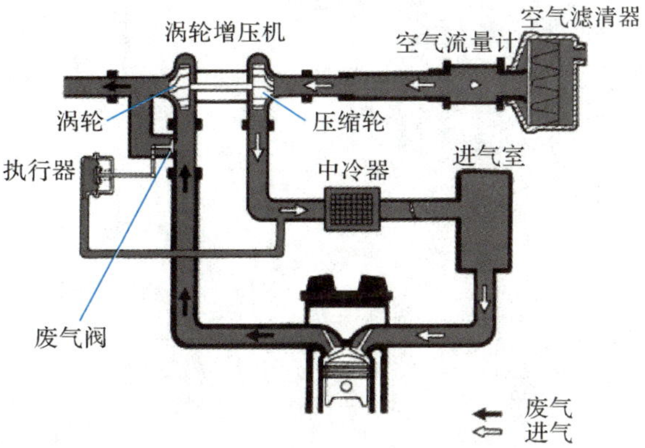

图 2-1-14 涡轮增压器及其工作原理

涡轮增压的最大优点是，它可在不增加发动机排量的基础上，大幅提高发动机的功率和转矩。一台发动机装上涡轮增压器后，其输出的最大功率与未装增压器相比，可增加 30% 甚至更多。涡轮增压器的构造一般包括：

① 涡轮室进气口与排气歧管相连，排气口接在排气管上。

② 增压器进气口与空气滤清器管道相连，排气口接在进气歧管上。

③ 涡轮和叶轮分别装在涡轮室和增压器内，二者同轴刚性连接。

3. 柴油机高压共轨电喷技术

高压共轨（common rail）电喷技术是指在高压油泵、压力传感器和电子控制单元组成的闭环系统中，将喷射压力的产生和喷射过程彼此完全分开的一种供油方式。它是由高压油泵将高压燃油输送到公共供油管（rail），通过公共供油管内的油压实现精确控制，如图 2-1-15 所示，使高压油管的压力（pressure）大小与发动机的转速无关，可以大幅减小柴油机供油压力随发动机转速变化的程度，因此也就减少了传统柴油机的缺陷。高压油泵所需的驱动力矩比传统油泵小得多。通过高压油泵上的压力调节电磁阀，可以根据发动机负荷状况及经济性和排放性的要求对共轨腔内的油压进行灵活调节，优化发动机的低速性能。通过喷油器上的电磁阀控制喷射定时、喷射油量及喷射速率，还可以灵活调节不同工况下预喷射和后喷射的喷射油量及与主喷射的间隔。使得 NO_x 排放减小；改善高压共轨系统的冷起动性能；提高输出功率，减少燃油消耗，降低碳烟排放和碳氢排放。

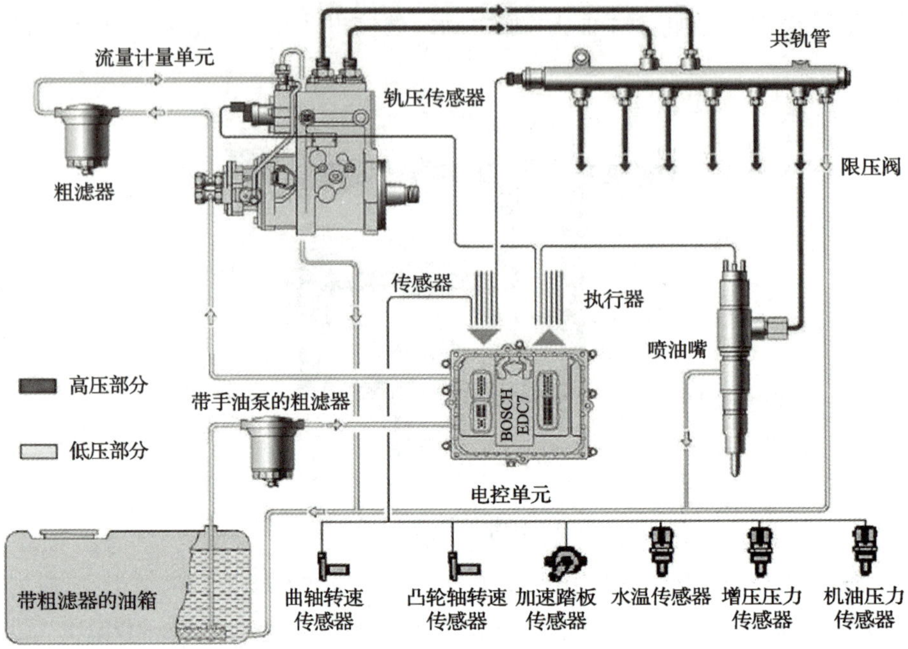

图 2-1-15　高压共轨技术

资讯五　汽车动力性对比评价案例

对于车辆的动力性评价，在价格相同的情况下，其动力性差异较大。表 2-1-5 为三款价格相近轿车的动力性对比，其中有两款排量相近的燃油车、一款纯电动车，从表中可以看出，价格相近的三款车，帕萨特 2020 款 280TSI 商务版虽然排量比君威 2019 款 20T 尊贵型小，但因采用了 TSI 技术，其最高车速与 100km 加速时间优于排量大的君威 2019 款 20T 尊贵型车；而与江淮 iEVA60 2019 款旗舰版型汽车相比，其最高车速高出不少，动力性差别较大。

表 2-1-5　动力性对比

动力性指标车型	帕萨特 2020 款 280TSI 商务版 国内指导价：18.59 万元	君威 2019 款 20T 尊贵型 国内指导价：18.28 万元	江淮 iEVA60 2019 款旗舰版型 国内指导价：18.95 万元
能源类型	汽油	汽油	纯电动
发动机	1.4T 150 马力 4L	1.5T 170 马力 4L	
变速器	7 速 DCT	9 挡手自一体	电动车单速变速器
整备质量/kg	1455	1494	1430
车身结构	4 门 5 座 3 厢	4 门 5 座 3 厢	4 门 5 座 3 厢
长×宽×高	4933mm×1836mm×1469mm	4893mm×1862mm×1449mm	4995mm×1865mm×1520mm
发动机技术	TSI		

续表

动力性指标车型	帕萨特 2020 款 280TSI 商务版 国内指导价：18.59 万元	君威 2019 款 20T 尊贵型 国内指导价：18.28 万元	江淮 iEVA60 2019 款旗舰版型 国内指导价：18.95 万元
动力性参数			
最高车速/（km/h）	210	205	150
100km 加速时间/s	9.3	9.5	

综上所述，对不同车辆进行动力性比较时，不能单从价格、排量等参数进行比较，要考虑车辆的配置、发动机技术等因素。一般来说，排量大的车辆，动力性指标较高，动力性较好；采用增压发动机的车辆，动力性指标较高，动力性较好；采用发动机先进技术的如缸内直喷技术等，动力性好。在选购车辆时，如主要考虑动力性，则选择排量大、带涡轮增压和缸内直喷技术的发动机。

微课：发动机与整车动力性的关系分析

课堂练习

（一）填空题

1．汽车动力性的评价指标有________、________和________。

2．在良好平直路面上行驶的汽车所受的行驶阻力有________、________和________。

3．汽车行驶时，总存在的行驶阻力有________和________。

4．汽车在平路上等速行驶时，其行驶阻力有________和________。

5．汽车的加速能力常用加速时间来表示，即________和________。

（二）判断题

1．汽车的最高行驶车速对应发动机最高转速。（　　）

2．汽车的爬坡能力由汽车的驱动力决定。（　　）

3．弹性迟滞损失是以滚动阻力偶矩的形式作用在车轮上阻碍汽车的运动。（　　）

4．子午线轮胎的滚动阻力系数比普通斜交轮胎的滚动阻力系数大。（　　）

5．只要汽车的驱动力大于行驶阻力，汽车就能行驶。（　　）

（三）选择题

1．最高车速是指在水平良好的路面汽车能达到的最高（　　）速度。

A．减速　　B．行驶　　C．驱动　　D．加速

2．汽车的动力性用汽车在良好路面上直线行驶时所能达到的（　　）来表示。

A．平均行驶速度　　B．最高行驶速度

C．最大加速度　　D．最低行驶速度

3．滚动阻力系数与（　　）无关。

A．车速　　B．轮胎气压　　C．轮胎种类　　D．温度

4．以下措施中可以提高汽车动力性的是（　　）。

A．换小号轮胎　　B．增加车重

C．拆掉消声器　　D．增加涡轮增压

5．帕萨特汽车发动机 TSI 是指（　　）。

A．燃油直喷技术　　B．牵引力控制系统

C．制动力辅助系统　　D．双增压分层喷射技术

（四）问答题

1．分析影响汽车动力性的因素，并结合实例说明提升汽车动力性的方法。

2．至少分析两种新技术对汽车动力性的影响，并结合车型实例说明。

项目实施

小组根据个人兴趣选择 3 款同级别的车型，收集相关信息，试着对比分析它们的动力性，完成下列工作任务单。

不同车型动力性的对比分析工作任务单

任务名称	汽车动力性对比分析		
小组成员		任务成绩	
任务要求	小组选择感兴趣的 3 款车型（尽可能选择同类型、同价位的车型），收集与动力性相关的参数、配置、技术，运用所学知识进行车型动力性对比分析		
性能相关信息	车型 1：＿＿＿＿＿	车型 2：＿＿＿＿＿	车型 3：＿＿＿＿＿
对比分析：			
评价结论：			

考核评价

综合整个学习过程，通过学生的课堂表现、课后习题、任务完成情况等对学生的知识、能力、思政要素和职业素养目标达成情况进行评价。

项目教学目标达成情况评价表

班级：________________　　　　姓名：________________

知识目标达成情况		
目标描述	教师评价	学生自评
是否能正确描述动力性的定义		
是否能够准确列出影响动力性的因素（1+X 部分内容）		
是否知道动力性的主要评价指标		
评价结论：知识目标达成与否	□ 是　　□ 否	
能力目标达成情况		
目标描述	教师评价	学生自评
是否能够利用各种渠道收集与汽车动力性相关的数据、配置等信息		
是否能对汽车的动力性进行全面、客观的评价，确保评价结论无误		
评价结论：能力目标达成与否	□ 是　　□ 否	
思政要素和职业素养目标达成情况		
目标描述	教师评价	学生自评
信息收集能力是否得到提升		
小组活动中展现的团队协作、沟通交流能力		
本讲课堂表现的积极性		
信息收集处理中是否严谨、客观、科学		
对汽车动力性发展历程是否有认识		

项目二　汽车经济性评价

项目描述

本项目主要介绍汽车经济性的定义、影响因素及提高经济性的措施，通过学习经济性对比评价案例示范分析，应能够对不同车型的经济性进行对比评价。

学习目标

知识目标	能力目标	思政要素和职业素养目标
1. 知道汽车经济性的评价方法和评价指标。 2. 知道影响汽车经济性的因素	能够评价和比较汽车经济性的好坏	1. 培养信息收集、处理与分析的能力。 2. 养成严谨、客观进行分析、评价的能力。 3. 培养应用国家机动车的环保和经济性要求及管理办法等相关政策法规的能力。 4. 培养节能、环保、经济意识。 5. 培养团结互助的团队精神和积极沟通交流的职业素养
对接 1+X 证书模块 1-7（初级）工作任务 3—汽车车型主要技术参数解说 知识要求：1.1.2 影响车辆经济性的因素 技能要求：1.1.2 能根据车辆参数就车辆经济性对客户进行介绍		

情境导入

客户小王想购买一辆经济实用轿车，可以用来上下班代步，平时需要时也可以拉拉货物，要求节油、经济性好。请你根据客户需求，推荐并对比几款实用车型的经济性，帮助客户选购。

课前练习

根据查找的资料，完成下列课前练习（表 2-2-1）。

表 2-2-1　汽车经济性评价课前练习

1. 汽车经济性用（　　　　　　　）来表示。
2. 影响汽车经济性的参数有哪些？
3. 简述汽车经济性的评价方法和评价指标。

相关资讯

资讯一　汽车经济性的评价方法和评价指标

随着公众环保意识的逐步提高和生态文明建设的深入人心，人们崇尚节能减排、拥抱蓝天白云的愿望愈发迫切。从“将就”到“讲究”，从“灰色污染”到“绿色环保”，从“燃油车”到“新能源汽车”。“十三五”期间，我国新能源汽车的产销快速增长，2015 年以来连续五年位居全球第一，累计推广超过 480 万辆，占全球的 50%以上，新能源汽车正在走进千家万户。但即使如此，燃油汽车仍是当前汽车的主要部分，为了节约能源和环保，我国已计划实施国Ⅵ排放标准，第一阶段，从2020年7月1日起，所有销售和注册登记的汽车都必须符合国Ⅵ A标准；第二阶段，从2023年7月1日起，所有销售和注册登记的汽车都必须符合国Ⅵ B标准；部分城市于2019年1月1日开始实施轻型汽车国六排放标准。

（一）汽车经济性的定义

汽车经济性是汽车的一个重要性能，也是每个拥有汽车的人非常关心的指标之一。它关系到每个人的切身利益。由于要求节约能源及减少消耗能源时产生的温室效应，所以降低汽车燃油消耗成了汽车制造者和使用者的一个永恒课题。

汽车的经济性常用一定运行工况下汽车行驶百公里的能源消耗量或一定能源量能使汽车行驶的里程来衡量。

（二）汽车经济性的评价方法和评价指标

传统燃油型汽车的经济性一般用耗油量或油行程来表示。耗油量是指汽车满载时单位行驶里程所需燃油体积。我国和欧洲都用行驶百公里消耗的燃油数（L）来表示，即L/100km；油行程是指汽车满载时，单位体积燃油所能行驶的里程，其数值越小，经济性越好。美国用每加仑燃油能行驶的里程数来表示，即mile/gal（英里/加仑，1加仑=4.546L，1英里=1.609km），其数值越大，经济性越好。日本经济性用每升燃油能行驶的公里数来衡量，单位为km/L，该数值越大，汽车的经济性越好。

百公里燃油消耗量分为等速行驶百公里燃油消耗量和循环工况行驶百公里燃油消耗量。

1. 等速行驶百公里燃油消耗量

等速行驶百公里燃油消耗量是常用的一种评价指标，它是汽车在额定载荷下，以最高挡在水平良好的路面等速行驶100km的燃油消耗量。把各个速度下的等速百公里燃油消耗量标注在以行驶速度为横坐标，百公里燃油消耗量为纵坐标的图上，即可得到等速百公里燃油消耗量曲线（图2-2-1），我们可以用它来评价汽车的经济性。最低点对应的横坐标就是耗油量最低的车速段，也就是经济车速。

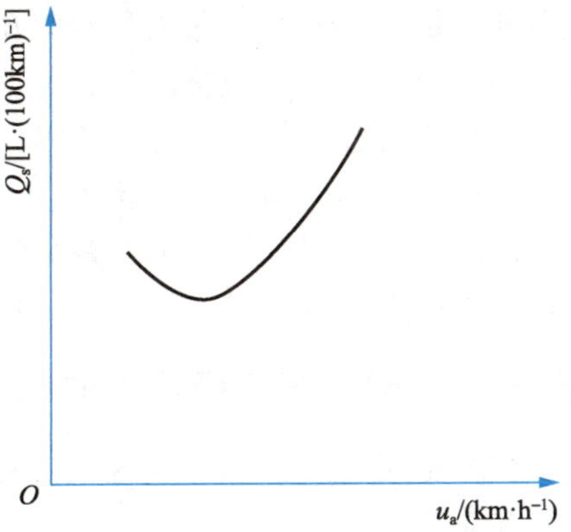

图2-2-1 汽车等速行驶百公里燃油消耗量曲线

当然各种型号的车辆，即使同一种型号的车辆，其凹下的位置和深度也是十分不同的。

2. 循环工况行驶百公里燃油消耗量

由于等速行驶工况没有全面反映汽车的实际情况，特别是在市区行驶中频繁出现的加速、减速、怠速停车等行驶工况。因此，制定一些典型的循环行驶试验工况来模拟实际汽车运行的状况，并以其百公里燃油消耗量来评定相应行驶工况的经济性。循环油耗是指在一段指定的典型路段内，汽车以设定的不同工况行驶时的油耗，起码要规定等速、加速和减速 3 种工况，复杂的还要计入起动和怠速停驶等多种工况，然后折算成百公里油耗。一般采用循环油耗来评定汽车的经济性。例如，我国有 6 工况循环油耗（货车）和城市 4 工况循环油耗（客车）[图 2-2-2（a）]，欧洲有 ECE-R15 工况循环油耗，美国有公路循环和城市循环油耗。一般而言，求得的循环油耗还要与等速百公里（指定车速）油耗加权平均取得综合油耗，以便更科学地评价汽车的经济性。不过有时也不严格地称这种综合油耗为循环油耗，所以当前轿车给出的城市油耗和公路油耗更严格地说，应该是城市综合油耗和公路综合油耗，简称为城市循环油耗和公路循环油耗，在我国也更简单地称为城市油耗和公路油耗。

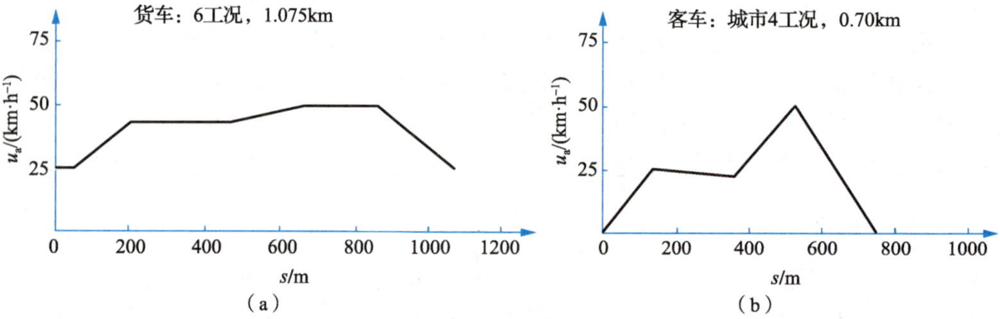

图 2-2-2　我国汽车经济性的行驶工况

在现实生活中，汽车的产品宣传单上大多标有百公里油耗，该参数值一般是在恒定的时速（一般为 90km/h）、风速和平坦的路面条件下测出的；也有的厂家标称的油耗是在 60km/h 甚至 40km/h 的状况下测出的。而平坦驾驶时所遇到的路况则要复杂得多，因此在现实中常常会用到综合油耗。为了有统一的比较标准，也常常会使用工信部综合油耗。工信部综合油耗测试采用 2000 年颁布的欧洲循环驾驶法，包含市区工况和市郊工况，其中认定市区 30%、市郊 70%。使用工信部综合油耗来评定燃油消耗量相对来说比较科学。

电动汽车经济性的评价同样可以参考燃油汽车的方法，通过一定工况条件下的百公里耗电量或者单位电量能够行驶的里程来评价。

资讯二　影响汽车经济性的因素

为了改善汽车经济性，必须对影响经济性的有关因素进行研究。影响经济性的因素主要有汽车使用和汽车结构两个方面。

（一）汽车使用方面

在汽车使用方面影响经济性的主要因素为保持汽车完好的技术状态与正确的驾驶操作。主要表现如下。

1. 正确的技术保养与调整

汽车的调整与保养会影响发动机的性能与汽车的行驶阻力，对百公里油耗有相当大的影响，所以正确的技术保养与调整，对改善汽车的经济性有很大的影响。

微课：汽车经济性的评价指标与影响因素分析

使发动机保持良好的技术状况。要对供油系统进行定期保养与检查，防止漏油，清除滤清器中的沉淀与杂质，空气滤清器不畅通时，油耗将增加3%左右。要及时清除燃烧室、活塞、进气管上的胶质与积炭，在清除积炭前后，耗油量相差不小。要保持发动机冷却系统的正常温度，防止因温度过低而增加机油的黏度及降低燃油在进气管内的挥发性。冷却液温度过低会使燃油消耗量增加。当冷却液温度过高时，发动机易产生爆燃，充气系数（发动机换气过程中，气缸实际充气量定在标准大气状态下充满气缸工作容积的充气量之比）降低，功率下降，油耗增加。要正确地保养和检查点火系统，保持火花塞的清洁及正确的电极间隙和断电器触点的间隙。火花塞的电极间隙一般情况下应适当偏大，这样可以提高点火系统电极电压，增加点火能量，对提高发动机的经济性是有利的。要根据燃油品种与工作地区，选择点火提前角。调整点火正时，不仅影响燃油压力、速度，对热效率也有明显的影响。点火正时的调整是与发动机混合气的浓度有关的，混合气越稀，越需要将点火正时适当提前。要检查和防止气缸漏气，保持正常的气缸压力，气缸压缩压力越大，表明气缸、活塞环、气门、气门座、气缸垫等状况良好，发动机做功行程瞬时产生有效压力越大，混合气点火燃烧速度越快，热损失越小，可使发动机得到较高的动力性和经济性。所有这些都对节约燃油有较大的作用。

在汽车底盘方面，要加强对各总成的保养与调整，以保持适当的滑行能力，减少燃油消耗量。汽车的滑行能力常用滑行距离来评价，滑行距离的多少可以用来检查底盘的技术状况。汽车的前轮定位、制动器的间隙调整、轮胎气压、各部轴承的预紧度、运动摩擦部分间隙及润滑质量都会对汽车的运动阻力产生很大影响，必须按照规定进行调整和保养。前轮前束失调时，前轮在滚动时产生滑移，增加滚动阻力，引发前轮发摆，使油耗增大。当轮胎气压低于标准时，轮胎变形增大，滚动阻力增加，会增加燃油消耗。轮毂轴承过紧，制动器发咬，会增加行驶阻力，使油耗增加。底盘传动系统各配合副配合不良，都将消耗发动机的有效功率，使机械效率降低。润滑油使用不当，油耗也会增加，冬季使用夏季油，油耗将增加4%。底盘的行驶阻力减小，滑行距离便增加，油耗下降；反之，滑动距离减小，燃油消耗则增加。此外，离合器打滑，会引起发热，增加发动机转速，使油耗增加。变速器跳挡，会增加换挡次数和中间挡的使用时间，也会增加燃油消耗。这些都必须及时排除故障，进行正确的调整。

2. 驾驶操作技术

驾驶操作技术是影响汽车运行燃油消耗的主要因素之一。正确的驾驶操作可大大降低汽车的燃油消耗量。在其他条件相同时，做到经济合理的驾驶，可以减少油耗 10%左右，这要求驾驶人能够根据汽车运行条件采用相适应的驾驶操作，使人机配合得当，达到汽车的最佳运行。因此，提高驾驶人的操作技术水平，掌握合理的运行工况是改善汽车运行燃料经济性的有效途径。合理的驾驶操作对节约燃料有很大作用。

应该正确选用行车速度，采用中速行驶是最经济的，汽车中速行驶时的燃油消耗量最低，速度过高或过低都会使燃油消耗量增加。低速时，尽管阻力小，但发动机负荷率低，有效燃油消耗上升，百公里油耗也有所增加。高速时，由于行驶阻力增加很快而使百公里油耗增加，故应中速行驶。

在一定道路上，汽车用不同挡位行驶，燃油消耗量是不一样的。在同一道路条件与车速下，发动机输出功率相同，在低挡位，后备功率较大，发动机的负荷率低，燃油消耗率高，高挡时则相反，因此要尽可能用高挡行驶。最经济的驾驶方法就是高挡的行驶可能性未用尽前，不应换低挡。换挡要迅速准确。

在保证行车安全的前提下，利用汽车的惯性滑行，使汽车的动能得以充分利用，这是减少汽车油耗的一种驾驶方法。

驾驶汽车时，踩加速踏板要轻，缓慢加油，因为猛踩加速踏板，会使可燃混合气浓度升高，增加不必要的燃料消耗，同时也难以保持发动机的速度稳定，一般猛加速比缓慢加速要多耗油 30%左右，所有这些都是驾驶汽车时应加以注意的。

3. 合理组织运输

在使用汽车时，要充分发挥运输工作人员的主观积极性，采取一切先进措施以减少单位运输工作的燃油消耗量。运输企业中普遍拖带挂车，这是提高运输生产率和降低成本、降低燃油消耗量的一项有效措施。拖带挂车后，阻力增加，发动机负荷率增加，使燃油消耗率下降，虽然汽车总的燃油消耗量增加了，但由于运货量增加，汽车列车的装载质量比整车装备质量大，所以分摊到每吨货物上的油耗下降了，运输成本降低，生产率提高。此外，合理组织运输，减少空车往返，也能提高经济性。

（二）汽车结构方面

汽车结构方面影响汽车经济性的因素有以下几点。

1. 汽车尺寸和质量

汽车尺寸和质量增加，会加大滚动阻力、空气阻力、坡道阻力和加速阻力，这是大型轿车油耗大的原因之一。为了保证高动力性而装用大排量发动机，行驶中负荷率较低也是原因之一。现实使用中，又大又重的豪华型轿车比小而轻的轻型、微型轿车的油耗要大得多，因此广泛采用轻型、微型轿车是节约燃油的有效措施。

视频：影响汽车经济性的因素及奥迪 A6 经济性评价示例

货车的质量利用系数影响经济性。货车的质量利用系数即装载质量与整车装备质量之比。质量利用系数越大，有效运输质量比重增加，运输中的单位耗油与成本都将降低。随着生产技术水平的提高，质量利用系数正在逐步提高。

所以，减少汽车尺寸和质量是提高经济性的有效措施，汽车要合理地设计和精心地计算分析，要采用高强度材料和轻质材料。

2. 发动机的技术状况

发动机是对经济性影响最大的部件，影响因素主要有压缩比、燃料供给、功率利用率等。

发动机压缩比越大，则其有效效率越高。因此在允许范围内提高压缩比，可以改善汽车的经济性。燃料的汽化、雾化及其与空气的混合，与促进燃烧、提高热效率关系很大。因此改进进气道、燃油喷射压力及规律、燃烧室结构、进排气时间等的设计，保证燃料良好的汽化与雾化以及与空气均匀混合是很重要的。发动机的功率及其利用率，对经济性有很大的影响。一般发动机在 60%～80%负荷范围内，经济性最好，发动机负荷减小时，其燃油消耗量将增加。发动机的型式对汽车经济性的影响也是很大的。采用柴油发动机于货车，其燃油消耗量可以比汽油发动机降低 30%～40%。所以，扩大柴油机的应用范围是改善汽车经济性的主要途径之一。此外，采用涡轮增压、可变进气系统、可变正时系统、缸内直喷、分层燃烧等控制技术，将使经济性得到进一步提高。

3. 传动系统

汽车传动系统对燃油消耗的影响，取决于传动系统效率、变速器挡数与传动比。

传动系统的效率越高，则损失于传动系统的能量就越少，因而经济性也越好。

变速器的挡数与传动比对经济性也有影响。虽然汽车行驶时所需的发动机功率与变速器挡数无关，但发动机转速随所接合挡位的改变而改变。在汽车行驶速度不变的情况下，接合高挡时，传动比小，发动机的转速低；接合低挡时，传动比加大，发动机的转速增高。在发动机负荷相同的情况下，转速越低，发动机的单位燃油消耗量越少。因此，在一定行驶条件下，传动系统的传动比越小，汽车的经济性越好。目前汽车常采用超速挡，这可以减小传动系统的总传动比。在良好的道路条件下采用超速挡，可以更好地利用发动机功率，提高汽车的经济性。

变速器的挡数增加，使发动机经常保持在经济工况下工作，挡数越多，越容易选择保证发动机以最经济工况工作的转速，汽车的经济性越好。当变速器的挡数为无限时，即为无级变速器。当采用无级变速器时，在任何条件下都提供使发动机在最经济工况下工作的可能性。若无级变速器能维持较高的机械效率，则汽车的经济性将显著提高。但现有的液力变矩器等无级变速器，由于效率较低，经济性不一定好。

4. 汽车外形与轮胎

汽车外形对经济性有影响，主要表现在高速行驶时的空气阻力。因此，改善车身流线型，降低空气阻力系数 C_D，可以提高经济性，但在城区，由于行驶车速低，对油耗影响较小。

汽车轮胎对经济性也有影响。子午线轮胎的耐磨性、动力性、经济性等综合性能较好，与普通斜交轮胎相比，经济性较好。

资讯三　提高汽车经济性的措施

（一）从汽车结构尺寸及材料上改进

汽车尺寸和质量增加，则汽车所受到的滚动阻力、空气阻力、坡度阻力和加速阻力也会大幅增加，汽车的经济性将变差。因此，减小汽车质量可减小汽车阻力。为了减小质量，目前轿车选用高强度、低质量的新材料所占的比重增加。

数据显示，车重与油耗的关系成正比，车重每下降 10%，油耗也会相应下降若干个百分点。这也是日系车省油的一大原因。

微课：能够提升汽车经济性的技术介绍（上）

（二）从发动机技术上改进

发动机是对经济性影响最大的部件，提高发动机经济性的主要途径如下。

微课：能够提升汽车经济性的技术介绍（下）

1. 提高现有汽油机热效率与机械效率

采用发动机的先进技术，如可变气门正时（可变凸轮轴转角、可变气门升程）、可变进气（可变进气管截面和长度）、涡轮增压、缸内直喷、可变排量、可变压缩比等，均可不同程度地降低燃油消耗量。根据车型及配置的不同，不同的发动机采用的技术不一致，其油耗率也不一样。

（1）缸内直喷技术

缸内直喷技术将燃油由喷嘴直接喷入缸内，该技术可以进一步提高汽油机的热效率并降低汽油机的排放。FSI 技术采用了两种不同的燃烧模式，即均质燃烧模式和分层燃烧模式。均质燃烧模式是指在大负荷或全负荷工况时，缸内直喷发动机在进气行程中将燃油喷入燃烧室，在进气行程与压缩行程中完成与空气的充分混合，油束的移动速度小于活塞的下行速度，使得油束周围的压力较低，燃油迅速扩散蒸发，进而形成均质燃烧混合气。分层燃烧模式是指在中小负荷工况时压缩行程喷入燃油，随着压缩行程的进行，燃油与空气混合，直至点火时刻，从火花塞处至缸壁，燃油浓度由浓到稀，保证有效点火，火焰传播也正常，从而提高经济性。

（2）可变气门正时技术

可变气门正时技术通过改变进气门、排气门开闭的时间，改变气门正时与气门升程来改变充气和排气的效率，改善发动机的性能。如宝马 N52 发动机的全可变气门行程控制装置和可变凸轮轴控制装置，通过改变气门行程和进排气凸轮轴的角度的方式来实现负荷控制，可以实现气门在满负荷位置时气门行程（9.9mm）和开启时间达到最大值，在怠速位置时气门行程（0.18mm）和开启时间达到最小值。可确保即使在最小行程为 0.18mm 时气缸也能均匀进气，有效地降低了怠速时的燃油消耗量，同时也满足了发动机大负荷的需要。

（3）可变排量发动机

可变排量发动机应用先进的计算机控制技术，根据汽车动力的需求来实时控制发动机的有效排量，以进一步改善汽车的经济性、降低能耗的一种发动机。这一技术适用于中大排量、V 形布置的发动机，如本田的 V6 发动机、通用的 V8 发动机。通过控制进气门和喷油来开启或关闭某个气缸的工作。例如，一台 6 缸可变排量发动机，可以根据实际工况需要，实现 3 缸、4 缸、6 缸三种工作模式，以降低油耗，提高燃油的经济性。

2. 提高柴油机经济性

提高柴油机经济性的措施有增压中冷技术、高压共轨电控燃油喷射技术等。

长城哈弗 CUV 柴油车配置采用电控高压共轨技术的“智能节油王”INTEC 柴油发动机，较汽油机油耗降低 30%～40%。奇瑞 1.9D TCI 柴油发动机，融合 TCI 技术、高压共轨直喷技术、废气再循环（exhaust gas recirculation，EGR）系统等数项先进技术，可有效减少废气和发动机噪声，其燃油消耗量较点燃式汽油机减少 40%～45%。

3. 扩大柴油机的应用范围，如柴油轿车

将柴油机应用到轿车上，既能增加发动机的动力，也能提高发动机的经济性。

4. 采用混合动力发动机

如全新一代油电混合动力豪华轿车 ES 300h，它搭载 2.5 升 L4 阿特金森循环发动机，据美国环保署评估，在城市和高速公路综合路况下，百公里油耗约为 5.9L。

又如油电混合动力顶级豪华旗舰车型 LS 600hL，它搭载了 LEXUS 雷克萨斯独创的油电混合动力系统，将 5.0L 直喷 V8 汽油发动机、大功率电动机以及大容量电池完美结合，系统综合功率可达 327kW。凝聚了 LEXUS 雷克萨斯油电混合动力技术的 LS 600hL，其功率堪比 6.0L 发动机，而耗油量却只相当于 3.5L 发动机。

（三）从汽车传动系统技术方面考虑

传动系统的机械效率越高，则损失于传动系统的能量就越少，汽车经济性也就越好。对于汽车传动系统，可以增加汽车变速器的挡数，变速器的挡数越多，越容易选择保证发动机以最经济工况工作的转速，汽车的经济性越好。当采用无级变速器时，在任何条件下都能提供使发动机在最经济工况下工作的可能性。若无级变速器能维持较高的机械效率，则汽车的经济性将显著提高。

奥迪的 Multitronic 无级/手动一体变速器是在原有无级变速器的基础上安装了一种称为多片式链带的传动组件，这种组件大大拓展了无级变速器的使用范围，能够传递和控制峰值高达 400 N·m 的动力输出，其传动比超过了以前各种自动变速器的极限值。该变速器的明显优势是耗能小、反应更快，从车辆的整体性能来看，装有 Multitronic 变速器的奥迪 A6 2.8 轿车的 0～100km/h 加速时间比同级普通自动变速器车型快了 1.3s，百公里油耗降低了 0.9L。

（四）从汽车外形与轮胎方面考虑

改善汽车车身的流线型，可以降低空气阻力，提高汽车经济性。同时，汽车轮胎对经济性也有影响，子午线轮胎的耐磨动力性等综合性能最好，与使用普通斜交轮胎的汽车相比，使用子午线轮胎的汽车经济较好。

（五）从驾驶技术上考虑

微课：提升用车经济性的技巧

除此之外，尽量保证汽车在良好的使用条件下运行、定期维护和养成良好的驾驶习惯可以提高汽车的经济性。以下几点驾车习惯可以降低油耗。

1. 杜绝不必要的加大节气门开度

日常行车，脚踏加速踏板要轻缓，做到轻踏缓抬。

2. 避免长时间的怠速运转

怠速时，发动机温度低，燃油雾化蒸发不良，造成怠速时发动机磨损加大，排放污染物增多，耗油量也增加。因此应避免长时间的怠速运转。

3. 避免不必要的紧急制动

汽车每紧急制动一次，所浪费的油可行驶 2km，对轮胎的磨损相当于行驶 80km 的磨损量。

4. 及时合理换挡

换挡过程的快慢直接影响汽车的油耗，试验证实两者油耗相差一倍以上。发动机的大部分时间在中等转速下运转，而且节气门开度适当时（70%左右）耗油量最小。在道路状况良好的情况下，尽量使用高速挡行驶，避免在中间过渡挡位停留过长时间，这样会获得较好的经济性能。在高速挡时不要拖挡，在低速挡时不要使发动机转速很高，这是合理使用挡位的原则。

5. 适当的胎压可以降低油耗

理论上，若胎压比规定值低 $0.5kg/cm^2$，油耗将增加 5%。轮胎亏气会造成滚动阻力增加，油耗增加。所以在实际使用中一定要注意经常检查胎压。

资讯四　汽车经济性对比评价案例

对于车辆的经济性评价，在价格相近的情况下，其经济性差异较大。表 2-2-2 为三款价格、排量相近轿车的经济性对比，价格相近的三款车，帕萨特 2020 款 280TSI 商务版虽然排量比君威 2019 款 20T 尊贵型、本田雅阁 2018 款 260TURBO 尊贵版的只小 0.1L，但因采用 TSI 技术，其工信部综合油耗（L/100km）为 5.6L，小于君威 2019 款 20T 尊贵型、本田雅阁 2018 款 260TURBO 尊贵版车，其经济性最好。君威 2019 款 20T 尊贵型的工信部综合油耗（L/100km）为 6.3L，百公里耗油量最高，其经济性较其他两款车差。

表 2-2-2 车辆的经济性参数对比

动力性指标车型	帕萨特2020款280TSI商务版 国内指导价：18.59 万元起	君威 2019 款 20T 尊贵型 国内指导价：18.28 万元起	本田雅阁 2018 款 260TURBO 尊贵版 国 VI 国内指导价：18.78 万元起
能源类型	汽油	汽油	汽油
发动机	1.4T150 马力 4L	1.5T170 马力 4L	1.5T190 马力 4L
变速器	7 速 DCT	9 挡手自一体	CVT 无级变速器
整备质量/kg	1455	1494	1513
车身结构	4 门 5 座 3 厢	4 门 5 座 3 厢	4 门 5 座 3 厢
长×宽×高	4933mm×1836mm×1469mm	4893mm×1862mm×1449mm	4893mm×1862mm×1449mm
发动机技术	TSI		直喷
经济性参数			
工信部综合油耗/（L/100km）	5.6	6.3	6.0

综上所述，对不同车辆进行经济性比较时，即使价格、排量等参数一致，经济性也是有差异的，在进行对比前，除考虑价格和排量参数外，还要考虑车辆的配置、发动机技术等因素。一般来说，排量大的车辆经济性指标较高，经济性较差；采用增压发动机的车辆经济性较好；采用发动机先进技术的，如缸内直喷技术等，经济性好。在选购车辆时，如主要考虑经济性，则选择排量小、带涡轮增压和缸内直喷技术的发动机。

课堂练习

（一）填空题

1. 汽车的经济性，是指________的燃油消耗量。
2. 汽车经济性的评价指标有________和________。
3. 我国和欧洲都用________来表示汽车的经济性。

（二）选择题

1. 以下指标中更能评价汽车经济性的是（　　）。
   A. 等速行驶百公里燃油消耗量
   B. 循环工况行驶百公里燃油消耗量
   C. 百公里燃油消耗量
   D. 郊区油耗

2. 甲说发动机的结构会影响经济性，乙说传动系统的效率会影响汽车经济性，下列判断中正确的是（　　）。
   A. 只有甲正确　　B. 只有乙正确
   C. 甲乙都正确　　D. 甲乙都不正确

3．以下选项中不影响汽车经济性的是（　　）。

A．轮胎气压　　B．整车装备质量

C．变速器的挡数　　D．EGR 系统

（三）问答题

1．影响汽车经济性的参数有哪些？

2．发动机的哪些技术可以改善汽车经济性？

项目实施

小组根据个人兴趣选择 3 款同级别的车型，收集相关信息，试着对比分析它们的经济性，完成下列工作任务单。

不同车型经济性的对比分析工作任务单

任务名称	汽车经济性对比分析		
小组成员		任务成绩	
任务要求	小组选择感兴趣的 3 款车型，收集与经济性相关的参数、配置、技术，运用所学知识对车型经济性进行对比分析		
性能相关信息	车型 1：__________	车型 2：__________	车型 3：__________
对比分析：			
评价结论：			

考核评价

综合整个学习过程，通过学生的课堂表现、课后习题、任务完成情况等对学生的知识、能力、思政要素和职业素养目标达成情况进行评价。

项目教学目标达成情况评价表

班级：＿＿＿＿＿＿＿＿　　　　姓名：＿＿＿＿＿＿＿＿

知识目标达成情况		
目标描述	教师评价	学生自评
是否能正确描述经济性的定义		
是否能够准确列出影响经济性的因素（1+X 部分内容）		
是否知道经济性的主要评价指标		
评价结论：知识目标达成与否	□ 是　　□ 否	
能力目标达成情况		
目标描述	教师评价	学生自评
是否能够利用各种渠道收集与汽车经济性相关的数据、配置等信息		
是否能对汽车的经济性进行全面、客观的评价，确保评价结论无误		
评价结论：能力目标达成与否	□ 是　　□ 否	
思政要素和职业素养目标达成情况		
目标描述	教师评价	学生自评
信息收集能力是否得到提升		
小组活动中展现的团队协作、沟通交流能力		
本讲课堂表现的积极性		
信息收集处理中是否严谨、客观、科学		
对国家机动车的环保和经济性要求及管理办法等相关政策法规有认识		

项目三　汽车安全性评价

项目描述

本项目主要介绍汽车安全性的定义、评价指标、影响因素及提高安全性的技术措施，通过学习安全性对比评价案例示范分析，应能够对不同车型的安全性进行对比评价。

学习目标

知识目标	能力目标	思政要素和职业素养目标
1．知道汽车安全性的评价指标。 2．知道影响汽车安全性的因素	能够评价和比较汽车安全性的好坏	1．培养信息收集、处理与分析的能力。 2．养成严谨、客观进行分析、评价的能力。 3．培养应用国家机动车的安全性要求及管理办法等相关政策法规的能力。 4．培养安全意识和民族自豪感。 5．培养团结互助的团队精神和积极沟通交流的职业素养
对接 1+X 证书模块 1-7（初级）工作任务 3—汽车车型主要技术参数解说 知识要求：1.1.5 影响车辆安全性的因素 技能要求：1.1.5 能根据车辆参数就车辆安全性对客户进行介绍		

情境导入

小张最近考取了驾照，准备买一辆安全性较高的轿车。请你根据客户需求，推荐几款汽车安全性较高的车型供客户选购。

课前练习

根据查找的资料，完成下列课前练习（表 2-3-1）。

表 2-3-1　汽车安全性评价课前练习

1．按照交通事故发生的先后，汽车安全性主要有（　　　　　　　　）和（　　　　　　　　）两类。
2．影响汽车主动安全性的因素有哪些？
3．影响汽车被动安全性的因素有哪些？

相关资讯

资讯一　汽车安全性认识

（一）汽车安全性的定义

汽车安全性（automobile safety）是指汽车以最小的交通事故概率和最少的公害适应使用条件的能力。汽车安全性是汽车的重要使用性能之一，它直接关系到用户的生命和健康，以及汽车和运输货物的完好。汽车安全性也是汽车一系列结构性能的综合体现。随着汽车技术的不断发展和人们生活品质的提高，消费者对汽车的安全性要求也越来越高。汽车的安全性备受消费者关注，成为消费者购车的重要考量因素。

（二）汽车安全性的评价内容

按照交通事故发生前后，汽车安全性分主动安全性与被动安全性。

视频：主被动安全性的定义及奥迪 A6 安全评价示例

1. 汽车的主动安全性

汽车的主动安全性又称积极安全性，主要是指汽车防止或减少道路交通事故发生的性能。其中主要包括视认性、驾驶操作性、制动效能。此外，还包括减轻驾驶人的疲劳程度、行人的安全性等。

① 视认性是指可以看见和看清道路、其他车辆、交通信号及仪表的程度。

② 驾驶操作性是指驾驶操作方便、灵活的程度。

③ 制动效能是指汽车在高速行驶中进行制动的能力。不仅要能减速和停车，而且不能出现跑偏、侧滑、甩尾等。

2. 汽车的被动安全性

汽车的被动安全性又称消极安全性，是指事故发生时减少乘员伤亡的能力。其中主要包括结构吸能性、内饰软化、安全防护装置及安全玻璃等。

① 结构吸能性。指汽车在发生碰撞时，汽车结构吸收大部分冲击能量，从而保证座舱变形最小，不挤伤乘员的能力。要求汽车以 48km/h 的速度与固定障碍物正面碰撞时，乘员不致危及生命。为了满足这一要求，汽车应当有一个可变形而吸收能量的车头结构，并有刚度足够高且形状稳定的座舱。通常将汽车头部的刚度设计得小于座舱的刚度，使头部尽量吸收碰撞时产生的冲击能量。为此，在汽车设计中，采用计算机辅助工程，用有限元分析的方法设计车身的结构，并且对新开发的车型进行上百次碰撞试验，以确保汽车达到上述要求。通常在汽车侧面车门设有增加刚度的横梁，以防止车门在碰撞后变形。

② 内饰软化。汽车座舱内部的各种器件表面无凸起，材质柔软有弹性，尽可能地减少尖角、凸棱和凸出的零件，在发生碰撞时能减少乘员所受的伤害。内饰软化的范围包括转向盘、仪表板、侧围、顶篷、座椅、地板及遮阳板等凸出的附件。有的汽车的转向盘在碰撞时可以收缩，有的座椅加有头枕，以防后部被撞时头部受伤。

③ 安全防护装置。

④ 安全玻璃：玻璃受碰撞后只裂不碎，或碎块不呈尖角，可以减少对乘员或行人的伤害。同时，在碰撞后玻璃仍能保持一定的能见度，避免妨碍驾驶人的视线而造成第二次事故。在汽车撞上行人时，安全玻璃也可以减少对行人造成的伤害。

资讯二　汽车主动安全性评价

（一）汽车主动安全性评价内容

汽车的主动安全性又称积极安全性，主要是指汽车防止或减少道路交通事故发生的性能，其中主要包括视认性、驾驶操作性、制动效能。此外，还包括减轻驾驶人的疲劳程度、行人的安全性等。汽车的主动安全性技术和配置越先进，汽车本身预防事故的能力会越强，因此，汽车主动安全性对汽车的整体安全性来说是非常重要的。汽车主动安全性评价的内容比较宽泛，主要包括制动性、操控性、加速性能、转向性能、照明与信号、前后视野等方面。其中对安全性评价非常重要的是汽车的制动性能及操纵稳定性，它们在很大程度上直接影响汽车的主动安全性。

1. 制动性

制动性是指汽车行驶时，能在短距离内停车且维持行驶方向和在下长坡时维持较低车速的能力。另外，也包括在一定坡道上长时间停放的能力。汽车制动性的好坏，直接关系到汽车的行车安全和运输效率。在紧急情况下，良好的制动性可以化险为夷，避免交通事故；在正常行驶时，良好的制动性可以为汽车动力性的充分发挥起到保障作用。

（1）制动效能

制动效能是指汽车在良好的路面上以一定初速度和规定的踏板力开始制动，在最短的时间内停车的能力。它是制动性最基本的评价指标，一般用制动力、制动距离、制动减速度等表示。

1）制动力

制动力指汽车制动时使汽车从一定的速度制动到较小的车速或直至停车的外力，由地面和空气提供。由于空气阻力较小，所以实际上外力是由地面提供的，我们称之为地面制动力。当汽车质量一定时，地面制动力越大，制动减速度越大，制动距离越小。因此，地面制动力对汽车制动性有决定性影响。

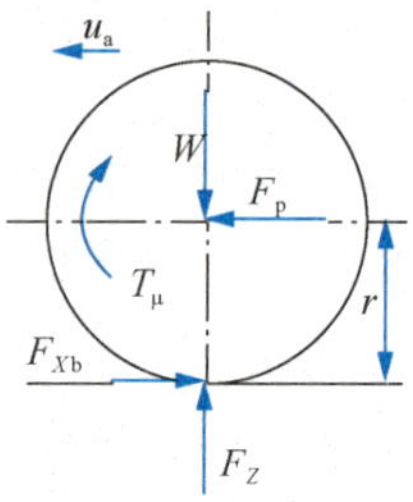

图 2-3-1　车轮制动时的受力分析

① 地面制动力。汽车在良好路面制动时，车轮受力如图 2-3-1 所示。图中忽略了滚动阻力偶矩和减速时的惯性力、惯性力偶矩；T_μ 为车轮制动器中的摩擦力矩，单位为 N•m；F_{Xb} 为地面制动力，单位为 N；W 为车轮法向载荷，单位为 N；F_p 为车轴对车轮的推力，单位为 N；F_Z 为地面对车轮的法向反作用力，单位为 N。

由力矩平衡分析显然可以得到

$$F_{Xb} = \frac{T_\mu}{r}$$

式中：r——车轮半径。

地面制动力是使汽车制动而减速或停车的外力，它的产生源于制动力矩 T_μ。在 T_μ 作用下，地面作用于车轮，使汽车减速或停车。因而地面制动力的大小取决于制动器内制动摩擦片与制动鼓（盘）间的摩擦力及轮胎与地面间的摩擦力（附着力）。

② 制动器制动力。制动器制动力是为克服制动器摩擦力矩而在轮胎周缘所需施加的切向力。以符号 F_μ 来表示。相当于把汽车架离地面，踩住制动踏板后，在轮胎周缘切线方向推动车轮直至它能转动所需施加的力。显然

$$F_\mu = \frac{T_\mu}{r}$$

式中：r——车轮半径。

由上式可知，制动器制动力仅取决于制动器的摩擦力矩，即取决于制动器的形式、结构尺寸、制动器摩擦副的摩擦系数和车轮半径，并与制动踏板力（即制动系统的液压或空气压力）成正比。但制动器摩擦副的摩擦系数和摩擦作用的大小，在实际使用中变化很大，因此必须正确地保养和调整，以保证制动器技术状况良好。

③ 地面制动力、制动器制动力与地面附着力的关系。汽车制动时，根据制动强度的不同，车轮的运动可简单地考虑为减速滚动和抱死拖滑两种状态。此时，地面制动力、制动器制动力及地面附着力之间的关系如图 2-3-2 所示。

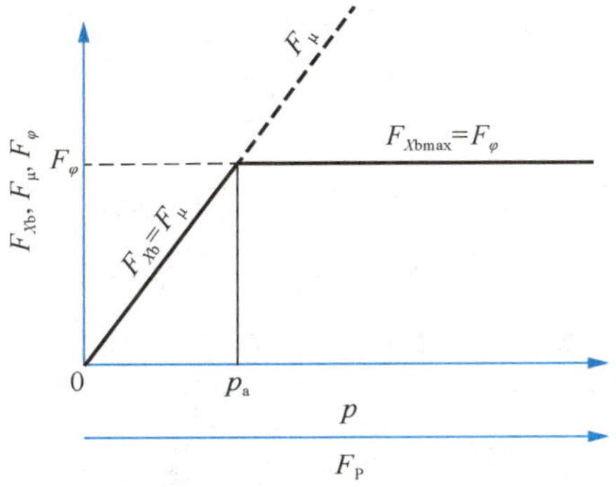

图 2-3-2　地面制动力、制动器制动力及地面附着力的关系

当制动踏板力较小时，制动器摩擦力矩不大，地面制动力足以克服制动器摩擦力矩而使车轮维持滚动。显然，车轮滚动时的地面制动力等于制动器制动力，且随着制动踏板力的增大而成正比增大。但地面制动力不能超过地面附着力，即

$$F_{Xb} \leqslant F_\varphi = F_Z\varphi$$

或最大地面制动力

$$F_{Xbmax} = F_Z\varphi$$

当制动踏板力或制动系统压力上升到某一极限值时，地面制动力达到地面附着力（$F_{Xb} = F_\varphi$）时，车轮即抱死不转而出现滑拖现象。制动踏板力或制动系统压力继续增大，则制动器制动力 F_μ 由于制动器摩擦力矩的增长而仍按线性关系继续增大。但若作用在车轮上的法向载荷不变，则地面制动 F_{Xb} 达到地面附着力 F_φ 的值后不再增大。若要增大地面制动力，此时只能通过提高附着系数来实现。

由此可见，汽车的地面制动力首先取决于制动器制动力，同时又受地面附着条件的限制，所以只有汽车具有足够的制动器制动力，同时又能提供高的地面附着力时，才能获得足够的地面制动力。

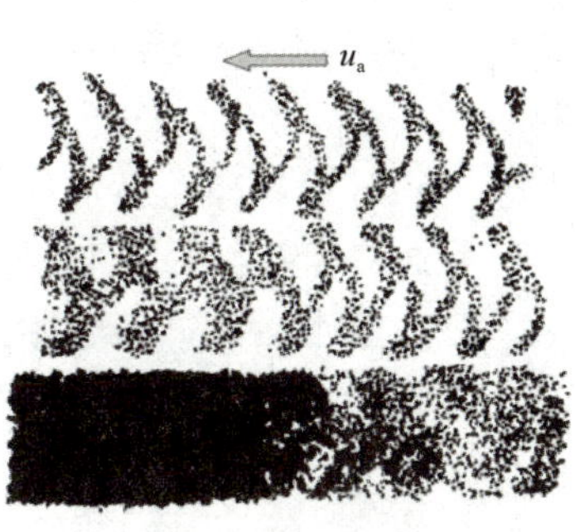

图 2-3-3　制动时轮胎印痕

④ 硬路面上的附着系数φ与滑动率 s。汽车的制动过程实际上并不只是包含滚动和抱死拖滑两种状态，而是包含从车轮纯滚动到边滚边滑到抱死滑动的渐变的连续三个阶段过程。图 2-3-3 所示汽车制动过程中，随着制动强度的增大，

车轮滚动成分逐渐减小，滑动成分逐渐增大。逐渐增大制动踏板力时，轮胎留在地面上的印痕就很好地说明了这一点。

一般用滑动率来表示制动过程中的滑动成分的大小。滑动率的大小为

$$s=\frac{u_{\omega}-r_{r0}\omega_{\omega}}{u_{\omega}}\times100\%$$

式中：u_{ω}——车轮中心的速度；

ω_{ω}——车轮角速度；

r_{r0}——没有地面制动力时的车轮滚动半径。

车轮做纯滚动时，s=0；做纯滑动时，s=100%；做边滚边滑运动时，0<s<100%。

若令制动力与法向载荷之比为制动力系数（附着系数），则在不同的滑动率时，附着系数的值不同。

附着系数的数值主要取决于道路的材料、路面的状况与轮胎结构、胎面花纹、材料及汽车运动的速度等因素，表 2-3-2 是各种路面上的平均附着系数。

表 2-3-2　各种路面上的平均附着系数

路面	峰值附着系数 φ_p	滑动附着系数 φ_s
沥青或混凝土（干）	0.8～0.9	0.75
沥青（湿）	0.5～0.7	0.45～0.6
混凝土（湿）	0.8	0.7
砾石	0.6	0.55
土路（干）	0.68	0.65
土路（湿）	0.55	0.4～0.5
雪（压紧）	0.2	0.15
冰	0.1	0.07

汽车行驶时可能遇到两种附着能力很小的危险情况。一种情况是刚开始下雨，此时路面上只有少量的雨水，雨水与路面上的尘土、油污混合形成黏度较高的水液，滚动的轮胎无法排挤出胎面与路面的水液膜，在水液膜的润滑作用下，附着能力大为下降，平滑的路面变得像冰雪路面一样滑。另一种情况是高速行驶的汽车经过有积水层的路面时出现“滑水现象”。所谓滑水现象是当车速超过一定值时，在胎面下的动水压力的升力等于垂直载荷 F 时，轮胎将完全漂浮在水膜上面而与路面完全不接触。滑水现象发生时，胎面与地面的附着力减小，影响汽车的制动和转向性能。“滑水现象”很好地解释了为什么雨天汽车更容易失控和打滑。在轮胎发生“滑水现象”前会经历三个阶段（图 2-3-4）：第一个阶段是胎面与路面完全接触，这时候水能够顺畅地通过轮胎排走；第二个阶段胎面和地面不完全接触，有大量水流散，但轮胎上仍然留有一层水膜；第三个阶段就是水膜完全把汽车托住，离开地面。这三个阶段的轮胎转速也是不断增加的。

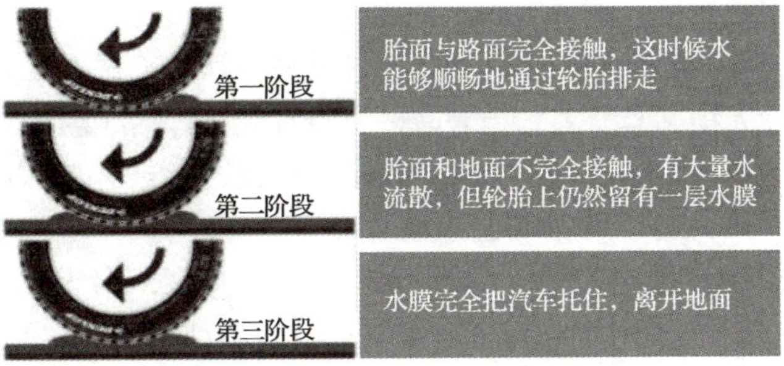

图 2-3-4　滑水现象的三个阶段

2）制动距离

制动距离与汽车的行驶安全性有直接的关系。

从时间上讲，制动距离是指制动器起作用时间和持续制动时间内汽车驶过的距离。制动距离的长短，制动方向的偏不偏离是制动系统各个结构综合作用的结果和反映。用制动距离指标检验车辆的制动性比较直观、方便，试验重复性好。所以，我国以在一定初速度情况下的制动距离作为主要评价指标。但制动距离作为一种动态检测参数，需通过路试测定，费事费时，检测效率低，且需要专用场地，不宜作为在用车辆制动性能年检的常用检测项目。

3）制动减速度

制动减速度是制动时车速对时间的导数。它反映了地面制动力的大小，在滚动时与制动器制动力有关，在车轮抱死拖滑时与附着力有关。测试制动减速度时，只需在被测试汽车上安置加速度仪，将汽车加速到规定速度后进行紧急制动，读出最大减速度数值即可。但由于整个试验过程中，各瞬间的速度大小不等，所以不宜用某一处的值代表汽车制动性的好坏，为此，我国国家标准《商用车辆和挂车制动系统技术要求及试验方法》（GB 12676—201）采用充分发出的平均减速度 d_m 检验行车制动性。充分发出的平均减速度 d_m 计算公式为

$$d_m = \frac{v_b^2 - v_e^2}{25.92(s_e - s_b)}$$

式中：d_m ——充分发出的平均减速度（m/s^2）；

v_b ——0.8 v_0 时的车速（km/h），v_0 为试验车初始速度；

v_e ——0.1 v_0 时的车速（km/h），v_0 为试验车初始速度；

s_b ——试验车速从 v_0 到 v_b 期间车辆行驶的距离（m）；

s_e ——试验车速从 v_0 到 v_e 期间车辆行驶的距离（m）。

用制动距离评价汽车制动性只反映了整车的总体性能，不能反映各车轮的制动状况、前后轴制动力分配及左右轮制动力的差别等。为此，需要通过制动试验台测定各车轮制动时受到的地面制动力。

4）制动距离分析

进行制动距离分析，是为了了解影响制动距离的因素。要分析制动距离，必须对制动

过程有一个全面的了解。

图 2-3-5 是驾驶人在接收到紧急制动信号后，制动踏板力、汽车制动减速度与制动时间的关系曲线。驾驶人接到紧急停车信号时，并没有立即行动（图 2-3-5 中的 a 点），而要经过 τ_1' 后才意识到应进行紧急制动，并移动右脚，再经过后 τ_1'' 才踩着制动踏板。从 a 点到 b 点所经过的时间 $\tau_1=\tau_1'+\tau_1''$，称为驾驶人反应时间。这段时间一般为 0.3～1.0s。在 b 点以后，随着驾驶人踏板的动作，踏板力迅速增大，至 d 点时达到最大值。不过由于制动蹄由回位弹簧拉着，蹄片与制动鼓间存在间隙，所以要经过时间 τ_2'，即至 c 点，地面制动力才起作用，使汽车开始产生减速度。由 c 点到 e 点是制动器制动力增长过程所需的时间 τ_2''，$\tau_2=\tau_2'+\tau_2''$ 称为制动器的作用时间，制动器作用时间一方面取决于驾驶人踩踏板的速度，另外更重要的是受制动系统结构形式的影响。τ_2 一般为 0.2～0.9s。由 e 点到 f 点为持续制动时间 τ_3，其减速度基本不变。到 f 点时驾驶人松开踏板，但制动力的消除还需要一段时间，τ_4 一般为 0.2～1.0s。这段时间过长会耽误随后起步行驶的时间。另外，若因车轮抱死而使汽车失去控制，驾驶人采取措施放松制动踏板时，又会使制动力不能立即释放。

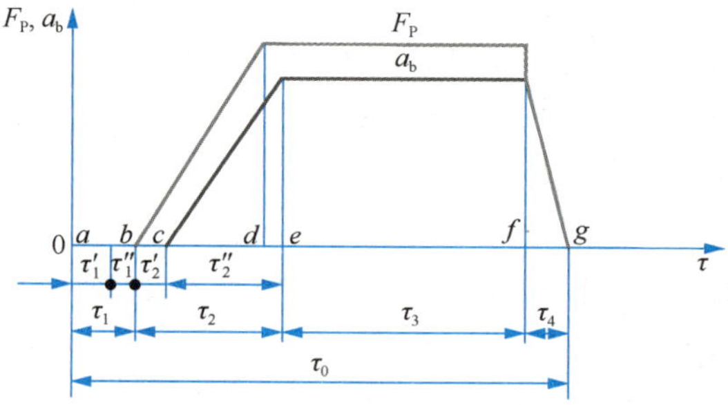

图 2-3-5　制动踏板力、汽车制动减速度与制动时间的关系曲线

从制动的全过程来看，包括驾驶人见到信号后做出行动反应、制动器起作用、持续制动和放松制动器四个阶段。一般制动距离是指开始踩制动踏板到完全停车的距离。它包括制动器起作用和持续制动两个阶段中汽车驶过的距离 s。

$$s=\frac{1}{3.6}\left(\tau_2'+\frac{\tau_2''}{2}\right)u_{ao}+\frac{u_{ao}^2}{25.92a_{b\max}}$$

式中：u_{ao} ——起始制动车速（km/h）；

$a_{b\max}$ ——最大制动减速度（m/s²）。

决定制动距离的主要因素有制动器起作用的时间、最大制动减速度即附着力（最大制动器制动力）、起始制动车速。制动器起作用的时间越短，附着力越大，起始制动车速越低，制动距离越短。

当驾驶人急速踩下制动踏板时，液压制动系统的制动器起作用的时间可短至 0.1s 或更短；真空助力制动系统和气压制动系统的制动器起作用的时间为 0.3～0.9s；货车有挂车时，汽车列车的制动器起作用的时间有时长达 2s，但精心设计的汽车列车制动系统的制动器起作用的时间可缩短到 0.4s。改进制动系统的结构，减少制动器起作用的时间，是缩短制动距离的一项有效措施。

（2）制动效能的恒定性

制动效能的恒定性指抗热衰退性能和抗水衰退性能，主要是指抗热衰退性能。其中抗热衰退性能是指汽车高速行驶制动或下长坡制动时随制动器温度升高而保持摩擦力不下降的能力。目前，所有制动器都不可避免地存在一定的热衰退，只是程度有所差别。抗水衰退性能，是指汽车涉水后对制动效能的保持能力。水进入制动器后，制动效能会降低，此时驾驶人应采取一定措施使汽车在短时间内迅速恢复原有的制动效能。

（3）制动时汽车的方向稳定性

制动时汽车的方向稳定性指制动过程中汽车维持直线行驶，或按预定弯道行驶的能力。影响方向稳定性的因素包括制动跑偏、后轴侧滑或前轮转向能力三种情况。制动时跑偏、侧滑或失去转向能力，汽车将偏离给定的行驶路径。因此，常用制动时汽车按给定路径行驶的能力来评价汽车制动时的方向稳定性。对制动距离和制动减速度两指标测试时，都要求试验通道有一定的宽度。

制动跑偏的原因主要是左右轮特别是左右转向轮制动力不相等，通过维修和调整可改善，甚至完全消除跑偏现象。

侧滑是指车轮连带车轴的侧向滑移，这常常是由于紧急制动车轮被抱死后，侧向附着系数趋于零，使胎面丧失了抵抗侧滑的能力。只要各车轮制动力与惯性力稍不平衡，车辆就出现甩尾、回转，完全失去了方向操控性。一般情况下，若后轴车轮比前轴车轮先抱死拖滑，则可能发生后轴侧滑；若前轴车轮比后轴车轮先抱死拖滑或前后轴车轮同时抱死，则能防止后轴侧滑，但前轴车轮抱死后将失去转向能力。因此，从保证汽车方向稳定性的角度考虑，最理想的情况就是防止任何车轮抱死，前后轴车轮都处于滚动状态。

（4）影响制动性的主要因素

影响汽车制动性的因素有很多。下面主要从车辆结构、道路条件及使用操作等几个方面简要介绍影响汽车制动性的主要因素。

1）轴间负荷分配的影响

汽车的制动性与汽车的结构及其使用条件有关。诸如汽车轴间负荷的分配、载质量、制动系统的结构、发动机制动情况、行驶速度、道路情况、驾驶方法等，均对制动过程有很大影响。

汽车制动时，前轴负荷增加，后轴负荷减少。如果前后轮制动器制动力根据轴间负荷的变化分配，符合理想分配的条件，则前后轮同时抱死。如果前后轮制动器制动力的比例为定值，则只有在具有同步附着系数的路面上，前后轮才能同时抱死。

2）制动力调节和车轮防抱死

① 现代汽车制动系统中装有限压阀、比例阀、载荷控制比例阀、载荷控制限压阀，以防止制动时后轮抱死而发生危险的侧滑，它比制动器制动力固定比值的汽车具有更大的优越性。

② 自动防抱装置在紧急制动时防止车轮完全抱死，使车轮处于滑移率为10%～20%的状态，以保证汽车行驶方向稳定，并具有良好的转向操控性。

③ 汽车载质量的影响。对于载质量较大的汽车，因前后轮的制动器设计，一般不能保

证在任何道路条件下都使其制动力同时达到附着极限，所以汽车的制动距离就会由于载质量的不同而存在差异。实践证明，对于载质量 3t 以上的汽车，大约载质量每增加 1t，其制动距离平均要增加 1m。即使是同一辆汽车，装载质量和方式不同时，由于重心位置变动，也将会影响汽车制动距离。

④ 车轮制动器。制动器的结构形式不同，其效率也不同。若制动摩擦片表面不洁或变形，则摩擦系数减小，制动力矩随之降低。

⑤ 制动初速度。制动初速度高，通过制动器转化产生的热量也多，导致制动力衰退，制动距离增长。

⑥ 利用发动机制动。发动机的内摩擦力矩和泵气损耗可用作制动时的阻力矩，而且发动机的散热能力要比制动器强得多。一台发动机在单位时间内，大约相当于其功率 1/3 的热量必须散发到冷却介质中。因此，可把发动机当作辅助制动器。发动机常用作减速制动和下坡时保持车速不变的惯性制动，一般用上坡的挡位来下坡。必须注意的是，在紧急制动时，发动机不仅无助于制动，反而需要消耗一部分制动力去克服发动机旋转质量的惯性力。因此，这时应脱开发动机与传动系统的连接。

此外，由于发动机的制动作用，在行车中可显著减少车轮制动器的使用次数，对改善驾驶条件颇为有效。同时，又能经常保持车轮制动器处于低温而发挥最大制动效果的状态，以备紧急制动使用。

⑦ 驾驶技术的影响。驾驶技术对汽车制动性有很大影响。制动时，如能保持车轮接近抱死而未抱死的状态，便可获得最佳的制动效果。经验证明，在制动时，如迅速交替地踩下和放松制动踏板，即可提高制动效果。这是因为，此种状态时车轮边滚边滑，使轮胎着地部分不断变换，避免了由于轮胎局部剧烈发热、胎面温度上升而降低制动效果。在紧急制动时，驾驶人如能急速踩下制动踏板，则制动系统的协调时间将缩短，从而缩短制动距离。但是光滑路面上不可猛烈踩制动踏板，以免因制动力过大而超过附着极限，导致汽车侧滑。

另外，遇见障碍物时提前预见性制动，也是保障安全的一大措施。

⑧ 道路条件的影响。道路的附着系数限制了最大制动力，故它对汽车的制动性有很大影响。当制动的初速度相同时，随着附着系数的减小，制动距离随之增加。由于冰雪路面上的附着系数特别小，所以制动距离增大，特别要注意冰雪坡道上的制动距离，并利用发动机制动。有计算表明，在冰雪路面上，利用发动机制动的辅助作用可使制动距离缩短 20%～30%。

在冰雪路面上制动时方向稳定性变差，当车轮被制动到抱死时侧滑的危险程度将更大，因此汽车在冰雪路面上行驶时，应加装防滑链。

2. 操控性

操控性对汽车驾驶人体力消耗有较大影响，进而影响汽车行驶安全，特别是汽车高速行驶时的安全。其具体的影响因素见本模块项目五。

3. 转向性能

汽车转向系统的技术状况及合理的结构直接关系行车安全。转向系统应该具有如下的技术状况和合理的结构设置：

① 转向盘应转动灵活，操控方便，无阻滞现象。

② 具有合理的转向限位装置。

③ 转向系统在任何操作位置上，不允许与其他部件有干涉现象。

④ 汽车转向轮转向后应能自动回正，以使机动车具有稳定的直线行驶能力。

⑤ 汽车在平坦、硬实、干燥和清洁的道路上行驶时不应跑偏，其转向盘不应有摆振、路感不灵或其他异常现象。

⑥ 汽车（三轮汽车除外）应具有适度的不足转向特性。

4. 照明与信号

（1）汽车照明系统

汽车照明系统在夜间或能见度低的情况下，向驾乘人员和交通管理人员提供照明，对其他车辆和行人起提示及警告的作用。汽车照明系统主要为外部照明灯和内部内照明灯。外部照明灯有前照灯、雾灯、倒车灯、牌照灯等，如图 2-3-6 所示。其中，前照灯主要用于夜间行车时的道路照明。前照灯有远光灯和近光灯之分，远光灯和近光灯的光形必须按要求进行调整，调整时使车头距离屏幕一定距离。若调整不当，容易造成交通事故。在无对方来车的道路上，汽车以较高速度行驶时用远光灯，近光灯主要用于会车，防止使迎面来车的驾驶人目眩。前雾灯是为适应有雾区的需要而设置的，常在保险杠两侧装有两只雾灯。内部照明灯有室内灯（顶灯）、阅读灯（文件灯）、发动机室灯（工作灯）、行李箱灯、杂物箱灯、仪表灯、各种电器和开关的位置灯。这些灯都是为方便驾乘人员而设置的。其中，发动机室灯是用来检查与维修发动机及其他零件照明而设置的；行李箱灯利用装在行李箱后部的开关来自动控制行李箱灯的点亮与熄灭，即在行李箱盖打开或关闭时，灯点亮或熄灭。

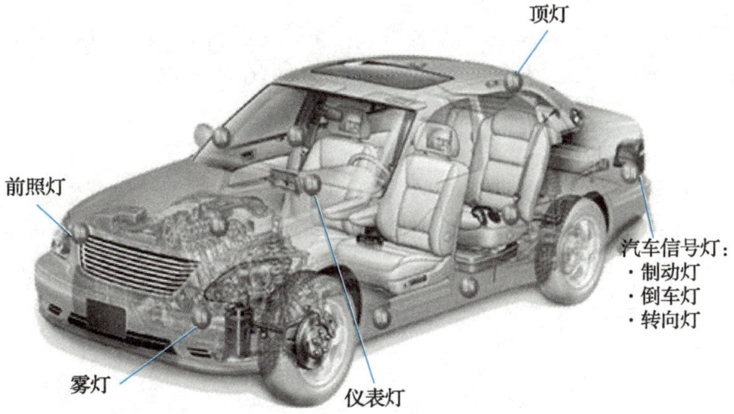

图 2-3-6 汽车照明系统

当机动车的灯具安装不牢靠，或因机动车振动而松脱、损坏、失去作用或改变光照方向时，会影响汽车的安全性。故所有灯光的开关应安装牢固、开关自如，不允许因机动车振动而自行开关；开关的位置应便于驾驶人操控。

（2）汽车信号系统

汽车信号系统是指汽车在使用中，向其他车辆或行人发出信号（标志）或警报，使其注意安全。

汽车信号系统分信号灯、闪光继电器及声响信号三类。

1）信号灯

信号灯又分车外信号灯和车内信号灯。

车外信号灯包括转向灯、示宽灯、制动灯等。

① 转向灯。在汽车转向时，驾驶人将其打开，指示转向方向，转向结束时，应立即将其关闭。

② 示宽灯。其作用是夜间停靠时指示汽车的宽度，以防与其他车辆相撞。

③ 制动灯。其作用是当汽车在行驶中要减速或停车时，驾驶人踩到制动踏板，接通制动灯开关，使汽车后部的制动灯亮，以便引起后面车辆驾驶人的注意。

车内信号灯主要是工作指示信号灯，包括前照灯远光工作指示信号灯、驻车制动指示信号灯、转向指示信号灯、ABS 工作指示信号灯、空调开关指示灯、雾灯工作指示灯、后风窗除霜开关工作指示灯等。

2）闪光继电器

在转向或危机报警信号系统中，用于控制信号灯闪光的装置称为闪光继电器（闪光器）。一般由四只转向信号灯、两只转向信号指示灯和转向灯开关等组成。

3）声响信号

常见的汽车声响信号是汽车喇叭和倒车蜂鸣器。

① 喇叭的作用是警告行人和其他车辆驾驶人注意安全。喇叭按使用能源不同分电喇叭和气喇叭两种，其中气喇叭的声响强度和指向性比电喇叭强，并有一定的余韵，有利于山区的安全行车，城市内一般禁止使用。

② 倒车蜂鸣器是一种间歇发声的小喇叭。当变速器挂入倒挡时，倒车开关触点闭合，使倒车灯和倒车蜂鸣器接通，倒车蜂鸣器则按规定的频率蜂鸣。

5. 汽车视野

汽车视野分为直接视野、间接视野和视野盲区。直接视野是指驾驶人在驾驶位置时不依赖后视镜而直接透过前风窗玻璃、侧向门窗玻璃和后风窗玻璃所能清晰地看到的空间范围；间接视野是指驾驶人在左右后视镜和车内后视镜的反射下所能看到的空间范围；视野盲区是指驾驶人在驾驶室就座后所不能看到的空间范围，如图 2-3-7 所示。

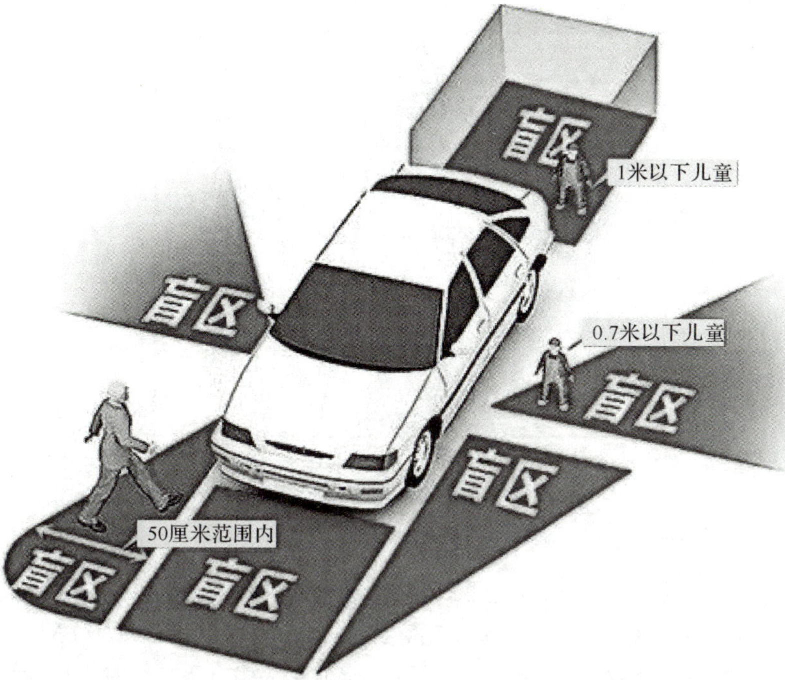

图 2-3-7　汽车视野盲区

汽车在运行中，驾驶人必须不断从风窗玻璃和后视镜观察车外情况。通过直接视野可以观察汽车前方的交通情况、交通信号和路面状况，通过间接视野可以观察左右方及后方车辆的状况。由于驾驶人在驾驶过程中 80%以上的信息要靠视觉得到，听觉及其他感觉仅接收不到 20%的信息，所以汽车若是没有良好的视野，要想保证安全是不可能的。而汽车视野盲区给驾驶人获得信息带来了极大的困难，易造成操作失误而导致交通事故发生。

汽车的前后视野受风窗玻璃、刮水器、风窗玻璃立柱、后视镜视野等的影响。

刮水器是现代汽车必备的部件，其功用主要是将前风窗玻璃上靠近驾驶人一侧的雨水和霜等刮扫干净，以改善驾驶人的视野性能。为确保良好的视野性能，刮水器系统不仅应有足够的刮扫和除霜能力，而且必须有正确的刮扫和除霜部位。同时，刮扫和除霜区域内不同位置的清晰度要求也是不同的。在驾驶人经常观察的前风窗玻璃区域，对清晰度要求高些，其他区域清晰度要求相对低一些。

风窗玻璃左侧立柱（左 A 柱）所形成的盲区是汽车前视野盲区中最主要的部分。由于左 A 柱对驾驶人视线的影响，驾驶人往往要转动眼睛和头部来观察左前方的交通情况，所以容易引起疲劳，不利于行车安全。

后视镜视野属于间接视野，分为内后视镜视野和外后视镜视野，它与后视镜尺寸、形式、安装位置有关。使用时，后视镜的位置根据驾驶人不同进行调节。位置不当，后视野盲区增大，如图 2-3-8 所示，进而影响行车安全。

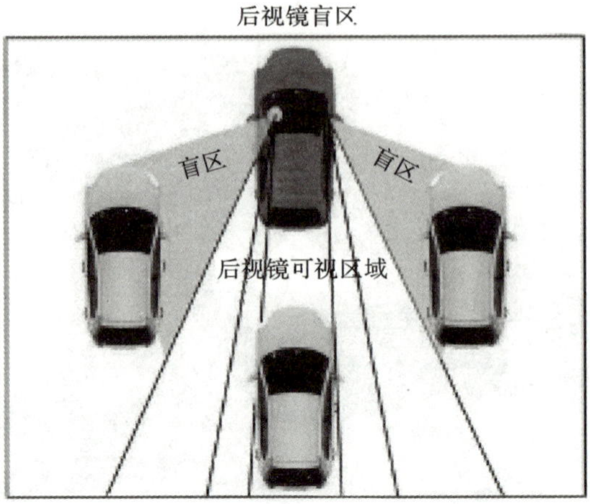

图 2-3-8　汽车后视镜盲区

（二）反映汽车主动安全性的配置及技术

随着现代汽车技术的发展，汽车上拥有的主动安全装置越来越多，主要包括自动制动（AEB）系统、防抱死制动系统（ABS）、汽车制动力分配（EBD）系统、驱动防滑系统（ASR）、电子稳定程序（ESP）系统、制动辅助系统（BAS）、胎压监测系统（TPMS）、倒车辅助系统、自适应前照灯系统（AFS）等。

微课：主动安全的评价指标与影响因素分析

视频：车道保持辅助系统演示视频

视频：盲点监控系统演示视频

1. 自动制动系统

AEB 是一种汽车主动安全技术，主要由三大模块构成，包括控制模块、测距模块和制动模块。其中，测距模块的核心包括微波雷达、人脸识别技术和视频系统等，它可以提供前方道路安全、准确、实时的图像和路况信息。

AEB 采用雷达测出与前车或者障碍物的距离，然后利用数据分析模块将测出的距离与警报距离、安全距离进行比较，小于警报距离时就进行警报提示，而小于安全距离时，即使在驾驶人没来得及踩制动踏板的情况下，AEB 也会启动，使汽车自动制动，从而为安全出行保驾护航，如图 2-3-9 所示。

图 2-3-9　汽车 AEB 系统起作用时保持安全车距

AEB 将和 ESP 一样成为星级评价里的加分项目。现在沃尔沃、奔驰、大众、福特、斯巴鲁等品牌都已经装备了这种自动紧急制动系统。利用雷达、超声波、摄像头等设备侦测前方道路，侦测到有碰撞风险后车载计算机会自动紧急制动。这项技术还没有一个业界统一的标准，各家品牌的命名也不同。例如，沃尔沃名为城市安全系统，奔驰名为 Pre-safe。现阶段这些 AEB 的工作时速范围普遍在 30km/h 以下。

目前已普遍纳入全球主要汽车市场的碰撞安全评分体系，其中 E-NCAP 率先于 2014 年将 AEB 纳入评分体系，并于 2016 年将 AEB VRU 纳入评分体系。

E-NCAP 中 AEB 的测试主要包括 AEB CCR（追尾）和 AEB VRU（弱势道路使用者）两部分。E-NCAP 中定义的 AEB CCR 包括 CCRs（前程静止）、CCRm（前车运动）和 CCRb（前车制动）三大测试场景；2018 版 C-NCAP 中 AEB VRU 仅考虑成年人的情况，而 E-NCAP 中 AEB VRU 除考虑成年人外，还会考虑儿童和骑自行车的人。

2. 防抱死制动系统

ABS 通过安装在车轮上的传感器发出车轮将被抱死的信号，控制器指令调节器降低该车轮制动缸的油压，减小制动力矩，经过一定时间后，再恢复原有的油压，不断地这样循环（每秒可达 5～10 次），始终使车轮处于转动状态而又有最大的制动力矩。ABS 的组成如图 2-3-10 所示。

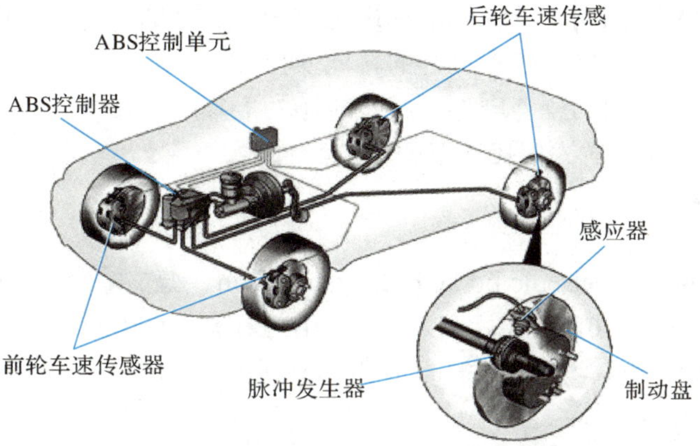

图 2-3-10　汽车 ABS 系统的组成

没有安装 ABS 的汽车，在行驶中如果用力踩下制动踏板，车轮转速会急速降低，当制动力超过车轮与地面的摩擦力时，车轮就会被抱死，完全抱死的车轮会使轮胎与地面的摩擦力下降。如果前轮被抱死，驾驶人就无法控制车辆的行驶方向；如果后轮被抱死，极容易出现侧滑现象。有 ABS 和无 ABS 车辆制动时的行驶轨迹比较，如图 2-3-11 所示。

遇到紧急情况时，制动踏板一定要踩到底，才能激活 ABS，这时制动踏板会有一些抖动，有时还会有一些声音，但也不能松开，这表明 ABS 开始起作用了。

左右制动力分配控制

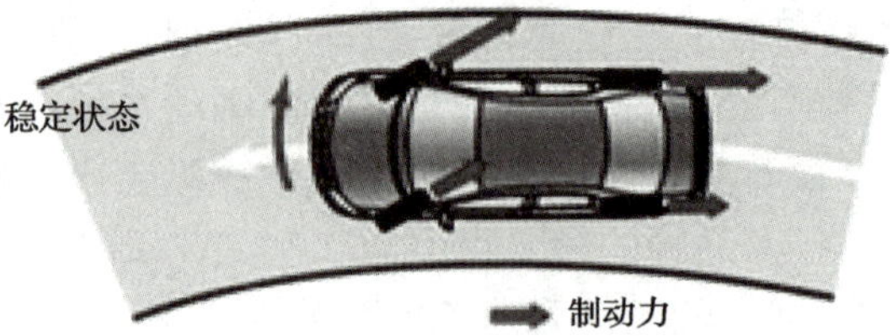

ABS制动示意图

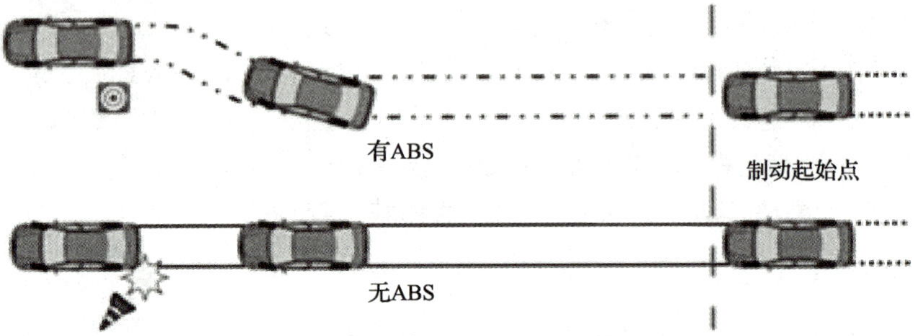

图 2-3-11　有 ABS 和无 ABS 车辆制动时的行驶轨迹比较

ABS 的优点：

① 充分发挥制动器的效能，缩短制动时间和距离。

② 可有效防止紧急制动时车辆侧滑和甩尾，确保良好的行驶稳定性。

③ 可在紧急制动时转向，确保良好的转向操控性。

④ 可避免轮胎与地面的剧烈摩擦，减少轮胎的磨损。

ABS 的以上优点使它成为现代汽车的标准配置。

3. 汽车制动力分配系统

EBD 的英文全称是 electronic brakeforce distribution，德文缩写为 EBV，所以很多欧洲车用 EBV 表示，如奥迪 A6、宝来、高尔夫等。在 EBD 发明初期，由于其成本高昂，只配备在较高档的汽车中。随着汽车技术的飞速发展，现如今 EBD 已在绝大部分的乘用车上得到了使用。

EBD 能够根据汽车制动时产生轴荷转移的不同，而自动调节前后轴的制动力分配比例，提高制动效能，并配合 ABS 提高制动稳定性。汽车在制动时，四只轮胎附着的地面条件往往不一样。EBD 的工作原理恰恰就是用高速计算机在汽车制动的瞬间，分别对四只轮胎附着的不同地面进行感应和计算，得出不同的摩擦力数值，使四只轮胎的制动装置根据不同的情况用不同的方式和力量制动，并在运动中不断保持调整，使制动力与摩擦力相匹配，从而保证车辆的平稳。实际调整前后轮时，它可依据车辆的质量和路面条件来控制制动过程，自动以前轮为基准去比较后轮轮胎的滑动率（即车辆的实际车速和车轮的圆周线速度之差与车辆实际车速之比），当发觉前后车轮有差异，而且差异程度必须被调整时，它就会调整汽车制动液压系统，使前后轮的液压接近理想化制动力的分布。可以说，在 ABS 动作之前，EBD 已经平衡了每一只轮胎的有效抓地力，防止出现后轮先抱死的情况，改善制动力的平衡并缩短汽车制动距离。

从工作原理来讲，EBD 是 ABS 的一个附加作用系统，可以提高 ABS 的效用，共同为行车安全添筹加码。所以在安全指标上，汽车的性能又多了“ABS+EBD”。值得一提的是，即使车载 ABS 失效，EBD 也能保证车辆不会发生因甩尾而导致翻车等恶性事件。同时，它还能较大地减少 ABS 工作时的振噪感，不需要增加任何的硬件配置，成本比较低，不少专业人士更是直观地称之为“更安全、更舒适的 ABS”。在车轮轻微制动时，EBD 功能就起作用，转弯时尤其如此，速度传感器记录 4 个车轮的转速信息，电子控制单元计算车轮的转速。如果后轮滑移率增大，则调节制动压力，使后轮制动压力降低。EBD 功能保证了较高的侧向力和合理的制动力分配。无“ABS+EBD”与有“ABS+EBD”车辆在制动时的行驶轨迹比较，如图 2-3-12 所示。

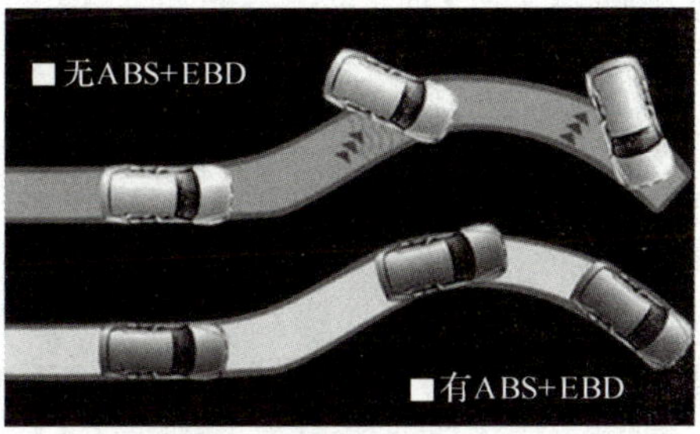

图 2-3-12　无“ABS+EBD”与有“ABS+EBD”车辆在制动时的行驶轨迹比较

由于现阶段在汽车上安装 EBD 的成本较高，所以 EBD 并没有大范围地配备，而只是配置在在少数中高档车上。但是随着经济的发展和人们安全意识的提高及其本身的重要性，在不久的将来，EBD 会是汽车上的一项基本配置，并得到广泛的关注。

4. 驱动防滑系统

驱动防滑系统（anti-slip regulation，ASR）又称为驱动力控制系统（TCS），是在 ABS 基础上发展起来的一套主动安全系统。它根据车辆的行驶工况，通过采用适当的控制算法，将车辆驱动轮滑动力控制在一定的范围内，从而防止驱动轮加速滑动，使车辆驱动轮的滑转率尽量保持在附近，使汽车在恶劣路面或复杂行驶条件下也能最大限度地利用发动机的驱动力矩，保证车辆起步、加速等过程迅速而且平稳。

没有装备 ASR 的车辆在光滑路面上加速时，驱动轮容易打滑，后轮驱动车辆则可能出现甩尾，前轮驱动车辆则容易方向失控，导致车辆侧向滑移。而 ASR 可使驱动轮的滑转率在最佳范围内，从而可避免车辆在加速时驱动轮打滑，并保证车辆转向能力，同时可以减少轮胎磨损。无 ASR 与有 ASR 车辆在光滑路面加速时驱动轮的行驶轨迹比较，如图 2-3-13 所示。

ASR 与 ABS 的区别在于，ABS 是防止车轮在制动时被抱死而产生侧滑，而 ASR 则是防止汽车在加速时驱动轮打滑。显然，ASR 是在 ABS 基础上的扩充，两者相辅相成。

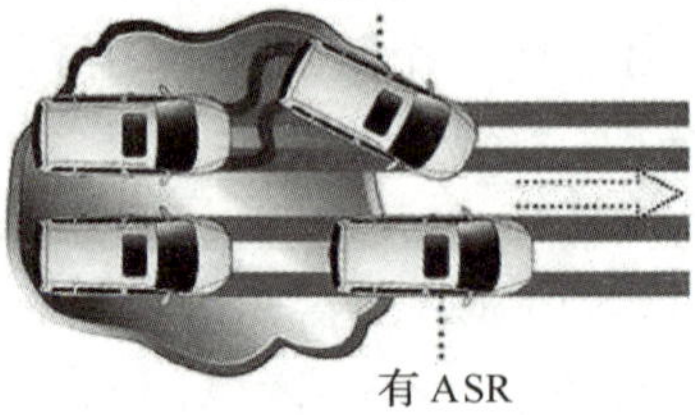

图 2-3-13　无 ASR 与有 ASR 车辆在光滑路面加速时驱动轮的行驶轨迹比较

5. 电子稳定程序系统

电子稳定程序（electronic stability program，ESP）系统的功能是监控汽车的行驶状态，在紧急躲避障碍物或转弯时出现不足转向或过度转向时，使车辆避免偏离理想轨迹。它综合了 ABS、BAS 和 ASR 三个系统，功能更为强大。

ESP 系统通常是辅助 ABS 及 ASR 的功能。它通过对从各传感器传来的车辆行驶状态信息进行分析，然后向 ABS、ASR 发出纠偏指令，来帮助车辆维持动态平衡。ESP 系统可以使车辆在各种状况下保持最佳的稳定性，在转向过度或转向不足的情形下效果更加明显。

ESP 系统一般需要安装转向传感器、车轮传感器、侧滑传感器、横向加速度传感器等。如今 ESP 系统有三种类型：能向 4 个车轮独立施加制动力的四通道或四轮系统；能对两个前轮独立施加制动力的双通道系统；能对两个前轮独立施加制动力和对后轮同时施加制动力的三通道系统。

ESP 系统可以实时监控的汽车行驶状态，必要时可自动向一个或多个车轮施加制动力，以保持车辆在正常的车道上运行，甚至在某些情况下可以进行每秒 150 次的制动，而且它还可以主动调控发动机的转速并调整每个车轮的驱动力和制动力，以修正汽车的过度转向和转向不足。当汽车发生转向不足时（左），车身表现为向弯外推进，此时 ESP 系统将通过对左后轮的制动来遏制车辆陷入险境；而当汽车发生转向过度时（右），此时 ESP 系统则通过对右前轮的制动来纠正危险的行驶状态。ESP 系统还有一个实时警示功能，当驾驶人操作不当和路面异常时，它会用警告灯警示驾驶人。无 ESP 与有 ESP 系统车辆在弯道上的行驶轨迹比较，如图 2-3-14 所示。

图 2-3-14　无 ESP 与有 ESP 系统的车辆在弯道上的行驶轨迹比较

在 ABS、BAS 及 ASR 三个系统的共同作用下，ESP 系统最大限度地保证汽车不跑偏、不甩尾、不侧翻。据统计，有 25%导致严重人员伤亡的交通事故是由侧滑引起的，更有 60%

的致命交通事故是因侧面撞击引起的，其主要原因就是车辆发生了侧滑，而 ESP 系统能有效降低车辆侧滑的危险，从而减少交通事故的数量。

当前 ESP 系统主要应用于一些高端车型，如奔驰、奥迪等，在欧盟地区，新车 ESP 系统装备率已达 35%，而国内的新车 ESP 系统装备率还只有 3%，随着人们对车辆安全性的要求日益提高，ESP 系统将会被越来越多的车辆所应用。

6. 制动辅助系统

发明制动辅助系统的想法是在 1992 年戴姆勒-奔驰汽车的行驶模拟器中产生的。科研人员发现，90%的驾驶人在紧急制动时反应过慢或不够果断，使得制动系统到达最大制动力的时间变长，从而产生更长的制动距离，增加行车危险性。让现有的 ABS 具有一定智能，能识别出驾驶人的紧急制动意图并启动 ABS 工作，这种装置就是 BAS。

在干燥的路面上，如果没有使用 BAS，大多数测试者需要长达 73m 的制动距离，才能使速度为 100km/h 的汽车完全停下，而使用 BAS 后，仅经过 40m 就能使汽车完全停下，制动距离缩短约 45%。若 BAS 启动，当踏板力达最大踏板力的 60%时，BAS 能使紧急制动距离缩短 30%。据测算，当车辆有效制动距离减少 45%时，事故发生的概率会大大降低。对于脚踝及腿部力量不足的驾驶人来说，BAS 的优势则会体现得更加明显。

视频：预碰撞安全系统演示

BAS 通过驾驶人踩制动踏板的速度和踏板力等参数的变化率来探测车辆行驶中遇到的情况，判断、感知驾驶人的制动意图，当驾驶人在紧急情况下快速踩下制动踏板，但踩踏力又不足时，此系统便会发挥作用，将在不到 1s 的时间内把制动压力增至最大或触发 ABS，以缩短紧急制动情况下的制动距离。因此，当车辆在紧急制动时，BAS 能弥补驾驶人因反应滞后或制动犹豫而损失的制动时间，弥补制动踏板力不足，瞬间提升制动压力输出值，增大制动力，缩短触发 ABS 的时间，从而减少制动距离，提高行车安全性。图 2-3-15 中，左边车辆无 BAS，右边车辆有 BAS，在紧急制动时，有 BAS 的车辆制动距离比无 BAS 车辆的短，安全性大大提高。

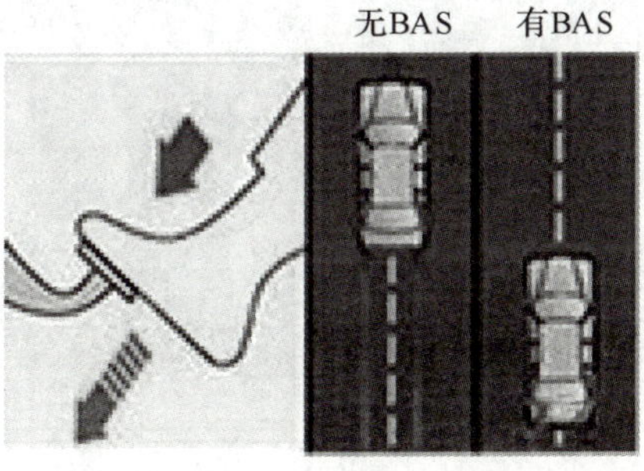

图 2-3-15 无 BAS 与有 BAS 车辆在紧急制动时其制动距离的区别

与未装备 BAS 的车辆相比，装备 BAS 的车辆在减轻与避免车辆事故方面有较大优势。欧洲从 2009 年开始，要求新车型必须装备 BAS，并在制动法规 ECER13 及行人保护标准 EC631/2009 中增加了 BAS 的测试方法。通过对国内车型装备 BAS 现状的分析可以看出，

BAS 得到了越来越多的应用，今后势必像 ABS 一样得到更加广泛的普及，以进一步提高汽车产品的行车安全。

7. 胎压监测系统

胎压监测系统（tire pressure monitoring system，TPMS）可以通过记录轮胎转速或安装在轮胎中的电子传感器，对轮胎的各种状况进行实时自动监测，能够为行驶提供有效的安全保障。

胎压监测系统可分为两种：一种是间接式胎压监测系统（WSB TPMS），通过轮胎的转速差来判断轮胎是否异常；另一种是直接式胎压监测系统（PSB TPMS），通过在轮胎里面加装四个胎压监测传感器，在汽车静止或者行驶过程中对轮胎气压和温度进行实时自动监测，并对轮胎高压、低压、高温进行及时报警，避免因轮胎故障引发交通事故，以确保行车安全。

（1）间接式胎压监测系统

间接式胎压监测系统需要通过汽车 ABS 的轮速传感器来比较轮胎之间的转速差别，以达到监测胎压的目的。ABS 通过轮速传感器来确定车轮是否抱死，从而决定是否启动防抱死系统。当轮胎压力降低时，车辆的重量会使轮胎直径变小，车速就会产生变化。车速变化就会触发 WSB 的报警系统，从而提醒车主注意轮胎胎压不足。因此，间接式的 TPMS 属于被动型 TPMS。

（2）直接式胎压监测系统

直接式胎压监测系统是利用安装在轮胎上的压力传感器来测量轮胎的气压和温度，利用无线发射器将压力信息从轮胎内部发送到中央接收器模块上的系统，然后对轮胎气压数据进行显示，如图 2-3-16 所示。当轮胎出现高压、低压、高温时，系统就会报警提示车主。车主可以根据车型、用车习惯、地理位置自行设定胎压报警值范围和温度报警值。因此，直接式的 TPMS 属于主动型 TPMS。

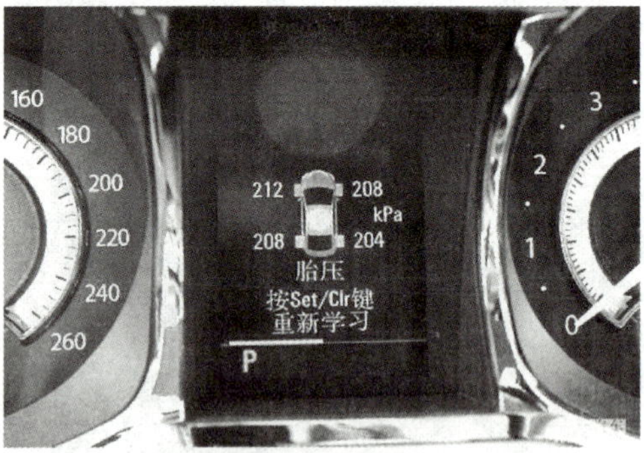

图 2-3-16　TPMS 报警显示系统

直接系统可以提供更高级的功能，随时测定每个轮胎内部的实际瞬压，很容易确定故障轮胎。间接系统造价相对较低，已经装备了四轮 ABS（每个轮胎装备一个轮速传感器）的汽车只需对软件进行升级即可。但是，间接系统没有直接系统准确率高，它根本不能确定故障轮胎，而且系统校准极其复杂，在某些情况下该系统会无法正常工作，如同一车轴的两个轮胎气压都低时。

还有一种复合式 TPMS，它兼有上述两个系统的优点，它在两个互相成对角的轮胎内装备直接传感器，并装备一个四轮间接系统。与全部使用直接系统相比，这种复合式系统可以降低成本，克服间接系统不能检测出多个轮胎同时出现气压过低的缺点。但是，它仍然不能像直接系统那样提供所有轮胎内实际压力的实时数据。

视频：驻车转向辅助系统 2.0 演示

8. 倒车辅助系统

倒车辅助系统（parking assist system）以图像、声音的直观形式告知驾驶人车与障碍物的相对位置，解除因后视镜存在盲区带来的困扰，从而为驾驶人倒车、泊车提供方便，消除安全隐患。图 2-3-17 所示为倒车辅助系统。

（a）　（b）

图 2-3-17　倒车辅助系统

一般在中级车及以上车型才会配置，倒车辅助系统并不神秘，只要 DVD 主机或导航主机带有 AV 输入，即可实现。一般专车专用可视倒车系统，要求比较高，防水等级、图像传感器、信号制式、有效像素、水平清晰度、角度、照度等参数都有相对的数值要求，当然倒车影像也更加清晰、精准。

9. 自适应前照灯系统

汽车自适应前照灯系统（adaptive front lighting system，AFS）是一种能够自动改变两种以上的光型以适应车辆行驶条件变化的前照灯系统。

视频：动态车灯辅助系统演示

在实际使用中，传统的前照灯系统存在诸多问题。例如，现有近光灯在近距离上的照明效果很不好，特别是在交通状况比较复杂的市区，经常会有驾驶人在晚上将近光灯、远光灯和前雾灯统统打开；车辆在转弯的时候也存在照明的暗区，严重影响了驾驶人对弯道上障碍的判断；车辆在雨天行驶的时候，地面积水反射前照灯的光线，产生反射眩光等。AFS 从不同的传感器取得不同的车辆行驶信息。例如，为了实现弯道旋转照明的功能，除了要从车速传感器获取车速、转向盘角度传感器获取转向盘转角、车身高度传感器获得车身倾斜角度以外，还必须通过一些特殊的传感器，获取车辆实际转向角度的信息。为了实现阴雨天照明的功能，就要从湿度传感器获得是否阴雨的信息。

AFS 的执行机构是由一系列的电动机和光学机构组成的。一般有投射式前照灯、对前灯垂直角度进行调整的调高电动机、对前照灯水平角度进行调整的旋转电动机、对基本光型进行调整的可移动光栅，此外还有一些附加灯（如角灯等）。图 2-3-18 所示为 AFS 的组成。它能够根据行车速度、转向角度等自动调节前照灯的偏转，以便能够提前照亮“未到达”的区域，提供全方位的安全照明。图 2-3-19 所示为车辆有无 AFS 时的灯光照射范围对比。

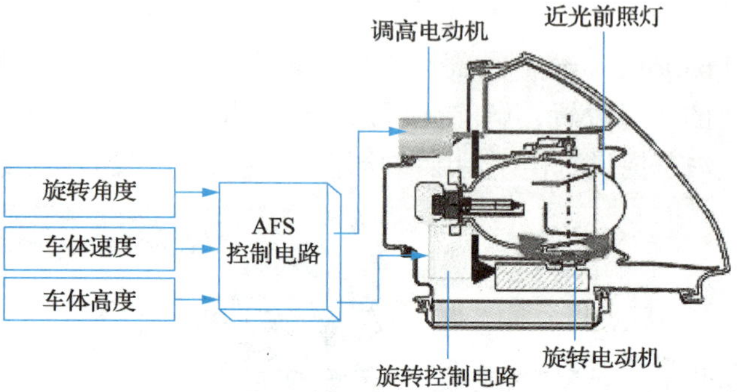

图 2-3-18　AFS 的组成

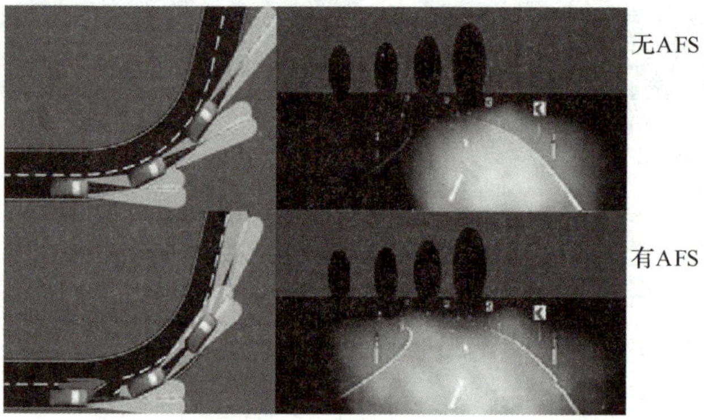

图 2-3-19　车辆有无 AFS 时的灯光照射范围对比

目前已经有不少豪华车，诸如 BMW5 系、奔驰 E 级、奥迪 A8、凌志 R 系列等，开始加装 AFS。对于夜间行车的驾驶人而言，AFS 是非常有效地提高安全保护的装备。

资讯三　汽车被动安全性评价

被动安全性，是指交通事故发生后，汽车本身减轻人员伤害和货物损失的能力。

（一）汽车被动安全性的评价内容

汽车的被动安全系统主要包括限制乘员移动的安全带、安全气囊、智能安全带及安全气囊系统，以及减轻事故中汽车对行人、乘员和其他障碍物的伤害的吸能式车体结构等。图 2-3-20 所示为汽车的被动安全装置——安全带。

1. 限制乘员移动的安全装置

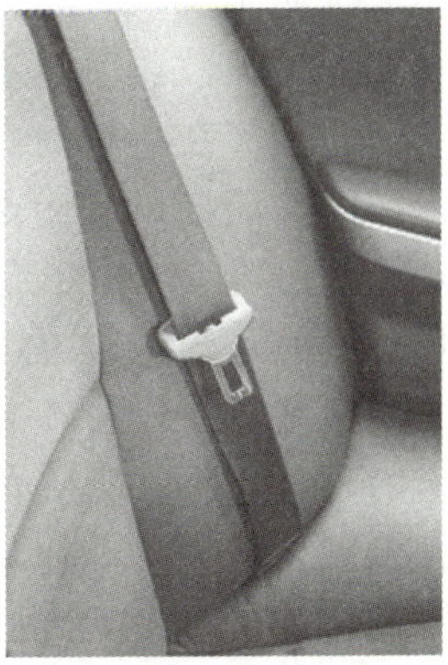

图 2-3-20 汽车的被动安全装置——安全带

安全带是一种有效的安全防护装置，对乘员的人身安全起保护作用。当高速行驶的汽车发生碰撞或遇到意外情况实施紧急制动时，安全带能够将乘员束缚在座位上，防止发生二次碰撞。同时安全带有缓冲作用，能够吸收大量的撞击能量，减轻乘员的伤害程度。在高档轿车上，除前后排座位都有安全带外，还装有安全气囊系统，一旦发生交通事故，尤其是正面撞击，安全气囊就会自动充气弹出，使人不撞到车身上。

常见的安全带有三点式安全带、腰部安全带。当拉伸速度超过设计速度时，安全带的锁紧装置就可以令安全带紧固。而在正常行驶时，安全带可以任意伸长而不妨碍驾驶人的操作和乘员的基本活动。

安全气囊是辅助约束系统，是安全带的辅助装置。目前家用轿车安装有一个及以上的安全气囊。安全气囊一般位于转向盘上，用于减轻正面撞车时对驾驶人的伤害。有的车上，前排乘员座位的工具箱上也装有安全气囊。还有的为防止侧撞，在车上装有侧向安全气囊。

安全气囊对安全带起补充作用，不能代替安全带；正常驾驶时系上安全带，至少可以保证 80%的安全，安全气囊约 10%是辅助安全带的不足，而剩下的 10%是不可抗拒的意外伤害。根据有关机构统计，在所有致命的交通事故中，如果正确使用安全带，可以挽救约 45%的生命；如果同时使用安全气囊，这一比例将上升到 60%。

2. 车体结构

能减轻事故中汽车对行人、乘员伤害的车体结构包括汽车保险杠、安全车身、风窗玻璃、车内饰、仪表板、转向柱及门锁和门铰链等。决定汽车安全性的因素有：发生碰撞后汽车车身变形的形态、汽车车身外部形状、在事故发生后提供足够的生存空间，以及确保那些对营救乘员起关键作用的部件的可操作性等。

保险杠是汽车车身结构中的一个关键部件，交通法规要求一切在公路上行驶的车辆前后均应装有保险杠。设计合理的保险杠能降低事故中人员的伤亡，从减轻事故中人员受伤的程度看，行人与保险杠的碰撞部位在膝盖以下为好，所以希望保险杠降低。但保险杠过低，会加大头部在发动机罩或风窗玻璃上的撞击速度。所以保险杠高度为 330～350mm 是合适的，可以保证大部分行人的碰撞部位发生在膝盖以下。保险杠应该没有尖角和凸出部位，还要适当软化保险杠的防护结构。

车身应该具有满足碰撞安全性要求的刚度，具体为乘客舱具有较大的刚度，车身的头部和尾部等离乘员较远的部位的刚度相对较小。要求乘客舱具有较大的刚度的目的是碰撞时乘客舱变形小，给车内的乘员足够的生存空间。乘客舱刚度的保证措施：一是局部加强，如加固底板、前围板、后围板、立柱、门和窗框的拐角部位；二是考虑整个车身结构受力，使乘客舱构件合理布置，尽量少承受弯曲载荷，尽可能承受压缩或拉伸，这是因为杆件或梁在弯曲时变形较大，而在拉伸或压缩时变形较小。

车身的头部、尾部等部位刚度较小，其目的是碰撞时能产生较大变形而吸收撞击能量。一般的处理方法：一是在粗大的构件或强固的部件上开孔或开槽来削弱刚度；二是改变构件形状，使其在碰撞时承受弯曲载荷，如前纵梁设计成弯折形或 Z 字形。

门锁和门铰链应有足够的强度，能同时承受纵横两个方向的撞击载荷而不致使车门开启，避免了乘员被甩出而受重伤或死亡的危险。但在事故结束后，门锁应不失效，车门能被打开。目前，在汽车上广泛使用的是转子卡板式门锁，它可同时承受横向载荷和纵向载荷。

乘坐区的安全性，设计时必须保证在乘员幸存空间内没有致伤部件。所以，在汽车驾驶室内部，一切可能受人体撞击的构件都应避免采用尖角、凸棱或采用小圆弧过渡的形状，而且驾驶室内应广泛采用软材料包垫。驾驶室内饰软化不仅是为了满足舒适性的要求，更重要的是为了满足安全防护性能的要求。

仪表板下部和转向盘的安全性不容忽视，汽车碰撞时极易对驾驶人造成伤害。仪表板下部应安装膝部缓冲垫。转向柱应能弯曲或伸缩，转向盘可采用弹性有波纹的结构，并且盘缘可以变形。

汽车玻璃应采用钢化玻璃或夹层玻璃。发生事故时，乘员头部往往撞击风窗玻璃或侧窗玻璃而受伤，并且玻璃碎片还会使脸部和眼睛受伤。因此，前风窗玻璃一般采用安全性最好的夹层玻璃。

（二）反映被动安全性的配置和技术介绍

1. 汽车安全带

安全带的装置里面有一个卡轮，如果快速拉动安全带，如在发生交通事故的情形下，里面的卡子会由于安全带滚轮的快速转动而被离心力带出，迅速将安全带锁死，把座位上的人员固定在椅子上。待冲击峰值过去，或者人已经能受到安全气囊的保护时安全带就会放松，以免压伤人的肋骨。

微课：被动安全的影响因素与配置技术

常见的座椅安全带按固定方式不同可以分为两点式、三点式、四点式、自由式。

（1）两点式安全带

两点式安全带与车体或座椅构架仅有两个固定点，软带从腰的两侧挂到腹部，形似腰带，在碰撞事故中可以防止乘员身体前移或从车内甩出。

优点：使用方便，容易解脱。

缺点：乘员上体容易前倾，前座乘员头部会撞到仪表板或风窗玻璃上，所以这种安全带主要用在大型客车上。

（2）三点式安全带

三点式安全带是弥补两点式安全带缺点的一种安全带，它在两点式安全带的基础上增加了肩带，在靠近肩部的车体上有一个固定点，可同时防止乘员躯体前移和防止上半身前倾，增强了乘员的安全性。如图 2-3-21 所示，三点式安全带是普遍使用目前的一种安全带。

轿车的安全带由织带、安装固定件和卷收器等部件组成。织带是构成安全带的主体，多用尼龙、聚酯、维尼纶等合成纤维原丝编织成宽约 50mm、厚约 1.5mm 的带子，具有足够的强度、延伸性能和吸收能量的性能。对于织带的技术性能指标，各国都有明确的规定，要符合规定才能使用。安装固定件是与车体或座椅构件相连接的耳片、插件和螺栓等，它们的安装位置和牢固性直接影响安全带的保护效果和乘员的舒适感。各国对于安全固定件的安装位置和安装标准也有明确的规定，以防意外。卷收器的作用是储存织带和锁止织带拉出，它是安全带系统中最复杂的机械件。卷收器与织带的一端相连，由内部的预紧弹簧来提供收紧织带的力矩，从而实现了安全带机械式自动调整长度的功能，不需要自己再手动调整安全带的长度。

（3）四点式、五点式安全带

相比普通汽车，赛车对安全带的要求更高，在比赛时制动和转弯带来的惯性力更大，也更频繁。为了更好地保护车手和帮助车手驾驶，赛车上使用了四点式、五点式甚至六点式安全带。图 2-3-22 所示是四点式安全带。

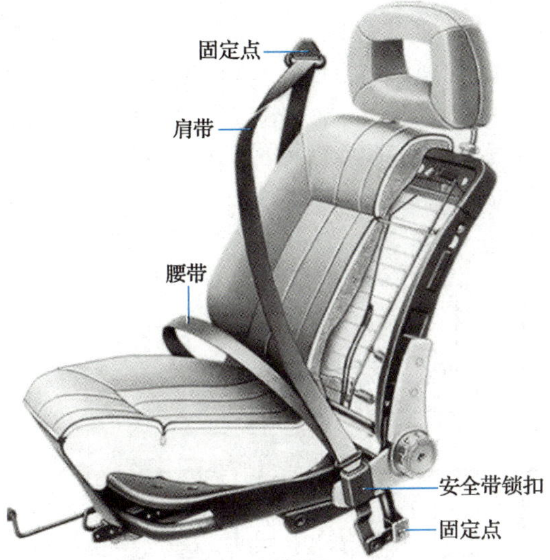

图 2-3-21　三点式安全带

图 2-3-22　四点式安全带

（4）预紧式安全带

预紧式安全带也称预缩式安全带。如图 2-3-23 所示，这种安全带的特点是当汽车发生碰撞事故的一瞬间，乘员尚未向前移动时，它会首先拉紧织带，立即将乘员紧紧地绑在座椅上，然后锁止织带防止乘员身体前倾，有效保护乘员的安全。预紧式安全带中起主要作用的是卷收器。与普通安全带不同，除了具有普通卷收器的收放织带功能外，它还可以在车速发生急剧变化时，能够在 0.1s 左右加强对乘员的约束力，因此它还有控制装置和预拉紧装置。

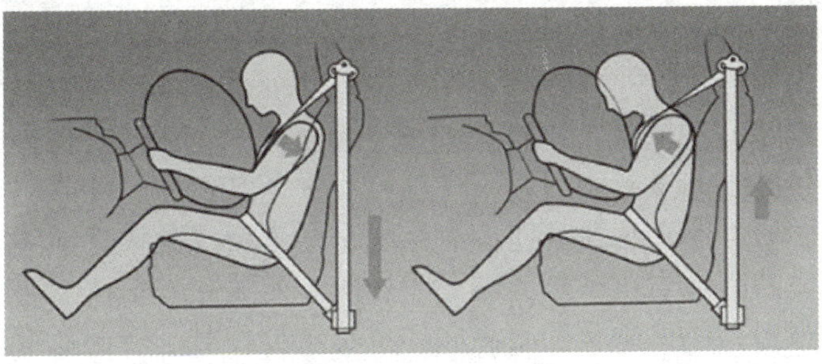

图 2-3-23　预紧式安全带

2. 安全气囊

安全气囊的功能是在车辆发生碰撞事故时减轻乘员的伤害程度，避免发生二次碰撞，或车辆发生翻滚等危险情况下被抛离座位。它与座椅安全带配合使用，可以为乘员提供有效的防撞保护。在汽车相撞时，汽车安全气囊可使头部受伤率减少 25%，面部受伤率减少 80%左右。安全气囊设置在车内前方、侧方和车顶三个方向。装有安全气囊系统的容器外部都印有 supplemental inflatable restraint system（SRS）的字样，直译成中文为“辅助可充气约束系统”。

安全气囊系统主要由以下几个部分构成：传感器、控制器、气体发生器和气囊，如图 2-3-24 所示。

汽车行驶过程中，传感器系统不断向控制装置发送速度变化（或加速度）信息，由控制装置（中央控制器）对这些信息加以分析判断，如果所测的加速度、速度变化量或其他指标超过预定值（即真正发生了碰撞），则控制装置向气体发生器发出点火命令或传感器直接控制点火，点火后发生爆炸反应，产生 N_2 或将储气罐中压缩氮气释放出来充满碰撞气袋。乘员与气袋接触时，通过气袋上排气孔的阻尼吸收碰撞能量，达到保护乘员的目的，如图 2-3-25 所示。

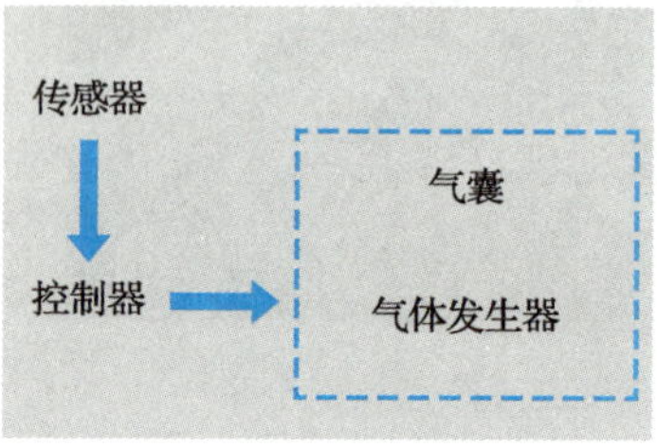

图 2-3-24　安全气囊系统的组成

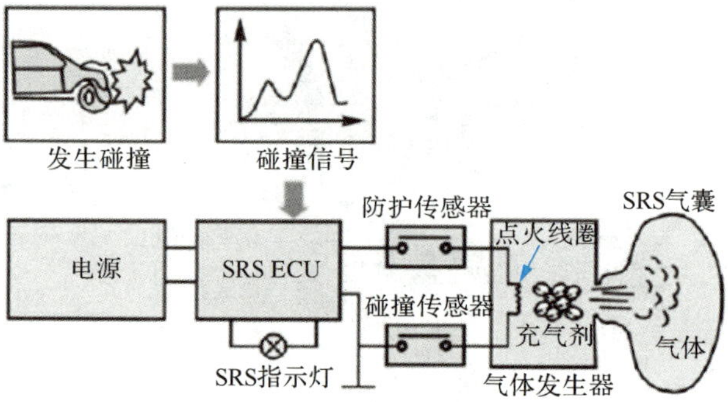

图 2-3-25　安全气囊系统的工作原理

安全气囊系统是一个辅助保护设备，它是用带橡胶衬里的特种织物尼龙制成的，工作时用无害的氮气填充。在发生碰撞时，安全气囊充气大约需要 0.03s。

当乘员的身体被安全带束缚而头部仍然向前行进时，安全气囊能及时到位。在头部碰到安全气囊时，安全气囊通过气囊表面的气孔开始排气。气体的排出有一定的速率，确保使人的身体部位缓慢地减速。由于安全气囊弹开充气的速度可高达 320km/h，碰撞时如果人的乘坐姿势不正确，将给人带来严重的伤害。

安全气囊的使用明显提高了汽车的被动安全性。据资料统计，安全气囊在北美的广泛使用，使事故死亡率减少了 12%，而且在安全气囊保护下人体的受伤程度也有所减轻。然而，在一些已经发生的交通事故中，安全气囊没有产生既定的功能，甚至造成人身伤害。其原因有两个方面。一方面，传统的正面碰撞安全气囊系统是根据前座乘员的常规乘坐位置和姿态，以及气囊的理想点火时刻为准则设计的，而实际汽车碰撞事故中，影响安全气囊保护效果的因素很多，例如乘员的身高和体重、乘员相对于转向盘或仪表板的位置、碰撞的剧烈程度等，不同的碰撞条件以及乘员位置的变化将会导致乘员不是在最佳时刻与气囊接触，从而降低对乘员的保护效果，有时还会伤及乘员。

当前，安全气囊出现了两种发展趋势，美国和日本的汽车公司正在努力增大气囊尺寸来保护乘员。而欧洲一些汽车制造公司，如奔驰、宝马和沃尔沃等则认为，安全气囊本身绝不是保障乘员安全的灵丹妙药，它必须在一个统一的汽车被动安全系统中才能有效地发挥作用，在这个系统中，一定要具备紧缩式安全带、结构可靠的座椅、儿童专用座椅和一系列其他部件。而且，最好在车身结构设计开始时就考虑到这个安全系统所有必需的组成部件的安装。

未来安全气囊的智能化发展，还包括集成了先进的传感器技术和信息处理系统，它们在事故发生的短暂时间内能够提供可靠的碰撞环境方面的信息。这些信息包括汽车碰撞的剧烈程度、碰撞的形式（正碰撞或侧碰撞等）、乘员的身材、体重、乘坐位置和乘坐姿态，以及乘员是否系有安全带等。智能安全气囊系统根据探测到的信息，通过其电子控制系统的计算分析，决定安全气囊何时及以何种程度展开，从而对乘员提供最优化的保护。

3. 车身结构

目前具有代表性的车身结构有一体式纵梁结构、丰田 GOA 车身、激光焊接车身。

（1）一体式纵梁结构

一体式纵梁结构如图 2-3-26 所示，在车身底板增加了六条由超高强度钢制成的分散轨道，纵梁从车头延续到车尾环环相扣，确保撞击能量的快速分散与吸收，从而大幅降低对乘客舱的冲击，使乘客舱不会发生严重的变形。斯巴鲁 SGP、马自达创驰蓝天及本田奥德赛均采用此车身结构。

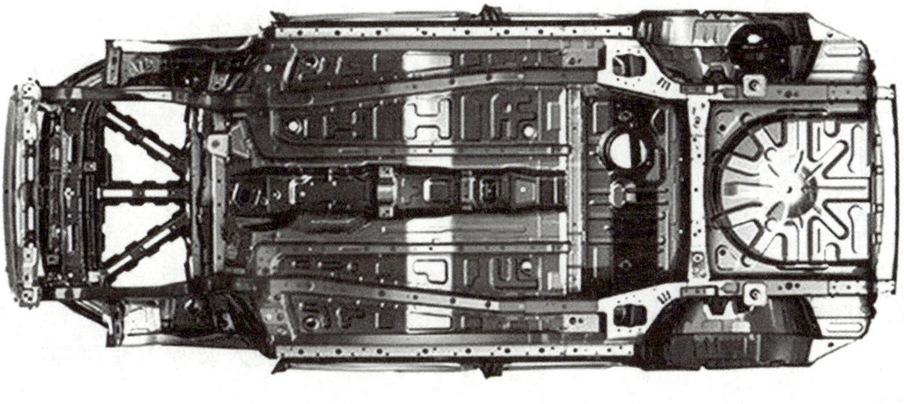

图 2-3-26　一体式纵梁结构

（2）丰田 GOA 车身

GOA 全称 global outstanding assessment，是根据世界很多国家的安全标准，结合众多的实际交通案例，反复进行许多碰撞试验后，研发出来的一项被动安全技术。GOA 车身的核心技术是具有高强度座舱和冲击能量高效吸收能力的车身结构。丰田研制出的 GOA 高强度车身，采用了高张力、高弹面的双面镀锌钢板，加上先进的整体式冲压工艺和焊接工艺，使得车身的扭转刚度得到了很大提升，如图 2-3-27 所示。以雅力士为例，它的前后保险杠中均设置有大型的保护钢板，这有助于分散撞击力，四个车门内也装备有防撞钢梁，它们一起构成了雅力士的第一层防撞体系，使得在发生轻微碰撞时不会伤及车身主体。然而当发生比较大的碰撞时，雅力士的安全车身会吸收冲撞力，再经由整体式车身，把力量均匀分散至车身各部分骨架，尽可能降低内部空间的变形程度，最大限度地保护座舱中的乘员。

图 2-3-27　丰田 GOA 车身结构

（3）激光焊接车身

激光焊接则是利用激光的高温，将两块钢板内的分子结构打乱，分子重新排列使得两块钢板中的分子融为一体。所以从物理学上讲，激光焊接是把两块钢板变成了一块钢板，因此相比普通焊接来说，拥有更高的强度与硬度。

激光焊接技术与传统的焊接技术相比具有如下优点：激光焊接技术使不同钢板之间的链接达到分子层面的结合；在焊接后，原不同的钢板相当于一整块钢板。这一技术具有诸多优势，如焊接装置与焊件无机械接触，降低对工件的污染；加热集中，能量密度大；热影响区小，产生的热变形和热损伤少；焊缝美观，焊缝强度大；通过数控，能精确控制能量输出，焊接速度快，生产率高等。它不仅给车身加工带来了更高的精度和效率，同时也使车身的刚度及强度得到提升，车辆行驶舒适性、稳定性、振动噪声均得到明显改善。激光焊接技术使车辆结合精度大大提高，减少了车身在运动中的变形，提高了行驶安全性和舒适性。

（三）新车碰撞安全评价标准

1. NCAP

NCAP（new car assessment program）即新车碰撞测试。这是最能考验汽车安全性的测试。美国、欧洲和日本都有成熟的相关法规，定期对本国生产及进口新车进行正面碰撞、侧面碰撞安全性试验，以检查汽车内驾驶人及乘客在碰撞时所受伤害程度。

微课：新车碰撞安全测试规程介绍

NCAP 的碰撞测试成绩用星级“★”表示，共有五个星级，星级越高表示该车的碰撞安全性能越好。这些法规中公认最为严格的是欧盟实施的 EURO-NCAP 测试。测试包括正面和侧面碰撞两部分，正面碰撞速度为 64km/h，侧面碰撞速度为 50km/h。测试的成绩通过星级表示，星级越高表示该车的碰撞安全性能越好。

★★★★★称为五星级，表示乘员严重伤害的概率小于或等于 10%；

★★★★称为四星级，表示乘员严重伤害的概率为 11%～20%；

★★★称为三星级，表示乘员严重伤害的概率为 21%～35%；

★★称为二星级，表示乘员严重伤害的概率为 36%～45%；

★称为一星级，表示乘员严重伤害的概率大于或等于 46%。

知识窗

国际大品牌车型在国外一般都有原型车，进入中国后的改动通常不涉及车身结构，因此 EURO-NCAP 成绩是衡量车辆安全性的一个权威指标。以目前中国市场上主流紧凑车型为例，东风标致 206、上海大众新 Polo 的原型车都通过了 EURO-NCAP 测试，并取得了 4 星的成绩。在 2015 年度第三批车型评价中，中国一汽旗下的一汽马自达 2015 款阿特兹荣获“五星”安全评价。

2. C-NCAP

中国汽车技术研究中心在深入研究和分析国外 NCAP 的基础上，结合我国的汽车标准法规、道路交通实际情况和车型特征，于 2006 年 3 月 2 日正式发布了首版中国新车评价规程（C-NCAP），C-NCAP 以更严格、更全面的要求对车辆进行全方位安全性能测试，包括乘员保护、行人保护、主动安全等，评价结果按星级划分并公开发布，从而给予消费者更加系统、客观的车辆安全信息，促进汽车企业不断提升整车安全性能。C-NCAP 对试验假人及传感器的标定、测试设备、试验环境条件、试验车辆状态调整和试验过程控制的规定都比国家标准更为严谨和苛刻，与国际水平一致。

中国新车评价规程每三年进行一次规程改版。2018 年 C-NCAP 同时增加了行人保护、主动安全以及针对电动车的电安全评分项目。另外就是增加了权重以及得分率的概念，进一步向 E-NCAP 的评分标准靠拢。总体得分权重分布为：乘员保护占 70%，行人保护占 15%，主动安全占 15%。

（1）乘员保护

C-NCAP 要求对一种车型进行车辆速度 50km/h 与刚性固定壁障 100%重叠率的正面碰撞、车辆速度 56km/h 对可变形壁障 40%重叠率的正面偏置碰撞、可变形移动壁障速度 50km/h 与车辆的侧面碰撞三种碰撞试验，低速碰撞颈部保护试验（鞭打试验），根据试验数据计算各项试验得分，加上附加评分项目，得出乘员保护得分，见表 2-3-3。评分规则中包含碰撞时车内假人的数量、性别、年龄及位置等，非常细致严格。

C-NCAP 的项目评分：试验项目评分（满分 70 分）见表 2-3-3。

表 2-3-3 乘员保护试验项目评分

序号	项目	图示	分值	
1	正面 100%碰撞（20 分）	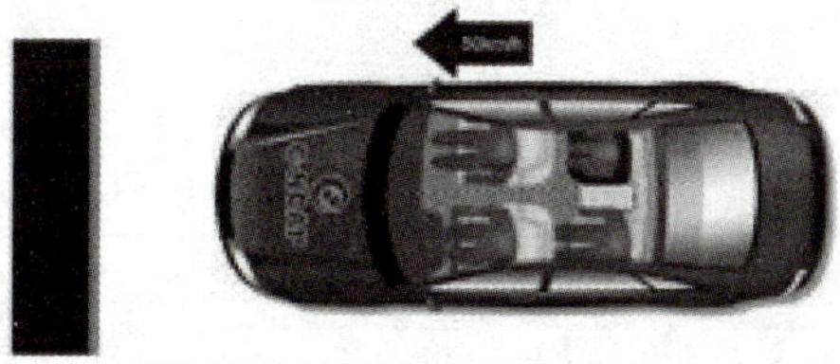	前排	头颈部，4 分
				胸，4 分
				大腿，4 分
				小腿，4 分
			后排	头颈，2 分
				胸，2 分

续表

<table>
<tr><th>序号</th><th>项目</th><th>图示</th><th colspan="2">分值</th></tr>
<tr><td rowspan="6">2</td><td rowspan="6">正面 40%偏置碰撞（20 分）</td><td rowspan="6">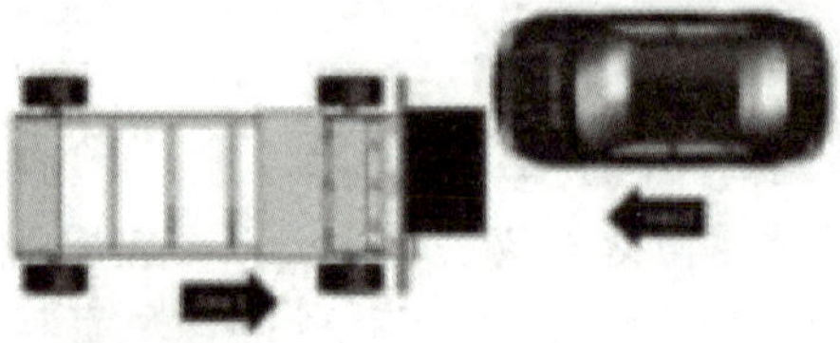</td><td rowspan="4">前排</td><td>头颈部，4 分</td></tr>
<tr><td>胸，4 分</td></tr>
<tr><td>大腿，4 分</td></tr>
<tr><td>小腿，4 分</td></tr>
<tr><td rowspan="2">后排</td><td>头颈，2 分</td></tr>
<tr><td>胸，2 分</td></tr>
<tr><td rowspan="8">3</td><td rowspan="8">侧面碰撞（20 分）</td><td rowspan="8">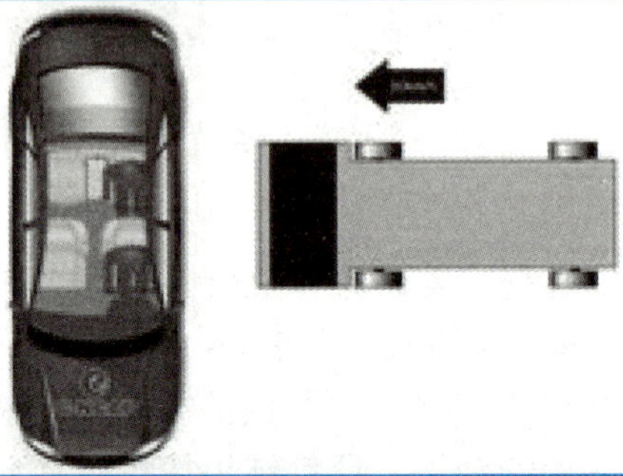</td><td rowspan="4">前排</td><td>头，4 分</td></tr>
<tr><td>胸，4 分</td></tr>
<tr><td>腹部，4 分</td></tr>
<tr><td>骨盆，4 分</td></tr>
<tr><td rowspan="4">后排</td><td>头，1 分</td></tr>
<tr><td>胸，1 分</td></tr>
<tr><td>腹部，1 分</td></tr>
<tr><td>骨盆，1 分</td></tr>
<tr><td rowspan="3">4</td><td rowspan="3">低速碰撞颈部保护试验（鞭打试验）（5 分）</td><td rowspan="3">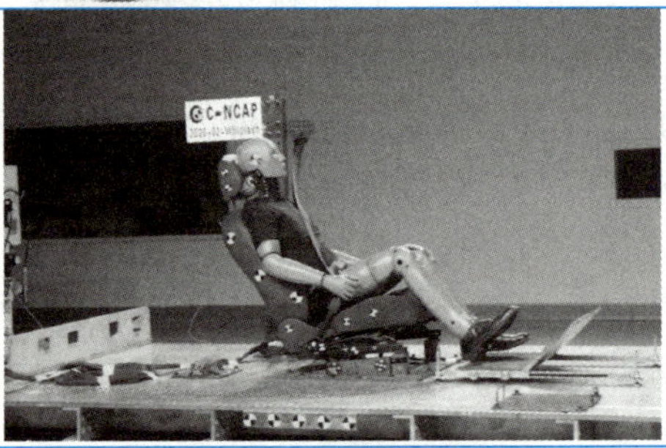</td><td colspan="2">NIC，2 分</td></tr>
<tr><td colspan="2">上颈部载荷，1.5 分</td></tr>
<tr><td colspan="2">下颈部载荷，1.5 分</td></tr>
<tr><td rowspan="3">5</td><td rowspan="3">附加评分项目（满分 5 分）</td><td>前排乘员安全带提醒装置</td><td colspan="2">1 分</td></tr>
<tr><td>二排乘员安全带提醒装置</td><td colspan="2">1 分</td></tr>
<tr><td>侧面安全气囊及气帘</td><td colspan="2">3 分</td></tr>
<tr><td>总分</td><td colspan="4">70 分</td></tr>
</table>

（2）行人保护

表 2-3-4 所示为行人保护试验项目评分标准。

表 2-3-4　行人保护试验项目评分

项目	头型	腿型	减分项	总分
满分	12	3	—	15

（3）主动安全

表 2-3-5 所示为主动安全项目评分标准。

表 2-3-5　主动安全项目评分

项目	AEB CCR	AEB VRU_Ped	ESC	总分
满分	8	3	4	15

知识窗

《C-NCAP 管理规则（2021 年版）》征求意见稿相比 2018 年版本，呈现以下方面变化：

① 乘员保护部分，增加了正面 50%重叠移动渐进变形壁障碰撞试验及评价方法，替代了正面 40%重叠可变形壁障碰撞试验及评价方法，如图 2-3-28 所示。

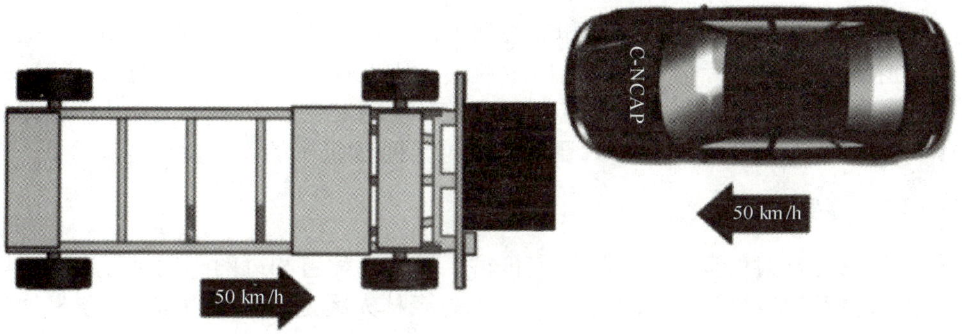

图 2-3-28　50%重叠移动渐进变形壁障碰撞试验

② 针对新能源汽车，增加了侧面柱碰撞试验及评价方法，替代了可变形移动壁障侧面碰撞试验及评价；增加了可变形移动壁障侧面碰撞试验中搭载假人的数量；增加了第二排外侧座椅鞭打试验及评价方法；增加了第二排儿童乘员保护评价方法和儿童乘员保护静态评价方法；修改了对于侧气帘加分的技术要求；增加了关于事故紧急呼叫系统加分的技术要求；安全带提醒装置由加分项修改为罚分项；修改了乘员保护试验中的电安全评价方法。

③ 行人保护部分，修改了行人保护试验及评价方法，采用先进行人腿型（advanced pedestrian legform impactor, aPLI）替代传统 FLEX-PLI 和 TRL 上腿型进行行人腿部碰撞保护试验评价；扩大了行人保护头型试验区域。

④ 主动安全部分，增加了车辆自动紧急制动系统（AEB）试验项目；增加了车道保持辅助系统（LKA）试验及评价方法；增加了对于车道偏离报警系统（LDW）、盲区监测系统（BSD）、速度辅助系统（SAS）审核项目及技术要求；增加了整车灯光性能试验及评价方法。

⑤ 修改了评分体系，主动安全权重由 15%增加到 25%。《C-NCAP 管理规则（2021 年版）》于 2022 年 1 月 1 日起正式实施。中汽测评表示，新规程将引入更加符合交通特征的被动安全测试场景，并进一步突出主动安全的分值权重，实现持续引领中国汽车安全技术进步，持续引领汽车文明社会的和谐安全观的目标定位。

被评价车型分成以下五类。

① 小型乘用车：长度小于 4m 的乘用车，包括小型 MPV；

② A 类乘用车：两厢式乘用车及长度小于等于 4.5m 或排量不大于 1.6L 的三厢式乘用车；

③ B 类乘用车：长度大于 4.5m 且排量大于 1.6L 的乘用车；

④ 多功能乘用车：MPV（座椅多于 2 排）；

⑤ 运动型乘用车：SUV。

按照测试所得分数（小数点后四舍五入），C-NCAP 将碰撞星级共划分 6 个等级：5+星级、5 星级、4 星级、3 星级、2 星级、1 星级。60 分及以上为 5+星级，52～59 分为 5 星级，44～51 分为 4 星级，36～43 分为 3 星级，28～35 分为 2 星级，低于 28 分为 1 星级。

资讯四　汽车安全性对比评价案例

汽车的安全性评价包括主动安全和被动安全评价，因现有的 C-NCAP 测评以更严格、更全面的要求，对车辆进行全方位安全性能测试，包括乘员保护、行人保护、主动安全等，更加系统、客观地给出了车辆安全信息。所以，对车辆安全性的评价，采用 C-CNAP 安全评价是比较科学的，现利用 C-CNAP 测评结果对四种 B 级车的安全性进行评价。

（一）车型选取

进行汽车安全性对比评价时，应选取价格、排量、配置相近的车辆进行比较。以下三种车型均为排量及配置接近的 SUV，其中斯巴鲁森林人因是混合动力车，故价格比探岳和胜达高。其车型信息及配置参数见表 2-3-6。

表 2-3-6　三种车型信息及配置参数

配置参数、指标车型信息	森林人 智擎旗舰版 EyeSight	探岳 330TSI 两驱豪华型	胜达 380TGDi GLS 2WD 8AT 豪华型
品牌与配置			
品牌所属国别	日本斯巴鲁	德国大众	韩国现代
厂商	株式会社斯巴鲁	一汽大众	北京现代
车型种类	SUV（EV/HEV）	SUV	SUV
新车官方指导价/元	28.58 万	21.89 万	22.58 万
经销商参考价/元	无	18.39 万起	21.38 万起
发动机型号	油电混合	EA888-DKV	GK4H
排量/L	2.0	2.0	2.0
进气形式	自然吸气	涡轮增压	涡轮增压
变速器类型	CVT 无级变速器(模拟 7 挡)	7 挡双离合变速器（DCT）	8 挡手自一体变速器（AT）
主动安全配置			
制动器类型	通风盘式	前后盘式	前后盘式
安全带未系提醒	前排	全车	全车
ISOFIX 儿童安全座椅接口	有	有	有
ABS+EBD/CBC	有	有	有
制动辅助 EBA/BAS/AB 等	有	有	有
牵引力控制 ASR/TCS/TRC	有	有	有
车身稳定系统 ESC/ESP/DSC	有	有	有
轮胎气压监测系统	胎压显示	胎压报警	胎压报警

续表

配置参数、指标车型信息	森林人 智擎旗舰版 EyeSight	探岳 330TSI 两驱豪华型	胜达 380TGDi GLS 2WD 8AT 豪华型
被动安全			
整备质量/kg	1665	1645	1830
最大总质量/kg	2223	2120	2515
乘员侧座椅使用状态监测	有	有	有
正面安全气囊	有（驾驶人、前排乘员、膝部气囊）	有（驾驶人、前排乘员、膝部气囊）	有（驾驶人、前排乘员）
侧面安全气囊	有	有	有
安全气帘	有	有	有
安全带预张紧器	有（前排、后排）	有（前排、后排）	有（前排）
安全带限力器	有（前排、后排）	有（前排、后排）	有（前排、后排）
驾驶人侧安全带提醒	有（视觉、听觉）	有（视觉、听觉）	有（视觉、听觉）
乘员侧安全带提醒	有（视觉、听觉）	有（视觉、听觉）	有（视觉、听觉）
ISOFIX 装置	有	有	有

（二）安全碰撞试验结果

1. 斯巴鲁 森林人 智擎旗舰版 EyeSight

斯巴鲁 森林人 智擎旗舰版 EyeSight 实物如图 2-3-29 所示，测试项目得分见表 2-3-7。

图 2-3-29 斯巴鲁 森林人 智擎旗舰版 EyeSight 实物

表 2-3-7 斯巴鲁 森林人 智擎旗舰版 EyeSight 测试项目得分

测试项目	部分得分率	权重	部分得分率×权重
乘员保护	91.32%	70%	63.92%
行人保护	81.05%	15%	12.16%
主动安全	95.11%	15%	14.27%
电安全	通过		
综合得分	90.4%	星级	★★★★★

2. 2019 探岳 330TSI 两驱豪华型

2019 探岳 330TSI 两驱豪华型实物如图 2-3-30 所示，测试项目得分见表 2-3-8。

图 2-3-30　2019 探岳 330TSI 两驱豪华型实物

表 2-3-8　2019 探岳 330TSI 两驱豪华型测试项目得分

测试项目	部分得分率	权重	部分得分率×权重
乘员保护	97.01%	70%	67.91%
行人保护	81.37%	15%	12.21%
主动安全	96.43%	15%	14.47%
综合得分	94.6%	星级	★★★★★

3. 北京现代胜达 380TGDi GLS 2WD 8AT 豪华

北京现代胜达 380TGDi GLS 2WD 8AT 豪华实物如图 2-3-31 所示，测试项目得分见表 2-3-9。

图 2-3-31　北京现代胜达 380TGDi GLS 2WD 8AT 豪华实物

表 2-3-9　北京现代胜达 380TGDi GLS 2WD 8AT 豪华测试项目得分

测试项目	部分得分率	权重	部分得分率×权重
乘员保护	93.00%	70%	65.10%
行人保护	67.80%	15%	10.17%
主动安全	95.62%	15%	14.34%
综合得分	89.6%	星级	★★★★★
电安全	—		

4. 结论

通过以上数据对比分析得出，一汽大众 2019 探岳 330TSI 两驱豪华型的安全得分最高，其安全性最好；而北京现代胜达 380TGDi GLS 2WD 8AT 豪华车，其安全得分最低，虽也达 5 星级，但相对前两款车来说，安全性相对较低。

课堂练习

（一）填空题

1. 汽车安全性是指________________________________的能力。
2. 汽车的主动安全性又称________安全性，主要是指________性能。

（二）判断题

1. SRS 结构复杂，其安全性比安全带安全。（　　）
2. NCAP 的正面碰撞速度为 60km/h。（　　）
3. GOA 是大众的车身技术。（　　）
4. 胎压监测系统简称“TPMS”。（　　）
5. 滑移率越大，制动距离越短。（　　）

（三）选择题

1. 下列属于主动安全装置的是（　　）。
   A. 安全带　B. SRS　C. 安全车身　D. ABS
2. 下列属于被动安全装置的是（　　）。
   A. EBD　B. ASR　C. 安全车身　D. ESP
3. ABS 的主要功能是（　　）。
   A. 防抱死　B. 制动力分配　C. 车身稳定　D. 防侧滑
4. 汽车制动效能评价指标不包括（　　）。
   A. 制动减速度　B. 制动时间　C. 制动距离　D. 制动跑偏
5. NCAP 的侧面碰撞速度为（　　）km/h。
   A. 64　B. 60　C. 55　D. 50

（四）问答题

1．汽车主动安全性评价的主要内容及涉及的主要配置有哪些？
2．汽车被动安全性评价的主要内容及涉及的主要配置有哪些？
3．影响汽车制动性的主要因素有哪些？

项目实施

小组根据个人兴趣选择2～3款同级别的车型，收集相关信息，试着对比分析它们的安全性，完成下列工作任务单。

不同车型安全性的对比分析工作任务单

任务名称	汽车安全性对比分析		
小组成员		任务成绩	
任务要求	小组选择感兴趣的2～3款车型（尽可能选择同价位的车型），收集安全性相关的参数、配置、技术，运用所学知识对车型安全性能进行对比分析		
性能相关信息	车型1：________	车型2：________	车型3：________

对比分析：

评价结论：

考核评价

综合整个学习过程，通过学生的课堂表现、课后习题、任务完成情况等对学生的知识、能力、思政要素和职业素养目标达成情况进行评价。

项目教学目标达成情况评价表

班级：________　　　　姓名：________

知识目标达成情况		
目标描述	教师评价	学生自评
是否能正确描述安全性的定义		
是否能够准确列出影响安全性的因素（1+X 部分内容）		
是否知道安全性的主要评价指标		
评价结论：知识目标达成与否	□ 是　　□ 否	
能力目标达成情况		
目标描述	教师评价	学生自评
是否能够利用各种渠道收集与汽车安全性相关的数据、配置等信息		
是否能对汽车的安全性进行全面、客观的评价，确保评价结论无误		
评价结论：能力目标达成与否	□ 是　　□ 否	
思政要素和职业素养目标达成情况		
目标描述	教师评价	学生自评
信息收集能力是否得到提升		
小组活动中展现的团队协作、沟通交流能力		
本讲课堂表现的积极性		
信息收集处理中是否严谨、客观、科学		
对汽车安全性相关的法律法规及评定标准的认识		

项目四　汽车舒适性评价

项目描述

本项目主要介绍汽车舒适性的定义、影响因素及提高舒适性的参数、配置与技术措施。通过学习舒适性对比评价案例示范分析，应能够对车型的舒适性进行对比评价。

学习目标

知识目标	能力目标	思政要素和职业素养目标
1. 知道汽车舒适性的评价指标。 2. 知道影响汽车舒适性的因素	能够评价和比较汽车舒适性的好坏	1. 培养信息收集、处理与分析的能力。 2. 养成严谨认真、客观科学的评价态度。 3. 培养应用国家机动车的环保和经济性要求及管理办法等相关政策法规的能力。 4. 培养团结互助的团队精神和积极沟通交流的职业素养。 5. 培养以人为本，以客户需求为导向的销售、服务意识
对接 1+X 证书模块 1-7（初级）工作任务 3—汽车车型主要技术参数解说 知识要求：1.1.4 影响车辆舒适性的因素 技能要求：1.1.4 能根据车辆参数就车辆舒适性对客户进行介绍		

情境导入

小刘最近获得一笔奖金，想购买一辆家用轿车，带父母回老家过年，但由于老家地处山区，担心父母年纪大受不了颠簸之苦，于是想选购一辆舒适性能比较高的轿车，请你根据客户需求，推荐并对比几款车型的舒适性能，以帮助客户选购。

课前练习

根据查找的资料，完成下列课前练习（表 2-4-1）。

表 2-4-1　汽车舒适性评价课前练习

1. 汽车舒适性的含义是什么？
2. 影响汽车舒适性的客观性能都有哪些？
3. 简述影响汽车平顺性的因素。

相关资讯

资讯一　汽车舒适性认识

汽车的舒适性是一种主观感受，是人们乘坐汽车时不致引起不舒适和疲劳的一种感受，即为乘员提供舒适、愉快的乘坐环境，为货物运输提供安全和方便的操作条件的性能。汽车舒适性受乘员的生理及心理状况等主观方面的影响。在进行汽车舒适性评价时，应通过汽车的行驶平顺性、车内空气调节及居住性、车身的隔声与密封、上下车的方便性等方面进行综合评价。

微课：汽车舒适性评价指标与方法

资讯二　汽车行驶平顺性评价

汽车的行驶平顺性是指保持汽车在行驶过程中乘员所处的振动和冲击环境在一定舒适度范围内的性能。因此，平顺性主要根据乘员主观感觉的舒适性来评价。对于货车还包括保持货物完好的性能。行驶平顺性既是决定汽车舒适性最主要的方面，其本身也是评价汽车性能的主要指标。

（一）汽车行驶平顺性的评价指标

汽车行驶平顺性的评价指标，通常是依据人体对振动的反应，及对保持货物完整的程度来制定的。目前对汽车行驶平顺性的评价有不同的方法。

1. 我国的评价标准

（1）汽车平顺性评价

《汽车平顺性试验方法》（GB/T 4970—2009）提出了“车速特性的概念”。车速特性是指平顺性评价指标随车速变化的关系。用车速特性评价汽车的平顺性比在某一车速评价汽车的平顺性更符合实际。轿车、客车适用“舒适降低界限”车速特性；货车适用“疲劳—降低工作效率界限”车速特性。

对比不同车型的平顺性时，应遵循国家相关要求和管理办法，例如国标规定如图 2-4-1 所示。

（2）车身的固有频率评价

人体器官自幼即已习惯于行走所引起的垂直振动频率（一般在 1.1～1.5Hz）。当车身振动频率在此范围内，则人体器官感到习惯，就不会感到不舒适；当车身的振动频率偏离该范围，人体则会感到不舒适。当车身的振动频率低于 1Hz 时，会引起乘员晕车和恶心；当频率高于 1.5Hz 时，人体会明显感受到冲击感，会引起乘员的疲劳和不舒适感。

汽车平顺性试验方法

1 范围

本标准规定了汽车在脉冲输入行驶和随机输入行驶工况下的平顺性试验方法。

本标准适用于 M 类、N 类车辆。

2 规范性引用文件

下列文件中的条款通过本标准的引用而成为本标准的条款。凡是注日期的引用文件，其随后所有的修改单(不包括勘误的内容)或修订版均不适用于本标准，然而，鼓励根据本标准达成协议的各方研究是否可使用这些文件的最新版本。凡是不注日期的引用文件，其最新版本适用于本标准。

GB/T 3730.1—2001　汽车和挂车类型的术语和定义

GB/T 4971　汽车平顺性术语和定义

GB/T 7031—2005　机械振动　道路路面谱测量数据报告(ISO 8608:1995,IDT)

GB/T 12534—1990　汽车道路试验方法通则

GB/T 13441.1—2007　机械振动与冲击　人体暴露于全身振动的评价　第 1 部分:一般要求(ISO 2631-1:1997,IDT)

GB/T 15089—2001　机动车辆及挂车分类

3 试验条件

3.1 道路

试验道路应平直，纵坡不大于 1%，路面干燥，不平度应均匀无突变，累计的试验路面总长度不应小于试验样本个数要求的最短路面长度，并且两端应有 30 m～50 m 的稳速段。

脉冲输入行驶的试验道路为沥青路面或水泥路面，路面等级按照 GB/T 7031—2005 规定的 A 级路面。随机输入行驶的试验道路为沥青路面或水泥路面，具体试验路面等级根据需要确定。

3.2 风速

风速不大于 5 m/s。

图 2-4-1　《汽车平顺性试验方法》(GB/T 4970—2009)

2. 汽车行驶平顺性的感觉评价

汽车行驶时，来自路面的冲击以及汽车行驶系统和传动系统中作用力的大小、方向不断变化，汽车会发生各种振动。这些冲击、振动会引起驾乘人员的不舒适与疲劳感。汽车乘坐是否舒适，与交通情况、汽车性能、设备状况、气候条件、视野、振动与噪声等情况有关，也与乘员本身的心理、生理状况有关。因而汽车行驶平顺性，可以根据乘员主观感觉的舒适程度来评价。这种主观感觉，可以根据所受振动的程度，划分成以下三种：

① 正常：振动很小时，人们感到比较舒适，感觉正常，超过此范围，就会感到不舒服。

② 可接受：振动加大，人们感到不大舒服，但还能保持正常的驾驶，不致感到疲劳。

③ 可忍受：振动更大，人们感到疲劳，影响正常的驾驶，效率降低，但尚可忍受，不致影响健康和安全。

如果振动再加大，人们就会无法忍受，以致影响健康和安全，这在汽车上是不允许的。

（二）影响平顺性的因素

1. 悬架结构

减小悬架刚度，降低固有频率，可以减少由于不平路面而引起乘员承受的加速度值，这是改善平顺性的基本措施。但刚度降低会增加非悬架质量的高频振动位移。而大幅度的车轮振动有时会使车轮离开地面，前轮定位角也将发生显著变化，在紧急制动时会产生严重的汽车“点头”现象。转弯时因悬架侧倾刚度的降低，会使车身产生较大的侧倾角。为了使悬架既有大的静挠度又不影响其他性能指标，可采取一些相应措施，如悬架采用刚度可变的非线性悬架。现代货车在后悬架上采用钢板弹簧加副簧即为此种方式下最简易的办法，当载荷增减时，其静挠度保持不变。

目前，比较先进的汽车一般采用主动式悬架，在其结构中植入了可人工或自动控制弹力的调节机构，并能根据路面情况自动调节减振器刚度和阻尼，以获得更好的行驶舒适性。主动式悬架大致又分为两类：电子控制式主动液压悬架、电子控制式空气悬架。电子控制式主动液压悬架通过车载计算机计算出悬架受力大小和加速度，利用液压减振器的伸缩来保持车身平衡；电子控制式空气悬架则利用气体的压缩性实现弹性作用，在 ECU 的计算下可根据车重和路面情况来调节压缩气体的压力，软硬程度和车身高度可以自行调节控制。

2. 悬架阻尼

为了衰减车身自由振动和抑制车身、车轮的共振，以减小车身的垂直振动加速度和车轮的振幅（减小车轮对地面压力的变化，防止车轮跳离地面），悬架系统中应具有适当的阻尼。在悬架系统中，引起振动衰减的阻尼主要来自减振器、钢板弹簧叶片之间的摩擦。对于各种悬架结构，以钢板弹簧悬架系统的干摩擦最大，钢板弹簧叶片数目越多，摩擦越大。当干摩擦过于严重时，会增加车身的自振频率，路面的冲击也易于传给车身。

减振器可提高汽车行驶平顺性，还可增加悬架的角刚度，改善车轮与道路的接触条件，防止车轮离开路面，因而可改善汽车的稳定性，提高汽车的行驶安全性。改进减振器的性能，对提高汽车在不平道路上的行驶速度有很大的作用。

3. 轮胎的影响

轮胎对行驶平顺性的影响主要取决于轮胎的径向刚度，适当减小轮胎的径向刚度可以改善行驶平顺性。例如，采用子午线轮胎，径向刚度减小，轮胎的静挠度增加 40%以上，行驶平顺性得到改善。但轮胎刚度过低会引起侧向偏离加大，影响汽车的操控性。在使用中，通过动平衡试验消除轮胎的动不平衡现象，也是保证行驶平顺性的必要措施。

4. 座椅的布置

座椅的布置对行驶平顺性也有很大影响。实际感受和试验表明：座椅接近车身的中部，其振动最小。座椅位置常由它与汽车质心间的距离来确定，用座椅到汽车质心距离与汽车质心到前（后）轴的距离之比评价座椅的舒适性。该比值越小，车身振动对乘客的影响越小。对货车和公共汽车，座椅在高度上的布置也很重要。为了减小水平纵向振动的振幅，座椅在高度方面与汽车质心间的距离应不大。弹簧座椅刚度的选择要适当，防止因乘客在座椅上的振动频率与车身的振动频率重合而发生共振。对于具有较硬悬架的汽车，可采用较软的坐垫。对于具有较软悬架的汽车，可采用较硬的坐垫。

5. 非悬架质量

减小非悬架质量可降低车身的振动频率，增高车轮的振动频率。这样就使低频共振与高频共振区域的振动减小，而将高频共振移向更高的行驶速度，对行驶平顺性有利。减小非悬架质量，还将引起高频振动的相对阻尼系数增加，因而减振器所吸收的能量减少，工作条件可以获得改善。独立悬架相对于非独立悬架，其非悬架质量小，行驶平顺性好。

资讯三　车内空气调节性能评价

空气调节性能与居住性能都是影响汽车舒适性的重要因素。空气调节性能不好，会引起乘员胸闷、晕车等不适的感觉，造成驾驶人反应迟钝，影响行车安全；居住性能不好，会使乘员难以保持舒适的坐姿，使驾驶人操作不便、易疲劳等。

汽车空气调节是指对车内空气质量进行调节，即不管车外的天气情况如何，将车内的温度、湿度和清洁度都保持在一定的舒适范围内。

汽车空气调节系统能对车内空气的温度、湿度、流速和清洁度等参数进行调节，使车内空气清洁、温度适宜，使乘员感到舒适，并能预防或去除风窗玻璃上的雾、霜和冰雪。这不仅能为乘员提供良好而舒适的乘坐环境，减少旅途疲劳，而且能改善驾驶人的劳动条件，使其保持清醒的头脑，做到行车安全。衡量汽车空气调节性能的主要参数有温度、相对湿度、风速和清洁度等。

（一）人体对汽车车内气候舒适性的要求

1. 人体对温度的感觉

人体在不断地产生和散发热量，当两者取得平衡而维持体温在36℃时人就会感到舒适，若散热过多，人会感觉“冷”；多余的热量不能及时散发，人会感到“热”。试验表明，人体对温度的感觉主要受环境温度、湿度和风速三项因素的影响。

当环境温度一定时，若降低空气湿度，会使皮肤表面的汗加快蒸发，人便感觉到凉快。增大风速也有同样的效果。在1m/s的风速下，人会感觉比无风状态温度下降约1℃，若风速达到3m/s，会觉得温度下降约3℃。

2. 舒适的温度范围

人体感到舒适的环境温度随其工作内容、体质状况、性别、年龄和衣着等方面变化，还要受季节、昼夜等自然环境变化的影响。综合这些因素，冬季人体感到舒适的温度范围为16～20℃，相对湿度为55%～70%；夏季温度范围为19～23℃，相对湿度为60%～75%。

3. 对空气清洁度的要求

车厢内空气的洁净程度对舒适性会产生重要影响。由于车厢内乘员所拥有的空间有限，人吸入氧气、呼出CO_2，另外人体散发出的气味以及燃油蒸气、汽车废气、道路尘埃的渗入等，都会导致车内空气质量恶化，影响乘员健康。对车内空气清洁度的指标是按照车厢内CO_2的浓度来评定的，一般允许车内的CO_2浓度为0.5%，最好控制在0.1%以下。

4. 空气调节

汽车空气调节系统主要实现三大功能：一是换气，将车外的新鲜空气吸入车内，将车内气体排到车外，以保持车内CO_2浓度不超过规定值；二是调节温度和湿度，包括冬季的加温除湿，夏季的降温除湿，使车内保持适宜的温度和湿度；三是净化空气，除去车内存在的灰尘和难闻的气味，使空气得到净化。汽车空气调节系统由四大装置构成，即通风装置、暖气装置、冷气装置、空气净化装置。

换气是空气调节最基本的功能。要保持每个乘员应有0.3～0.5 m^3/min的换气量，使车内CO_2浓度在正常的范围内。要合理布置空气的出入口，提高换气质量和效率。汽车外部的空气入口设置在正压力大的部位，车内气体的出口设置在负压力大的部位。轿车的进气口一般开在前风窗玻璃下的机罩上，排气口开在后排座位的车侧。在使用中应注意对空气进出口及通道进行清洁维护，以免堵塞而影响换气质量。

除了适宜的温度外，温度的分布情况对人体是否感到舒适也有很大的影响。冬季要求脚下左右部位的温差尽可能小；头部的温度比脚部低2～5℃，即所谓的“头寒足热”；前后座位温差要小，特别是后排座位脚部，应有充足的热风流通。夏季制冷时，则要求尽可能保持上下身相同的温度。

（二）汽车空调系统的组成

汽车安装空调系统的目的是调节车内空气的温度和湿度，改善车内空气的流动情况，并且提高车内空气的清洁度。汽车空调系统主要由以下几部分组成。

1. 制冷装置

该装置对车室内的空气或由外部进入车室内的新鲜空气进行冷却或除湿，使车室内的空气变得凉爽和舒适。

2. 暖风装置

该装置主要用于取暖，对车室内的空气或由外部进入车室内的新鲜空气进行加热，达到取暖、除湿的目的。

3. 通风装置

该装置主要用于将车外部的新鲜空气吸入车室内，起到通风和换气的作用。同时，通风对防止风窗玻璃起雾也有良好的作用。

4. 空气净化装置

该装置主要用于除去车室内空气中的尘埃、臭味、烟气及有毒气体，使车室内的空气变得清洁。

5. 加湿装置

该装置主要用于在空气湿度较低的时候，对车内空气进行加湿，以提高车内空气的相对湿度。

6. 控制装置

该装置主要用于对制冷和暖风系统的温度和压力进行控制，同时对车室内空气的湿度、风量和流向进行控制，完善汽车空调系统的正常工作。

将上述各部分装置部分或全部有机地组合在一起并安装在汽车上，便组成了汽车空调系统。在一般的小型乘用车和客货车上，通常只有制冷装置、暖风装置、通风装置和比较简单的控制装置；在高级豪华小型乘用车上，除了制冷装置和暖风装置外，还有加湿装置、空气净化装置和比较复杂的控制装置。

在为客户介绍、对比不同车型的空气调节系统时，汽车销售顾问应从客户需求出发，优先推荐车内空气环境达标的绿色、环保的产品。例如，可查询机动车环保信息，确认车辆产品的环保性，如图 2-4-2 所示。

企业信息公开达到国家第六阶段型式检验排放限值的机动车型

（2020 年 12 月）

序号	信息公开主体企业名称	车型型号	车型名称
一、轻型汽油车			
1	阿尔法罗密欧（上海）汽车销售有限公司	AR949A846B1A	乘用车
		AR952A826B1A	乘用车
2	阿斯顿马丁拉共达（中国）汽车销售有限公司	AM DBS VOLANTE	乘用车
		HFC1020PV4E2B3S	载货汽车
		HFC1026PV3E1C1S	载货汽车
		HFC1030PV4E3B4S	载货汽车
		HFC1030PV4E4B3S	载货汽车
		HFC1030PV4E5B4S	载货汽车
		HFC1030PV4E6B4S	载货汽车
		HFC1036PV3E1C1S	载货汽车
		HFC1036PV3E2C1S	载货汽车
		HFC1036PV3E3C1S	载货汽车
		HFC1036PV3E4B4S	载货汽车
		HFC1036RV3E1C1S	载货汽车

图 2-4-2　查询机动车环保信息

资讯四 车内居住性评价

汽车的居住性主要是指合理分配车内空间，布置适应各种人体特征的要求，使驾驶人和乘员经过长时间行驶而不感到疲劳。

（一）车内空间

要使乘员长时间乘坐而不感到疲劳，就必须给乘员提供能够随意选择乘坐姿势的宽敞室内空间和舒适可靠的座椅。

微课：空间、座椅、车内环境对舒适性的影响

由于汽车的外形尺寸有限，要给乘员提供宽敞的室内空间，一方面是要在有限的外形尺寸条件下制造出必要的空间；另一方面是要合理安排乘坐空间的形状，以更有效地发挥有限居住空间的功效。

室内空间大致分为前排空间、后排空间和行李箱空间三个部分。其中，前排空间分为头部空间、腿部空间、乘员间距离、高度、宽度、座椅尺寸等 10 余项，而后排空间及行李箱空间的评定也是通过 8～10 项来完成的。

微课：细节设计与智能化配置对舒适性的影响

1. 前排空间的舒适性

（1）前排头部空间

前排头部空间是指前排乘客在调整好坐姿的情况下，头顶到车顶的距离。头部空间对于一辆轿车来说还是比较重要的，在有限的空间内，更大的头部空间可以减轻车顶过低给乘员带来的压抑感。当头部空间偏小时，会给驾乘人员带来一些错觉，如车身两侧的视野不够开阔和长时间驾驶造成的精神疲劳，这些都会给行车造成麻烦。

（2）膝盖到转向柱的距离

在驾驶人调整好座椅和转向盘角度并保证腿部空间后，左脚放在离合器踏板上，右脚放在加速踏板上，开始测量膝盖到转向柱的距离。从安全角度考虑，发生汽车交通事故后，更大的腿部空间可以有效地增大驾驶人自行逃生的成功概率。

（3）前排坐垫长度、坐垫宽度

在有限的空间内，大小适中的座椅便可以提高乘坐的舒适性。一般来说，宽的车身可以有较宽的坐垫。长短适中的坐垫可以为乘员提供最佳的腿部支撑，无论任何情况都能最大限度地降低腿部的疲劳程度，并为腰部支撑提供相应的帮助。坐垫的宽度也并不是越宽越好，而是两侧凸起部位应该与大腿外侧轻微贴合，这样可以有效增加座椅对臀部的包裹程度，同时也对固定整个身体起了很大作用。

（4）靠背高度、靠背宽度

靠背的宽度和高度同样影响汽车的乘坐舒适性。过高的靠背虽然在汽车发生追尾等后方事故时能给驾驶人提供很好的颈部保护，但若驾驶人长时间驾驶，则会感到非常疲劳，而且由于驾驶人头部不能向后运动，时间一长便容易得颈椎病。

靠背的宽度也以适中为好，左、右凸起部位正好与肋部和肩部轻微贴合，这样不但可以保持乘员坐姿端正，在弯道上也能限制乘员身体倾斜的程度，给乘员提供间接保护。对

于驾驶人来说，坐垫和靠背都非常重要，只有它们提供最好的身体支撑，驾驶人才能更准确地操控车辆。

（5）前排的地板空间

对于驾驶人来说，足够的、形状规整的地板空间可以使腿部形成多种放松姿势，能有效降低驾驶过程中的疲劳程度。

2. 后排空间的舒适性

后排空间舒适性的常规测量数据主要是后排坐垫到车顶的高度、膝盖到前排座椅的空间、坐垫本身的长宽、靠背的宽高以及脚下地板的面积等。

（1）后排头部空间

如果后排坐垫位置较低，则后排头部空间的优势越明显。头部位置是否宽松会直接影响到乘坐的舒适性，压抑的顶篷布置会令乘员的旅途变得非常痛苦。大部分轿车都会在不影响前方视线和底盘下方管路的情况下尽可能降低后排座椅高度，即便是一些豪华轿车和SUV也不例外。

（2）后排腿部空间

头部上方的空间感是乘员进入后排车内的第二感觉，而第一感觉自然是腿部。如果后排腿部空间比较狭窄，长时间乘坐非常容易造成乘员疲劳。

后排腿部空间与前排座椅位置有直接的关系，后排腿部空间是指从膝盖到前排座椅靠背的距离。在测量之前，以同一人在前排调整好的标准坐姿为参考，调好前排座椅位置后再来测量后排座椅空间。如果前排座椅靠背后仰弧度很大，则会使后排空间有一定的压迫感。这时只有依靠头部空间来尽量找回平衡，这也正说明了为什么新一代的经济型轿车、中级轿车都开始向高顶方向发展。有些汽车有可以后仰的后排座椅靠背，坐垫可以前后移动，因此其后排座椅整体表现会好一些。

（3）地板空间

地板中间位置没有隆起、左右连成一体的地板能够方便物品的放置，而且无论是左右的乘员还是中间的乘员，都会因此放松很多。

3. 行李箱空间

行李箱空间的优劣不仅要用容积大小来评价，其易用性还要用行李箱的长、宽、高（至行李箱盖板）、开口宽度、开口高度、开口离地高度以及行李箱是否平整、后排座椅是否能够放倒来评价。

（二）汽车内饰

微课：外观、内饰对舒适性的影响

汽车的内饰包括座椅、脚垫、地毯，车门面板、车门嵌入板、车门立柱、车顶篷蒙板、后窗台板、行李箱侧壁板、驾驶座椅后壁板等覆盖物，车门储物盒、杂物箱等储物装置，保险带等。

汽车内饰对改善汽车的乘坐和驾驶舒适性、减轻驾乘人员的疲劳具有十分重要的作用，而且提高了汽车的行车安全性。目前汽车装饰除了更换真皮座椅、增加脚垫等传统项目外，还包括加装汽车声像等娱乐设备、汽车自动导航仪等信息设备。如新一代的奔驰S级轿车，其转向盘除了使用皮饰覆盖，中央扶手使用大块的木饰，进一步增加整车豪华感以外，仪表板的分屏显示技术能够使驾乘人员通过中央显示屏同时看到不同的内容，在确保行驶安全的同时又大幅提高了娱乐性，内饰采用的氛围灯更是升级到三种颜色。

微课：驾控设计对舒适性的影响

（三）驾驶操作性能

要使驾驶人长时间驾驶而不感到过分疲劳，除上述因素之外，还应满足下列条件：

① 各类操纵机构布置应合理，便于操作。

② 各类操纵机构的操作力要适度。

③ 驾驶人座椅高度、前后位置能适度调整，以便使驾驶人能获得与各操纵机构相协调的位置和舒适的坐姿。

④ 良好的视野，以便于获取道路状况、各种信号标志和周围汽车情况等必需的外部信息。

⑤ 易于辨认的仪表和警示灯等，以便及时获取汽车各装置工作状况和行驶状况的信息等。

视频：提升驾驶操作舒适性——ACC 自适应巡航系统演示

资讯五　汽车噪声认识

（一）噪声及其影响

1. 噪声及其度量

噪声是指人们不需要并希望利用一定的控制措施加以消除的各种声音的总称。噪声采用了对声音做相对变化比较的无量纲单位“声压级”来作为测量单位。声压级的单位是分贝（dB）。

2. 噪声的影响

噪声会影响人与人之间的语言交谈，降低人的工作能力，并且会对人的身体健康产生不良影响，如影响中枢神经、消化系统，导致人的听力减退甚至失聪。

（二）汽车噪声的评价与控制

汽车产生的噪声，按其影响范围的不同可分为车内噪声和车外噪声两种，前者直接影响汽车舒适性，后者则会成为道路交通环境的公害。

汽车噪声主要由发动机噪声、传动系统噪声、轮胎噪声和车身与空气的摩擦声（空气动力噪声）等组成。

1. 发动机噪声

发动机噪声包括燃烧噪声、机械噪声、风扇噪声、进气噪声和排气噪声等。发动机噪声在汽车噪声中所占的比例最大，因此要控制汽车噪声，对发动机噪声的控制尤为重要。

在发动机噪声中，排气噪声所占的比重最大。排气噪声往往比发动机整机噪声（排气噪声除外）还高 10～15dB（A）。很早以前汽车上就装有消声器，以此来降低排气噪声，目前消声器仍是控制排气噪声的最主要措施。

从使用角度讲，要注意选用合适的汽油牌号、合理调整点火提前角、及时清除燃烧室积炭等，以避免燃油的不正常燃烧；要注意维护保养，使曲柄连杆机构、配气机构及其他附件保持正常的间隙，以减小机械噪声等。

新能源汽车由于采用的是非常规发动机，如驱动电机等，其工作原理与传统内燃机有着天壤之别，没有排气或对排气的依赖减少，因此其发动机噪声较传统汽车大大减小。

2. 传动系统噪声

传动系统噪声主要包括变速器噪声、传动轴噪声及驱动桥噪声等。传动系统噪声在汽车噪声中占的比重相对较小。在实际使用中，要控制传动系统噪声，主要应注意各齿轮啮合副的间隙及其啮合印迹的调整、轴承预紧度的调整，以及传动轴的动平衡、传动轴的装配记号、传动轴中间支承的松紧度等。

3. 轮胎噪声

轮胎噪声主要受轮胎胎面花纹、车速及负荷、轮胎气压、轮胎装配情况、轮胎磨损程度、路面状况等因素影响。

一般来说，直角齿形轮胎和块状形轮胎的噪声大，直线肋条形和光面轮胎噪声小。在使用中适当提高轮胎气压，可以减小轮胎的变形，降低轮胎噪声；装配轮胎时进行动平衡试验，可消除因动不平衡引起的弹性推动，降低轮胎噪声。对于行驶车速高同时对舒适性要求高的轿车，还应采取相应措施以减少传至车体内的噪声。

资讯六　汽车舒适性对比评价案例

视频：奥迪舒适性评价示例

（一）比对车型的舒适性

车型的舒适性对比见表 2-4-2。

表 2-4-2　舒适性对比

车型	卡罗拉 2014 款 1.6L CVT GLX-i 导航版 指导价：14.78 万元	福克斯 2012 款 1.6L 三厢 AT 尊贵型 指导价：15.49 万元
内外饰和空间		
车身结构	4 门 5 座三厢车	4 门 5 座三厢车
长×宽×高	4630mm×1775mm×1480mm	4534mm×1823mm×1483mm
轴距/mm	2700	2648
后轮距/mm	1520	1544
后排高度/mm	890	940
后排宽度/mm	1460	1340
后排腿部空间/mm	670～920	600～850
前排高度/mm	910～970	890～950
车身颜色种类	7	6
内饰配色种类	黑色/象牙色	浅色

续表

车型	卡罗拉 2014 款 1.6L CVT GLX-i 导航版 指导价：14.78 万元	福克斯 2012 款 1.6L 三厢 AT 尊贵型 指导价：15.49 万元
	座椅	
真皮座椅	•	•
座椅高低调节	•	•
腰部支撑调节	•	•
主/副驾电动调节	主 • /副—	主 • /副—
前/后排座椅加热	前 • /后—	—
电动座椅记忆	—	—
前/后排座椅通风	—	—
座椅按摩	—	—
中央扶手	前 • /后 •	前 • /后 •
	操纵	
真皮转向盘	•	•
转向盘调节	上下+前后调节	上下+前后调节
转向盘电动调节	—	—
多功能转向盘	•	•
助力类型	电动助力	机械液压助力
变速器	CVT 无级变速	6 速双离合
变速杆布置形式	锯齿式	直排式
加速踏板布置形式	悬挂式	悬挂式
行车计算机显示屏	•	•
中控台彩色大屏	•	—
HUD 抬头数字显示	—	—
	环境	
压缩机排量	140	160
空调控制方式	自动	自动
后排出风口	—	—
温度分区控制	—	•
活性炭滤芯	•	•
怠速噪声/dB	43	43
80km/h 噪声/dB	66	64
电动天窗	•	•
	悬架	
前悬架类型	麦弗逊式独立悬架	麦弗逊式独立悬架
后悬架类型	扭力梁式非独立悬架	多连杆独立悬架
侧倾稳定杆	前 • /后—	前 • /后 •
主动悬架	—	—
驱动方式	FF	FF
车体结构	承载式	承载式

续表

车型	卡罗拉 2014 款 1.6L CVT GLX-i 导航版 指导价：14.78 万元	福克斯 2012 款 1.6L 三厢 AT 尊贵型 指导价：15.49 万元
轮胎		
规格	205/55 R16 91v	205/60 R16 92v
品牌	普利司通 TURANZA ER300	米其林 Primacy LC 博悦
花纹	非对称	对称
铝合金轮毂	•	•
备胎规格	全尺寸	非全尺寸
储物		
有效置物空间个数	19	22
前/后排杯架	前•/后•	前•/后•
行李箱容积/L	426	530
行李箱长×宽×高	990mm×960mm×470mm	1030mm×1030mm×500mm
行李箱开启自照明	•	—
行李箱拓展功能	后排座椅 6/4 放倒	后排座椅 6/4 放倒
舒适性配置		
一键升降电动车窗	前•/后•	前•/后•
后视镜电动调节	•	•
后视镜加热	•	•
内/外后视镜防眩	—	—
后视镜电动折叠	—	*
遥控钥匙	•	•
无钥匙进入系统	•	—
无钥匙启动系统	•	—
蓝牙/车载电话	•	•
前/后驻车雷达	—	前—/后•
倒车视频影像	•	—
自动泊车入位	—	—
自适应巡航	—	—
自动前照灯	•	•
感应刮水器	—	—
GPS 导航系统	•	—
AUX/USB/iPod 接口	•	•
CD 支持 MP3/WMA	•	•
多媒体系统	单碟 CD	单碟 CD
扬声器数量	6～7	8～9

注：表中“•”代表有此配置，“—”代表无此配置。

（二）要点分析与评价结论

1. 外观

卡罗拉外观变化巨大，给审美疲劳的消费者耳目一新的视觉冲击感，得分高；福克斯外形动感时尚，深得年轻消费者的喜爱，得分也不错，但稍低于卡罗拉。

2. 内饰

卡罗拉内饰大量采用镀铬、真皮、软质搪塑等材质，迎合消费者喜好，非对称中控台、鲜艳的内饰配色加上全新设计的仪表，营造出豪华时尚的车内氛围；福克斯的内饰一直为人津津乐道，其做工较老款有很大提升，全黑内饰、绚丽的仪表加上极具个性的中控台，使得强烈的科技感和运动感扑面而来，得分与卡罗拉不相上下。

微课：教你学会判断真皮材质

3. 空间

卡罗拉的车内空间达到同级别车型的优秀水平；福克斯的后排宽度和后排腿部空间与之相比差距明显，影响了后排乘客的舒适度。

4. 座椅

消费者身高、体形差异很大，汽车座椅的贴合感、包裹性和软硬感觉也因人而异，消费者购车时一定要亲自感受一下，不要人云亦云。这里仅对座椅的硬件配置进行比较。卡罗拉的电动 6 向调节和座椅加热功能为标配，舒适性佳；福克斯仅标配电动 6 向调节，不具备电加热功能，舒适性较卡罗拉差。

5. 操纵

卡罗拉和福克斯都配备了多功能转向盘，可使驾驶人双手在不离开转向盘的情况下对某些功能进行操作，更加便利和安全；卡罗拉采用电动助力转向，停车或掉头时转向更为轻便。总体来讲，这两款车都具有比较好的操控性。

6. 环境

福克斯采用 160cc（cm^3）压缩机，配合自动控制方式，制冷能力强、效率高，此外还配备了紧凑级少见的分区功能，舒适性最佳；卡罗拉采用 140cc（cm^3）压缩机，配合自动控制方式，制冷能力也还够用，舒适性较福克斯差。

7. 悬架

福克斯采用前麦弗逊+后多连杆的独立悬架形式，操控性和舒适性都是同级别车型中的佼佼者；卡罗拉采用前麦弗逊+后扭力梁的非独立悬架形式，极限驾驶情况下的操控性和舒适性存在不小差距。

8. 轮胎

轮胎规格上，两款车比较近似，福克斯的高宽比和载重指数略大，有助于提升舒适性；轮胎品牌上，普利司通 TURANZA ER300 和米其林 Primacy LC 博悦都是主打静音舒适的系列；备胎规格上，卡罗拉较为厚道。

9. 储物

福克斯的储物格很多，容积也很大，但没有行李箱开启自动照明功能，夜间取放行李不便；卡罗拉的储物空间稍微小些，同时为了增加车内乘坐空间牺牲了一部分行李箱容积，但其储物格设计得非常人性化，用起来得心应手。

10. 配置

卡罗拉的舒适性配置最为丰富，无钥匙进入/启动、蓝牙/车载电话、倒车影像、自动前照灯、原厂 GPS 导航等功能一应俱全；福克斯没有倒车影像，但全系标配倒车雷达也还算厚道，此外其扬声器数量较多，对音响效果有一定提升。

综上所述，卡罗拉和福克斯各项舒适性指标非常均衡，卡罗拉在悬架上稍弱、福克斯的短板是空间。最后，得出以下结论：卡罗拉和福克斯从舒适性角度来看，均属于“强烈推荐”范畴。

知识窗

舒适性见仁见智，主观性比较强。汽车销售顾问在向客户提供咨询意见时，应该从客户需求的角度出发，实事求是、严谨、客观地进行评价和分析。客户如能进行试乘甚至试驾，将能更加直观地感受汽车的舒适性能。因此，销售顾问应依据汽车销售流程及相关规定，邀请客户试乘试驾，以保障客户权益、提升客户满意度。

课堂练习

（一）判断题

1．适当减小汽车轮胎径向刚度，可以改善汽车行驶平顺性。（　　）

2．子午线轮胎比普通斜线轮胎的行驶稳定性好。（　　）

3．汽车悬架装置通常由弹性元件、导向装置和减振器三部分组成，对在用汽车悬架装置的检测主要是测试弹性元件的性能。（　　）

（二）选择题

1．下列选项中对空间舒适性影响最大的是（　　）。

A．车长　B．车高　C．轮距　D．轴距

2．大多数轿车的前悬架采用的（　　）。

A．麦弗逊悬架　B．多连杆悬架　C．双叉臂悬架　D．空气悬架

3．对于荷载变化较大的公共汽车和货车，为满足不同荷载对悬架刚度的不同需要，常采用（　　）。

A．非线性悬架　B．线性悬架　C．刚度悬架　D．以上都不是

4．下列选项中对座椅舒适性有影响的是（　　）。

A．座椅温度调节　　　　B．腰部支撑调节

C．按摩座椅　　　　D．以上都是

（三）问答题

1．常见的汽车舒适性配置有哪些？

2．试述汽车噪声的来源。

3．如何保证汽车良好的居住性？

项目实施

小组根据个人兴趣选择 2～3 款同级别的车型，收集相关信息，试着对比分析它们的舒适性，完成下列工作任务单。

不同车型舒适性的对比分析工作任务单

任务名称	汽车舒适性对比分析		
小组成员		任务成绩	
任务要求	小组选择感兴趣的 2～3 款车型，收集舒适性能相关的参数、配置、技术，运用所学知识对车型舒适性进行对比分析		
性能相关信息	车型 1：＿＿＿＿	车型 2：＿＿＿＿	车型 3：＿＿＿＿
对比分析：			
评价结论：			

注：若舒适性相关信息栏不够，可自行补充。

考核评价

综合整个学习过程，通过学生的课堂表现、课后习题、任务完成情况等对学生的知识、能力、思政要素和职业素养目标达成情况进行评价。

项目教学目标达成情况评价表

班级：________　　　　姓名：________

知识目标达成情况		
目标描述	教师评价	学生自评
是否能正确描述舒适性的定义		
是否能够准确列出影响舒适性的因素		
是否知道舒适性的主要评价指标		
评价结论：知识目标达成与否	□ 是　　□ 否	
能力目标达成情况		
目标描述	教师评价	学生自评
是否能够利用各种渠道收集与汽车舒适性相关的数据、配置等信息		
是否能对汽车的舒适性进行全面、客观的评价，确保评价结论无误		
评价结论：能力目标达成与否	□ 是　　□ 否	
思政要素和职业素养目标达成情况		
目标描述	教师评价	学生自评
信息收集能力是否得到提升		
小组活动中展现的团队协作、沟通交流能力		
本讲课堂表现的积极性		
信息收集处理中是否严谨、客观、科学		
评价分析结论的表述是否能够传播正确的价值观，是否符合职业道德规范		

项目五　汽车操控性评价

项目描述

本项目主要介绍汽车操控性的定义、评价指标与影响因素，通过学习操控性对比评价案例示范分析，应能够对车型的操控性进行对比评价。

学习目标

知识目标	能力目标	思政要素和职业素养目标
1. 知道汽车操控性的评价指标。 2. 知道影响汽车操控性的因素	能够评价和比较汽车操控性的好坏	1. 培养信息收集、处理与分析的能力。 2. 养成严谨认真、客观科学的评价态度。 3. 培养应用国家机动车的环保和经济性要求及管理办法等相关政策法规的能力。 4. 培养团结互助的团队精神和积极沟通交流的职业素养

情境导入

小刘最近获得一笔奖金，想购买一辆家用轿车，开回老家过年，但由于老家地处山区、弯多坡急，于是想选购一辆操控性比较高的轿车，以确保旅途安全顺利。请你根据客户需求，推荐并对比几款车型的操控性，帮助客户选购。

课前练习

根据查找的资料，完成下列课前练习（表 2-5-1）。

表 2-5-1　汽车操控性评价课前练习

1. 汽车曲线行驶的时域响应与频域响应是什么意思？
2. 简述影响汽车操控性的因素。

相关资讯

资讯一　汽车操控性及评价指标认识

（一）汽车操控性的定义

微课：汽车操控性的评价方法与影响因素

汽车的操控性（操纵稳定性）是指在驾驶人不感到过分紧张、疲劳的条件下，汽车能遵循驾驶人通过转向系统及转向车轮给定的方向行驶，且当受到侧向力（如侧向风力、汽车在横坡上行驶时重力的侧向分力等）的干扰时，汽车能抵抗干扰而保持稳定行驶的能力。

一辆操控性（操纵稳定性）良好的汽车必须具备以下能力。

① 根据道路、地形和交通情况的限制，汽车能够正确地遵循驾驶人通过操纵机构所给定的方向行驶的能力——汽车的操纵性。

② 汽车在行驶过程中具有抵抗力图改变其行驶方向的各种干扰，并保持稳定行驶的能力——汽车的稳定性。

操纵性和稳定性有紧密的关系。汽车操纵性差，导致汽车侧滑、倾覆，则汽车的稳定性就破坏了。汽车稳定性差，则会失去操纵性。因此，通常统称为汽车的操纵稳定性，即汽车的操控性。汽车的操控性是汽车的主要使用性能之一，随着汽车速度的提高，操控性显得越来越重要。它不仅影响着汽车的行驶安全，而且与运输生产率和驾驶人的疲劳强度有关。现在它也是人们在选购汽车和驾驶汽车时关注的重要性能。

（二）评价方法及评价指标

汽车操纵稳定性涉及的问题较为广泛，它需要采用较多的物理量从多方面来进行评价。表 2-5-2 给出了汽车操纵稳定性的基本内容及评价所用物理参量。

表 2-5-2　汽车操纵稳定性的基本内容及评价所用物理参量

基本内容	主要评价参量
转向盘角阶跃输入下进入的稳态响应——转向特性，转向盘角阶跃输入下进入的瞬态响应	稳态横摆角速度增益——转向灵敏度，反应时间、横摆角速度波动的无阻尼角频率
横摆角速度频率响应特性	共振峰频率共振时振幅比、相位滞后角、稳态增益
转向盘中间位置操纵稳定性	转向灵敏度、转向盘力特性——转向盘转矩梯度、转向功灵敏度
回正性	回正后剩余横据角速度与剩余横摆角、达到剩余横摆角速度的时间
转向半径	最小转向半径
转向轻便性（原地转向轻便性、低速行驶转向轻便性、高速行驶转向轻便性）	转向力、转向功
直线行驶性能（直线行驶性能、侧向风敏感性、路面不平敏感性）	转向盘转角和（累计值）、侧向偏移
典型行驶工况性能（蛇形行驶性能、移线行驶性能、双移线行驶性能——回避障碍性能等）	转向盘转角、转向力、侧向加速度、横摆角速度、侧偏角、车速等
极限行驶能力（圆周极限侧向加速度、抗侧翻能力、发生侧滑时的控制性能等）	极限侧向加速度、极限车速、回至原来路径所需时间

在汽车操纵稳定性的研究中，常把汽车作为一个控制系统，求出汽车曲线行驶的时域响应与频域响应，并用它们来表征汽车的操纵稳定性能。

汽车曲线行驶的时域响应是指汽车在转向盘输入或外界侧向干扰输入下的侧向运动响应。转向盘输入有两种形式：一种是给转向盘作用一个角位移，称为角位移输入，简称角输入；另一种是给转向盘作用一个力矩，称为力矩输入，简称力输入。驾驶人在实际驾驶车辆时，对转向盘的这两种输入是同时进行的。外界侧向干扰输入主要是指侧向风和路面不平产生的侧向力。

横摆角速度频率响应特性是指在转向盘转角正弦输入下，频率由 0 增加到正无穷时，汽车横摆角速度与转向盘转角的振幅比及相位差的变化规律。它是另一个重要的表征汽车操纵稳定性的基础特性。

转向盘中间位置操纵稳定性是指转向盘小转角、低频正弦输入下汽车高速行驶时的操纵稳定性。

转向半径是评价汽车机动灵活性的物理参量。

转向轻便性是评价转动转向盘轻便程度的特性。

汽车的直线行驶性能是评价汽车操纵稳定性的另一个重要指标。其中，侧向风敏感性与路面不平敏感性是汽车直线行驶时在外界侧向干扰输入下的时域响应。

典型行驶工况性能是指汽车通过某种模拟典型驾驶操作的通道的性能。它们能更真实地反映汽车的操纵稳定性。

极限行驶性能是指汽车在处于正常行驶与异常危险运动之间的运动状态下的特性。它表明了汽车安全行驶的极限性能。

资讯二　影响汽车操控性的因素

（一）汽车悬架的影响

汽车沿曲线行驶时，前后轴左右两侧车轮的垂直载荷会发生变化；同时车轮常有外倾角，且由于悬架导向杆系的运动及变形，外倾角将随之发生变化。这些原因使得轮胎的侧偏刚度发生变化，从而影响到汽车的操纵稳定性。即使转向盘转角固定不动，由于路面的颠簸或高速转弯造成车厢侧倾时前悬架导向杆系和转向杆系的运动及变形，前轮平面也可能发生绕主销的小角度转动。车厢侧倾时后悬架导向杆系的运动及变形也会使后轮发生绕垂直于地面轴线的小角度转动。这种车轮轮辋平面的转动称为侧倾转向与变形转向，它们与轮胎的弹性侧偏角叠加在一起，决定了汽车的转向运动。

视频：汽车操控性的定义、影响因素及奥迪 A6 操控性评价示例

1. 侧倾时垂直载荷在左右两侧车轮上的重新分配

在正常工作状态下，汽车左右车轮的垂直载荷大体上是相等的；但当曲线行驶或路面颠簸时，由于侧倾力矩的作用，作用在左右车轮上的垂直载荷是不相等的。这将影响轮胎的侧偏特性，导致汽车稳态响应发生变化，有时汽车甚至会从转向不足变为过度转向。

2. 侧倾及外倾

车厢侧倾或汽车在不平整地面上直线行驶时，车轮的上下跳动使车轮外倾角不断变化，引起外倾侧向力或轮胎侧偏角的改变，将影响汽车稳态与瞬态的响应。另外，随着外倾角的增加，轮胎的侧向附着性能降低。所以，外倾角的变化也影响汽车极限侧向加速度。若要保持高的极限性能，在急连转弯行驶时承受大部分垂直载荷的外侧车轮应尽量垂直于地面。在悬架设计中采用等长双横臂式独立悬架，可恰当控制车厢侧倾引起的外倾角。

3. 侧倾转向

在侧向力作用下车厢发生侧倾，由车厢侧倾所引起的前转向轮绕主销的转动、后轮绕垂直于地面轴线的转动，即车轮转向角的变动，称为侧倾转向。转弯行驶时，车厢侧倾，外侧车轮与车厢的距离缩短，处于压缩行程；内侧车轮与车厢间的距离增大，处于复原行程。因此，装有独立悬架的汽车，其外侧车轮的前束减小，车轮向外转动；内侧车轮的前束增加，车轮向汽车纵向中心线方向转动。具有侧倾转向效应的汽车在直线行驶时，路面不平引起车轮相对于车厢的跳动也会使车轮产生一定的转向角，从而影响汽车直线行驶的稳定性。

4. 变形转向

悬架导向杆系各元件在各种力和力矩的作用下发生的变形，会引起车轮绕主销或垂直于地面轴线的转动，称为变形转向。外倾受到侧向力作用的独立悬架杆系的变形会引起车轮外倾角的变化，从而影响到汽车的稳态与瞬态响应。

（二）汽车转向系统的影响

转向系统的刚度不够大时，会产生过多的不足转向量。为了全面满足操纵稳定性的要求，特别是为了获得轿车在高速行驶时的“良好路感”，转向系统的刚度应大些，尤其是转盘中间位置小转角范围内应有尽可能大的刚度。

（三）汽车传动系统的影响

由于轮胎的侧偏特性受到地面切向反作用力的影响，所以操纵稳定性与传动系统有密切关系。不仅如此，近年来切向反作用力还被认为是改善极限工况下操纵稳定性的一项有效手段。地面切向反作用力与不足转向或过度转向特性的关系如下：

① 当汽车在弯道上以大驱动力加速行驶时，前轴垂直载荷明显减轻，后轴垂直载荷相应增加。一般载荷范围内，轮胎侧偏刚度是随载荷的增减而增减的。因此，加速时前侧偏角增加，后轴侧偏角减小，汽车有转向不足增加的趋势。

② 车轮驱动时，随着驱动力的增加，同一侧偏角下的侧偏力下降。因此，汽车在弯道上加速行驶时，为了提供要求的侧偏力，前轮侧偏角必然增大，这是前驱汽车有转向不足趋势的另一个原因。地面条件差时，如冰雪路面，这种现象更为突出。

③ 前轮受半轴驱动转矩的影响会产生不足变形转向，增加了前驱汽车转向不足的趋势。

④ 随着驱动力的增加，轮胎回正力矩也有所增大，这也增加了转向不足的趋势。

综上所述，驱动力的作用是增加前驱动汽车转向不足的趋势。显然，当发动机进行制动时，上述①、③、④项的影响将使汽车有增加过度转向的趋势。因此，大功率的前驱动汽车在加速过程中，若将加速踏板踩到底后突然松开，则汽车的转向特性会发生明显变化，甚至变为转向过度，汽车会发生突然驶向弯道内侧的“卷入”现象。这时，可以通过采用自动变速器、有限差速作用的差速器（LSD）和使驱动轮在制动时能产生不足变形转向的悬架来减少或消除“卷入”现象。

知识窗

哈弗 F7x，百公里加速 6.6 秒，7 速双离合、换挡特别快，能够实现拨片换挡。同时，它采用四轮独立悬挂，后轮采用双横臂设计，在高强度操控的情况下、更受驾驶人喜爱。这款被誉为“SUV 形钢炮”的轿跑 SUV，从涡轮发动机到变速器都是国产的，是同等价位汽车中操控性能的佼佼者。由此可见国产自主品牌在汽车性能方面已在逐渐赶超。

资讯三　汽车操控性对比评价案例

目前丰田与福特品牌是全球市场销售量与市场占有率不断上升的汽车品牌，消费者可选购的车型系列也较丰富。本节选取市场上较流行的两款主流轿车进行操控性的比较与评价。

（一）比对车型的参数配置介绍

表 2-5-3 的数据来自英国车辆认证局（VCA），部分参数配置与国内上市的同款车型存在些许差别。

表 2-5-3　参数配置

车型	卡罗拉 2014 款 1.6L CVT GLX-i 导航版 厂商指导价：14.78 万元	福克斯 2012 款 1.6L 三厢 AT 尊贵型 厂商指导价：15.49 万元
车型基本配置		
车身结构	4 门 5 座三厢车	4 门 5 座三厢车
长×宽×高	4630mm×1775mm×1480mm	4534mm×1823mm×1483mm
轴距/mm	2700	2648
后轮距/mm	1520	1544
后排高度/mm	890	940
后排宽度/mm	1460	1340
后排腿部空间/mm	670～920	600～850
前排高度/mm	910～970	890～950
操纵性配置——转向及传动		
真皮转向盘	•	•
转向盘调节	上下+前后调节	上下+前后调节
转向盘电动调节	—	—
多功能转向盘	•	•
助力类型	电动助力	机械液压助力
变速器	CVT 无级变速	6 速双离合
变速杆布置形式	锯齿式	直排式
加速踏板布置形式	悬挂式	悬挂式
行车计算机显示屏	•	•
中控台彩色大屏	•	—
HUD 抬头数字显示	—	—

续表

车型	卡罗拉 2014 款 1.6L CVT GLX-i 导航版 厂商指导价：14.78 万元	福克斯 2012 款 1.6L 三厢 AT 尊贵型 厂商指导价：15.49 万元
操纵性配置——悬架		
前悬架类型	麦弗逊式独立悬架	麦弗逊式独立悬架
后悬架类型	扭力梁式非独立悬架	多连杆独立悬架
侧倾稳定杆	前 • /后—	前 • /后 •
主动悬架	—	—
驱动方式	FF	FF
车体结构	承载式	承载式
操纵性配置——轮胎		
规格	205/55 R16 91v	205/60 R16 92v
品牌	普利司通 TURANZA ER300	米其林 Primacy LC 博悦
花纹	非对称	对称
铝合金轮毂	•	•
备胎规格	全尺寸	非全尺寸

注：表中“ • ”代表有此配置，“—”代表无此配置。

（二）要点分析与评价结论

1. 对转向及传动系统配置进行比较

在车型排量及价格档次相同的前提下，进行转向系统的比较。一般规律是采用 EPS 系统的车型操控性较好。两款车中，丰田卡罗拉采用电动助力。而对于传动系统，双离合变速器的操控性优于无级变速器，这一点上，福克斯占优。其他方面两车型相当。

2. 对悬架及轮胎进行比较

在车型排量及价格档次相同的前提下，一般规律是在后悬架采用多连杆式独立悬架的车型优于采用其他形式非独立悬架的车型，这一点福克斯占优；在悬架其他方面，两车型技术特征相当；对于轮胎，一般规律是宽胎抓地力强，操控性较好，这一点两车型相当。

3. 评价结论

两款车型都为市场上销量较好的车型，从综合影响操控性的各种配置来看，福克斯在传动与悬架方面都存在一定优势，故福克斯操控性较好。

课堂练习

（一）选择题

1. 转向车轮不平衡质量在高速旋转时所形成的不平衡力将牵动转向轮左右摆动，影响汽车的（　　）。

A. 转向特性　　B. 操纵稳定性　　C. 机动性　　D. 通过性

2．EPS 是指（　　）。

A．车身稳定系统　　B．随速转向系统

C．液压助力转向　　D．电动助力转向

3．下列结构对操控性的影响不明显的有（　　）。

A．变速器　　B．半轴　　C．转向系统　　D．轮胎

（二）问答题

1．什么是车轮的静不平衡和动不平衡？

2．什么是汽车的操纵稳定性？

3．什么是侧偏现象和侧偏特性？

4．什么是中性转向、不足转向和过多转向？

5．试分析影响汽车操控性的因素，并结合实例说明提升汽车操控性的方法。

项目实施

小组根据个人兴趣选择 2～3 款同级别的车型，收集相关信息，试着对比分析它们的操控性，完成下列工作任务单。

不同车型操控性的对比分析工作任务单

任务名称	汽车操控性对比分析		
小组成员		任务成绩	
任务要求	小组选择感兴趣的 2～3 款车型，收集操控性能相关的参数、配置、技术，运用所学知识对车型的操控性进行对比分析		
性能相关信息	车型 1：__________	车型 2：__________	车型 3：__________
对比分析：			
评价结论：			

注：若操控性相关信息栏不够，可自行补充。

考核评价

综合整个学习过程，通过学生的课堂表现、课后习题、任务完成情况等对学生的知识、能力、思政要素和职业素养目标达成情况进行评价。

项目教学目标达成情况评价表

班级：＿＿＿＿＿＿　　　　姓名：＿＿＿＿＿＿

知识目标达成情况		
目标描述	教师评价	学生自评
是否能正确描述操控性的定义		
是否能够准确列出影响操控性的因素		
是否知道操控性的主要评价指标		
评价结论：知识目标达成与否	□ 是　　□ 否	
能力目标达成情况		
目标描述	教师评价	学生自评
是否能够利用各种渠道收集与汽车操控性相关的数据、配置等信息		
是否能对汽车的操控性进行全面、客观的评价，确保评价结论无误		
评价结论：能力目标达成与否	□ 是　　□ 否	
思政要素和职业素养目标达成情况		
目标描述	教师评价	学生自评
信息收集能力是否得到提升		
小组活动中展现的团队协作、沟通交流能力		
本讲课堂表现的积极性		
信息收集处理中是否严谨、客观、科学		
评价分析结论的表述是否能够传播正确的价值观，是否符合职业道德规范		

项目六　汽车通过性评价

项目描述

本项目主要介绍汽车通过性的定义、评价指标与影响因素，通过学习汽车通过性对比评价案例示范分析，应能够对车型的通过性进行对比评价。

学习目标

知识目标	能力目标	思政要素和职业素养目标
1．知道汽车通过性的评价指标。 2．知道影响汽车通过性的因素	能够评价和比较汽车通过性的好坏	1．培养信息收集、处理与分析的能力。 2．养成严谨认真、客观科学的评价态度。 3．培养应用国家机动车的环保和经济性要求及管理办法等相关政策法规的能力。 4．培养团结互助的团队精神和积极沟通交流的职业素养

情境导入

小刘最近获得一笔奖金，想购买一辆家用轿车，开回老家过年，但由于老家地处山区，路况与城市大相径庭，于是想找你了解一下什么样的汽车能够顺利开回老家，以便选购车辆时能有一定帮助。

课前练习

根据查找的资料，完成下列课前练习（表 2-6-1）。

表 2-6-1　汽车通过性评价课前练习

1．汽车通过性主要有（　　　　　　　　　　）和（　　　　　　　　　　）两类。
2．影响汽车轮廓通过性的因素有哪些？
3．影响汽车牵引支承通过性的因素有哪些？

相关资讯

资讯一　汽车通过性及评价指标认识

（一）汽车通过性的定义

汽车的通过性，是指在一定载质量下，汽车能够以足够高的平均车速通过各种坏路及无路地带和克服各种障碍的能力。坏路及无路地带，是指松软土壤、沙漠、雪地、沼泽等松软地面及坎坷不平地段；各种障碍，是指陡坡、侧坡、台阶、壕沟等。

视频：汽车通过性的定义、参数及奥迪 A6 通过性评价示例根据地面对汽车通过性的影响因素，汽车通过性又可分为轮廓通过性和牵引支承通过性。轮廓通过性是表征车辆通过坎坷不平路段和障碍（如陡坡、侧坡、台阶、壕沟等）的能力。牵引支承通过性是指车辆能顺利通过松软土壤、沙漠、雪地、沼泽等地面的能力。

在松软地面上行驶时，汽车驱动轮对地面施加向后的水平力，使地面发生剪切变形，相应的剪切变形所构成的地面水平反作用力，被称为土壤推力。它常比在一般硬路面上的附着力要小得多。汽车在松软地面上行驶时也受到土壤阻力的作用。土壤阻力，是指轮胎对土壤的压实作用、推移作用而产生的压实阻力、推土阻力，以及充气轮胎变形引起的弹滞损耗阻力。它要比在硬路面上的滚动阻力大得多。因此，它们经常不能满足汽车行驶附着条件的要求，这是松软地面限制汽车行驶的主要原因。

牵引车的挂钩牵引力等于土壤最大推力与土壤阻力之差，它表征了土壤强度的贮备能力。它可用于车辆加速、上坡、克服道路不平的阻力和牵引与挂钩连接的挂车等装备，它也反映了汽车通过无路地带的能力。

（二）汽车的轮廓通过性

在越野行驶时，由于汽车与不规则地面的间隙不足，可能出现汽车被拖住而无法通过的现象，称为间隙失效。间隙失效主要有顶起失效、触头失效（或托尾失效）两种形式。顶起失效是车辆中间底部的零件碰到地面，而被顶住的间隙失效。触头失效（或托尾失效）是汽车前端（或车尾）触及地面的间隙失效。这些间隙失效与汽车的轮廓通过性有很大关系。与间隙失效有关的汽车整车几何参数，主要包括最小离地间隙、接近角、离去角等（图 2-6-1）。此外，汽车的最小转弯半径、车轮半径也是汽车通过性的重要轮廓参数。

微课：汽车的失效形式与轮廓通过性

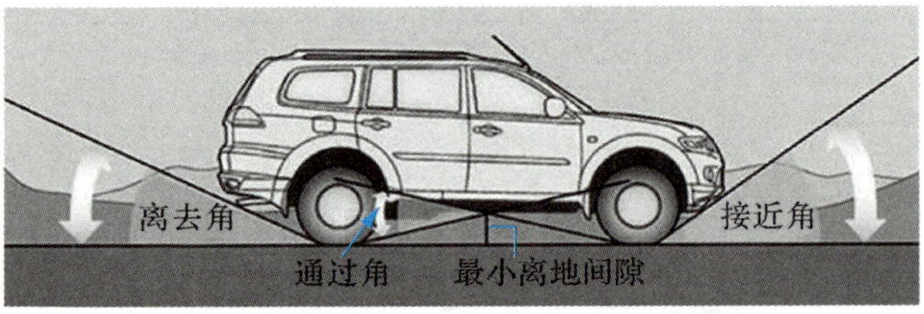

图 2-6-1　汽车通过性的几何参数

1. 最小离地间隙

最小离地间隙是指汽车满载静止时，汽车除车轮之外的最低点与支承平面之间的距离。它表征汽车无碰撞地越过石块、树桩等障碍物和地面凸起的能力。通常，汽车的前桥、飞轮壳、变速器壳、消声器、主传动器外壳等具有较小的离地间隙。汽车前桥的离地间隙一般比飞轮壳的还要小，以便利用前桥保护较弱的飞轮壳免受冲碰。后桥内装有直径较大的主传动齿轮，一般离地间隙最小。

2. 纵向通过角

纵向通过角是指在汽车满载静止时，在汽车侧视图上，通过前后轮外缘作切线交于车体下部较低部位所形成的最小锐角。它表征汽车可无碰撞地通过小丘、拱桥等障碍物的轮廓尺寸。纵向通过半径越小，汽车的通过性越好。

3. 接近角与离去角

接近角是指在汽车满载静止时，车身前端凸出点向前轮引切线时，切线与路面之间的夹角。离去角是在汽车满载静止时，车身后端凸出点向后轮引切线时，切线与路面之间的夹角。它们表征汽车接近或离开小丘、沟洼地等障碍物时，不发生碰撞的能力。接近角和离地角越大，则汽车的通过性越好。

4. 最小转弯半径

车辆在转向过程中，转向盘向左或向右转到极限位置时，车辆外转向轮印迹中心在其支承面上的轨迹圆直径中的较大者，称为车辆的最小转弯直径，如图 2-6-2 所示。它表征汽车通过狭窄弯曲地带或绕过不可越过的障碍物的能力。转向轴和末轴的内轮印迹中心在车辆支承平面上的轨迹圆之差，被称为内轮差。转弯半径越小，汽车的机动性能越好，通过性也越好。

图 2-6-2 最小转弯半径

5. 转弯通道圆

转向盘转至极限位置时，车辆所有点在车辆支承平面上的投影均位于圆外的最大内圆和包含车辆所有点在车辆支承平面上的投影均位于圆内的最小外圆，即为转弯通道圆。转弯通道圆的最大内圆直径越大，最小外圆直径越小，车辆所需的通道宽度越窄，通过性越好。

（三）汽车的牵引支承通过性

微课：汽车的牵引支承通过性

车辆的牵引支承通过性的主要评价指标包括附着质量、附着系数及车辆接地比压。

附着质量是指轮式车辆驱动轴载质量，即车辆附着质量与总质量之比，称为附着质量系数。

车轮接地比压是指车轮对地面的单位压力。车辆在松软地面上行驶的滚动阻力系数和附着系数都与车轮接地比压直接有关。车轮接地比压小，轮辙深度小，车轮的行驶阻力和车轮沉陷失效的概率就小。同样，当汽车行驶在黏性土壤和松软雪地上时，降低车轮接地比压可使得车轮接地面积增加，提高地面承受的剪切力，使车轮不易打滑。

越野汽车在通过障碍时，过大的侧坡或纵坡会导致汽车倾覆失效。汽车在侧坡上直线行驶时，当坡度大到使重力通过一侧车轮接地中心，而另一侧车轮的地面法向反作用力等于零时，则汽车将发生侧翻。

资讯二 影响汽车通过性的因素

（一）最大单位驱动力

由于汽车越野行驶的阻力很大，为了充分利用地面提供的挂钩牵引力，保证汽车通过性，除了减小行驶阻力外，还必须增加汽车的最大单位驱动力。实际上，在汽车低速行驶时，若忽略空气阻力，最大单位驱动力等于最大动力因数。为了获得足够大的单位驱动力，要求汽车有较大的比功率及较大的传动比，即较大的发动机功率、在传动系统中增加副变速器或使分动器具有低挡以增加传动系统的总传动比、提高传动系统的机械效率。在困难的行驶条件下，限制汽车的额定载质量能提高单位驱动力，同时也能降低在松软地面上的滚动阻力。

（二）汽车车轮

车轮是汽车与地面直接接触的部件，对汽车通过性有着决定性的影响。为了提高汽车的通过性，必须正确选择轮胎的花纹尺寸、结构参数、气压等，使汽车行驶滚动阻力较小，附着能力较大。

1. 轮胎直径与宽度

增大轮胎直径和宽度能降低轮胎的接地比压。

用增加车轮直径的方法来减小接地比压，增加接触面积以减少土壤阻力和减少滑转，要比增加车轮宽度更为有效。但增大轮胎直径会使惯性增大，汽车质心升高，轮胎成本增加。因此，大直径轮胎的推广使用受到了限制。

加大轮胎宽度不仅直接降低了轮胎的接地比压，而且因轮胎较宽，允许胎体有较大的变形，而不降低其使用寿命，因而可使轮胎气压取得低些。若将后轮的双胎换为一个断面比普通轮胎大 2～2.5 倍、气压很低（29.4～83.3kPa）、断面具有拱形的“拱形轮胎”，接地面积将增大 1.5～3 倍，接地比压大幅减小，这时汽车在沙漠、雪地、沼泽地面上行驶具有特别良好的通过性。但这种专用于松软地面的特种轮胎，花纹较大，气压过低，不适于在硬路面上工作，否则将过早损坏和迅速磨损。

2. 轮胎花纹

轮胎花纹对附着系数有很大影响。合适的轮胎花纹，对提高汽车在一定类型地面上的通过性有很大作用。

越野轮胎具有宽而深的花纹。当汽车在湿路面上行驶时，由于只有花纹的凸起部分与地面接触，使轮胎对地面有较高的单位压力，足以挤出水层。而汽车在松软地面上行驶时，因轮胎下陷而嵌入土壤的花纹凸起数目增加，与地面接触面积及土壤剪切面积都迅速增加，因而能保证有较好的附着性能。越野轮胎花纹的形状应具有脱掉自身泥泞的性能。

在表面滑溜泥泞而底层坚实的道路上，提高通过性的最简单办法是在轮胎上加装防滑链（或使用带防滑钉的轮胎），它相当于在轮胎上增加了一层高而稀的花纹。防滑链能挤出表面的水层，直接与地面坚硬部分接触，有的还会增加土壤剪切面积，从而提高附着能力。

3. 前后轮的接地比压

轮胎的接地比压与汽车的附着力和滚动阻力有关。试验证明，前后轮距相等的汽车行驶于松软地面时，当前轮对地面的单位压力比后轮的比压小 20%～30%时，汽车滚动阻力最小。因此，汽车在设计时分配于前后轴的负荷，以及前后轮的轮胎气压，都会产生不同的接地比压。

4. 前后轮距

当汽车在松软地面上行驶时，各车轮都需克服形成轮辙的阻力（滚动阻力）。如果汽车前轮距与后轮距相等，并有相同的轮胎宽度，则前轮辙与后轮辙重合，后轮就可沿被前轮压实的轮辙行驶，使汽车总滚动阻力减小，提高汽车通过性。

5. 从动轮与驱动轮

当以很低的车速去克服某些障碍物，如台阶、壕沟等时，可用静力学平衡方程式求得障碍物与汽车参数间的关系。这些计算结果表明，增加驱动轮数，还可提高汽车附着质量，增加驱动轮与松软地面的接触面积，是改善汽车通过性的最有效方法。

6. 轮胎的气压

在松软地面上行驶的汽车，应相应降低轮胎气压，以增大轮胎与地面的接触面积，降低接地比压，从而减小轮胎在松软地面的沉陷量及滚动阻力，提高土壤推力。轮胎气压降低时，虽然土壤的压实阻力减小，但却使轮胎本身的迟滞损失增加。所以，在一定的地面上有一个最小地面阻力的轮胎气压。实际上，轮胎气压应比该气压略高 19.2～29.4kPa。此时，地面阻力虽稍有增加，但由于在潮湿地面上的附着系数将较大的提高，从而可改善汽车的通过性。

为了提高越野汽车通过松软地面的能力，而在硬路面上行驶时又不致引起过大的滚动阻力和影响轮胎寿命，可装备轮胎中央充气系统，使驾驶人能根据道路情况随时调节轮胎气压。通常，越野汽车的超低压轮胎气压可以在 49～343kPa 范围内变化。

在低压条件下工作的超低压越野轮胎，其帘布层数较少，具有薄而坚固，又富有弹性的胎体，以减少由于轮胎变形引起的迟滞损失，并保证其使用寿命。

（三）传动系统

传动系统对汽车通过性能的影响不仅表现在最大单位驱动力，其动力传递路线上零部件的配置和类型也会直接导致汽车能否行驶过沙漠、雪地等特殊路面。

1. 差速器

为了保证各驱动车轮能以不同的角速度旋转，在传动系统中常装有差速器。但普通齿轮差速器由于具有使驱动车轮之间转矩平均分配的特性，当某一侧驱动车轮陷入泥泞或冰雪路面上时，得到较小的附着力，则与之对应的另一侧驱动车轮也只能以同样小的附着力限制其驱动力。为了避免这种情况的发生，某些越野汽车上装有差速锁，以便必要时能锁止差速器。

但在实际道路条件下，各驱动车轮上的附着力差别很小，汽车总驱动力的增加一般不超过 20%～25%。而且长时间使用差速锁会使半轴过载引起功率循环，而当驱动车轮滑转导致停车后，再挂差速锁起步，有时会因滑转处土壤表面已被破坏或因全部转矩突然传至另一驱动车轮引起土壤破坏而失去效果。

2. 液力变矩器

当汽车装有液力变矩器或液力耦合器时，能提高发动机工作的稳定性，使汽车长时间稳定地以低速（0.5～1.5km/h）行驶，从而可减小滚动阻力和提高附着力，改善汽车通过性。装有普通机械式传动系统的汽车在突然起动时，驱动轮转矩急剧上升，并产生对土壤起破坏作用的振动。即使在缓慢起步时，驱动转矩也比滚动阻力矩大得多。在松软地面上起步时，这种过大的驱动转矩并不能使汽车得到较大的加速度，相反，会使土壤被破坏，轮辙加深，起步困难；而液力传动能保证驱动轮转矩逐渐而平顺地增长，从而防止土壤被破坏和车轮滑移。

液力传动还能消除机械式传动系统经常发生的扭振现象。这种扭振现象会引起驱动力产生周期性冲击，减少土壤颗粒间的摩擦，增加轮辙深度，并减少轮胎与土壤间的附着力，因而使车轮滑转的可能性大为增加。转矩脉动所引起的土壤内摩擦力的减小，还会使汽车前轮所造成的轮辙立即展平，使后轮滚动阻力增加。

装有普通机械传动系统的汽车，在松软地面行驶时，由于车速低，汽车惯性不足以克服较大的行驶阻力，致使换挡时，因切断功率而停车。采用液力传动即可消除因换挡所引起的功率传递间断现象，因而使汽车通过性有显著提高。

（四）悬架形式

6×6 型和 8×8 型多轴驱动的越野汽车在异常坎坷不平的地面上行驶时，常会因独立悬架的结构引起某驱动车轮的垂直载荷大幅减小，乃至离开地面而悬空的现象，使驱动车轮失去与地面的附着而影响通过性。独立悬架和平衡式悬架允许车轮与车架间有较大的相对位移，使驱动车轮与地面经常保持接触，以保证有较好的附着性能。同时，独立悬架可显著地提高汽车的最小离地间隙，从而提高汽车的通过性。

（五）ASR

汽车在泥泞道路或冰雪路面行驶时，因路面的附着系数小，常会出现驱动轮滑转现象。当驱动轮滑转时，产生的驱动力很小。特别是驱动轮原地空转时，驱动力接近于零。例如，汽车驱动轮陷入泥坑时，汽车不能前进。即汽车的动轮一侧或两侧滑转后，汽车的总驱动力不足以克服行驶阻力，使汽车通过坏路的行驶能力受到限制。汽车驱动轮胎滑转，限制了汽车动力性的发挥，增加了轮胎的磨损，降低了轮胎的使用寿命；并使汽车抗侧向力的能力下降，当遇到侧风或横向斜坡时，容易发生侧滑，影响汽车行驶的横向稳定性。

汽车驱动防滑系统（ASR，即牵引力控制系统 TCS、TRC）是继 ABS 后采用的一套防滑控制系统，可以自动调节发动机转矩到驱动轮的驱动力，使汽车在各种行驶状况下都能获得最佳的牵引力，稳定性和操纵性得到安全的调节。ASR 通过检测各个车轮的速度和转向盘转向角，当检测到驱动轮与非驱动轮、左侧与右侧车轮的转速差与其所判断出的驾驶人意图不一致时，立即发出指令信号减少发动机的供油量，降低驱动力，从而实现操控意图。

ASR 保持驱动轮处于最佳滑转范围内的控制方式有以下几种：发动机输出转矩控制、

驱动轮制动控制及发动机输出转矩控制和驱动轮制动控制综合进行。这些控制方式的目的都是调节驱动轮上的驱动力矩。

发动机输出转矩控制。如果驱动过程中左右驱动轮同时滑转，ASR 的控制系统可从前后车轮速度传感器传来的转速差极大的信息中，判断出左右车轮均在空转，于是，对发动机控制阀（节气门）发出指令，通过发动机控制直接操纵发动机供油量控制杆，相应降低其输出转矩，使得驱动轮的转速降低，直到驱动轮停止滑转。

驱动轮制动控制。汽车行驶中若出现一侧车轮滑转超过规定值时，控制系统向差速器制动阀和制动压力调节器发出控制指令，对滑转的车轮施加制动，使得滑转的车轮减速，当其减速至规定值后，停止对其控制。若又开始滑转，则重复上述循环过程。整个过程中，一方面对滑转的车轮施加制动；另一方面又对另一侧无滑转车轮施加正常驱动力，其效果相当于差速锁的作用，车辆在滑路上的方向稳定性和起步能力均可得到改善。

发动机输出转矩控制和驱动轮制动控制综合进行。当汽车在滑动转弯行驶时，如果驱动力过大，会引起驱动轮空转，使车辆在离心力的作用下甩尾侧滑。遇到这类情况，控制系统会自动控制驱动轮制动并调节发动机输出转矩，使二者同时或单独工作，保证汽车稳定行驶。

另外，在驱动轮滑转时，ASR 自动向驾驶人发出警告（警告灯），提示不要猛踏加速踏板，注意转向盘操作。

（六）底盘保护

底盘保护分为底盘封塑、底盘保护装甲、底盘防护钢板等。汽车行驶在崎岖路面上时，会发生底盘托底现象，底盘保护能适当地保护底盘部件不受伤害，有助于汽车顺利通过，但不能从根本上改善汽车的通过性。

（七）行驶速度

当汽车低速行驶时，土壤剪切和车轮滑转的倾向减小。因此，用低速行驶克服困难地段，可改善汽车的通过性。为此，越野汽车传动系统的最大总传动比一般较大。越野汽车的最低稳定车速可按表 2-6-2 选取，其值随汽车总重量而定。

表 2-6-2 越野汽车的最低稳定车速

汽车总重量/kN	<19.6	<63.7	<78.4	>78.4
最低稳定车速/（$km \cdot h^{-1}$）	≤5	≤2～3	≤1.5～2.5	≤0.5～1

（八）拖带挂车

汽车拖带挂车后，由于总重量增加，动力性将有所降低，即汽车列车（指由牵引车和一辆或一辆以上的挂车组成的车组）的最大动力因数将比单车的最大动力因数小。因而，汽车列车的通过性也随之变得差些。

为了保证汽车列车有足够高的通过性，对经常拖挂车工作的汽车应该有较大的动力因数。增大传动系统的总传动比可以加大动力因数，但与此同时，汽车的最大行驶速度将会降低；加大发动机功率也会增大动力因数，但汽车在一般道路上行驶时，由于功率利用率低，所以汽车燃料经济性变坏。

汽车拖挂车后的相对附着重力随之减少。在汽车列车总重力相同的条件下，因为半挂车的部分重力作用在牵引车上，则拖带半挂车时的相对附着重力比拖带全挂车时大，因而半挂车汽车列车的通过性较好。

将汽车列车做成全轮驱动是提高相对附着质量的最有效方法。这可通过在挂车上装上动力装置（动力挂车），或将牵引车的动力通过传动轴或液压管路传输到挂车的车轮上（驱动力挂车）。

全轮驱动汽车列车的通过性较高，这不仅因其相对附着质量最大，同时，由于道路上各点的附着系数一般是不同的（如道路上有积水小坑），驱动车轮数目增多后，各驱动车轮均遇到附着系数小的支承面的可能性大为减小，因而对汽车列车的通过性有利。此外，与相同质量的重型货车相比，全轮驱动汽车列车的车轮数一般较多，因而车轮接地比压较小。另外，还可以把各轴轮距做成相等，以减少滚动阻力，提高通过性。

设计汽车列车时，应使挂车车轮轨迹在转弯时与牵引车后轮轨迹重合。这不仅可减小汽车列车的转弯宽度，提高机动性，同时也可降低汽车列车在松软地面上转弯时的滚动阻力，而提高其通过性。

汽车列车克服障碍的能力与挂钩和辕杆的结构参数也有关。例如，辕杆在垂直平面内的许可摆角，对汽车列车所能通过的凸起高度有很大影响。

（九）驾驶方法

驾驶方法对汽车通过性的发挥有很大影响。在通过沙地、泥泞、雪地等松软地面时，应该用低速挡，以保证车辆有较大的驱动力和较低的行驶速度。在行驶中应避免换挡和加速，并保持直线行驶，因为转弯时将引起前后轮辙不重合，而增加滚动阻力。

后轮双胎的汽车，常会在两胎间夹杂泥石，或使车轮表面黏附一层很厚的泥，因而使附着系数降低，增加车轮滑转趋势。遇到这种情况，驾驶人可以适当提高车速，将车轮上的泥甩掉。

当汽车传动系统装有差速锁时，驾驶人应该在估计有可能使车轮滑转的地区前就将差速器锁住。因为车轮一旦滑移后，土壤表面就会被破坏，附着系数下降，再锁住差速锁不会起显著作用。当汽车离开坏路地段后，驾驶人应将差速锁脱开，避免由于功率循环现象使发动机、传动系统和轮胎磨损增加，燃料经济性和动力性变坏，以及通过性降低等不良后果。

此外，为了提高越野汽车的涉水能力，应注意发动机的分电器总成、火花塞、曲轴箱通气口等的密封问题，并提高空气滤清器的位置，不得浸入水中。普通汽车一般能通过深度为 0.5～0.6m 的硬底浅水滩。

资讯三　汽车通过性对比评价案例

（一）比对车型的通过性对比

比对车型的通过性对比见表 2-6-3。

表 2-6-3 通过性对比

车型	Jeep 牧马人 2013 款 3.6L 两门版 Rubicon 指导价：48.99 万元	路虎卫士 2004 款 90 硬顶天窗版 2.5T 指导价：66.00 万元	奔驰 G 级 2013 款 5.5L G500 指导价：169.80 万元
轮廓通过性指标			
轴距/mm	2424	2360	2850
最小离地间隙/mm	223	229	210
接近角/离去角/（°）	35/28	49/47	34/29
纵向通过角/（°）	22	33	23
最大爬坡度/（°）	35	45	38.7
最大侧倾角/（°）	25	35	28.4
最小转弯直径/m	10.6	6.67	13.26
涉水深度/mm	480	500	500
牵引通过性指标			
最大功率/kW	209	91	285
最大功率转速/（r/min）	6350	4200	6000
最大转矩/（N·m）	347	300	530
最大转矩转速/（r/min）	4300	1950	2800～4800
变速器	5AT	6MT	7AT
整备质量/kg	1921	1875	2530
轮胎规格	245/75 R17	235/85 R16	265/60 R18
四驱形式	分时四驱	全时四驱	全时四驱
轴间动力分配方式	分动器（无中央差速器）	分动器（托森中央差速器）	分动器（牙嵌差速器）
前桥轮间限滑方式	牙嵌式差速锁	牙嵌式差速锁（选装）	牙嵌式差速锁
后桥轮间限滑方式	牙嵌式差速锁	牙嵌式差速锁（选装）	牙嵌式差速锁
前/后悬架类型	五连杆整体桥+气动减振器+前/后稳定杆	螺旋弹簧整体桥+液压减振器+前/后稳定杆	螺旋弹簧整体桥+气动减振器+前/后防倾杆
前稳定杆断开方式	电子控制	不能断开	手动拆卸
车身结构	非承载式	非承载式	非承载式
电子差速锁	EDS	ETC	4ETS

（二）要点分析与评价结论

1. 轮廓通过性

三款车型中，路虎卫士具有最短的轴距、最小的转弯半径，因而机动性是最好的；其最小离地间隙、接近角、离去角、纵向通过角也是三者中最大的，发生间隙失效的概率最小；最大爬坡度和最大侧倾角在比对车型中也具有明显优势。

结论：三款车型中，路虎卫士的轮廓通过性最强，Jeep 牧马人和奔驰 G500 基本相同。

2. 牵引通过性

① 奔驰 G500 采用 5.5L V8 发动机，功率和转矩远超另外两款车型，但考虑到较大的自重，它在牵引系数上并不占优势；而路虎卫士采用的是增压发动机，在较低转速范围内就能爆发出峰值转矩，同时其自重也是三者中最小的，因此具有较大的牵引系数。

② 奔驰 G500 的轮胎最宽、扁平率最小、直径最大，在轮胎附着和越障方面性能最优，Jeep 牧马人次之，路虎卫士较差。

③ Jeep 牧马人采用无中央差速器的分动器来分配轴间动力，与电控系统相比更加可靠，前后车桥各配置一把牙嵌式差速锁，与非承载式车身和前后整体桥配合，具有极好的越野能力。缺点是分动器需要驾驶人手动控制且需要其有丰富的驾驶经验以确定切换时机。路虎卫士与奔驰 G500 在四驱结构、悬架类型和车身结构上非常近似，仅在中央差速器上有些许差别，路虎采用托森差速器，能够实现自锁，无须驾驶人手动操作，响应迅速，而奔驰采用牙嵌式差速锁，接合后将差速器与壳体刚性锁止，传递转矩大，可靠稳定。

④ Jeep 牧马人配备有前稳定杆电子分离系统，当车辆被卡在特殊地形导致四轮无法着地时，驾驶人只需通过按键即可断开前稳定杆，前轮高度降低 30%，使得原本悬空的轮胎可以着地获得驱动力。奔驰 G500 前稳定杆则需要驾驶人手动拆卸，路虎卫士的前稳定杆与车架焊在一起无法分离，降低了车辆在极限情况下的脱困能力。

结论：三款车型的牵引通过性都极其强悍，奔驰 G500 最佳，Jeep 牧马人和路虎卫士次之。

3. 评价结论

三款车型都是硬派越野车中的翘楚，在通过性和车身强度上不分伯仲，都非常值得推荐。Jeep 牧马人和路虎卫士尺寸更小，车身更轻，更适合山地越野；奔驰 G 级则属于全尺寸豪华越野车，外观狂野，内饰精致。考虑到奔驰 G500 的价格和路虎卫士由于环保原因即将停产的影响，Jeep 牧马人性价比更高，驾驶乐趣更强，与电控系统相比，纯机械的四驱结构也更加稳定可靠。

知识窗

在评价汽车的通过性时，应尽量完备地收集通过性能相关的技术参数，结合具体参数数据和车辆相关配置情况等进行综合对比，做到客观、科学。在为客户选购汽车时，更应从客户的实际需求出发，详述各车型优劣，为客户推荐最合适的车型。

课堂练习

（一）填空题

1. 汽车的通过性，是指在________质量下，汽车能够以________的车速，________和________的能力。

2. 根据地面对汽车通过性的影响因素，汽车通过性可分为________通过性和________通过性。

3. ________是表征车辆通过坎坷不平路段和障碍的能力。

（二）选择题

1. 下列说法中正确的是（　　）。
   A. 最小离地间隙越小，通过性越好
   B. 接近角越小，通过性越好
   C. 离去角越小，通过性越好
   D. 最小转弯半径越小，通过性越好

2. 甲说发动机功率会影响汽车的通过性，乙说传动系统效率会影响汽车的通过性，下列判断中正确的是（　　）。
   A. 只有甲正确　　B. 只有乙正确
   C. 甲乙都正确　　D. 甲乙都不正确

3. 以下与其他三个选项所示配置不同的是（　　）。
   A. ASR　　B. TCS　　C. TRC　　D. ABS

（三）问答题

1. 影响汽车轮廓通过性的参数有哪些？
2. 车轮是如何影响汽车通过性的？

项目实施

小组根据个人兴趣选择2~3款同级别的车型，收集相关信息，试着对比分析它们的通过性，完成下列工作任务单。

不同车型通过性的对比分析工作任务单

任务名称	汽车通过性对比分析		
小组成员		任务成绩	
任务要求	小组选择感兴趣的2~3款车型，收集与汽车通过性相关的参数、配置、技术，运用所学的知识对车型的通过性进行对比分析		
性能相关信息	车型1：________	车型2：________	车型3：________

续表

性能相关信息	车型 1：________	车型 2：________	车型 3：________
对比分析：			
评价结论：			

注：若通过性相关信息栏不够，可自行补充。

考核评价

综合整个学习过程，通过学生的课堂表现、课后习题、任务完成情况等对学生的知识、能力、思政要素和职业素养目标达成情况进行评价。

项目教学目标达成情况评价表

班级：________　　　姓名：________

知识目标达成情况		
目标描述	教师评价	学生自评
是否能正确描述通过性的定义		
是否能够准确列出影响通过性的因素		
是否知道通过性的主要评价指标		
评价结论：知识目标达成与否	□ 是　　□ 否	
能力目标达成情况		
目标描述	教师评价	学生自评
是否能够利用各种渠道收集与汽车通过性相关的数据、配置等信息		
是否能对汽车的通过性进行全面、客观的评价，确保评价结论无误		
评价结论：能力目标达成与否	□ 是　　□ 否	
思政要素和职业素养目标达成情况		
目标描述	教师评价	学生自评
信息收集能力是否得到提升		
小组活动中展现的团队协作、沟通交流能力		
本讲课堂表现的积极性		
信息收集处理中是否严谨、客观、科学		
评价分析结论的表述是否能够传播正确的价值观，是否符合职业道德规范		

项目七 汽车保值性评价

项目描述

本项目主要介绍汽车保值性的定义、评价指标与影响因素，通过学习汽车保值性对比评价案例示范分析，应能够对不同车型的保值性进行对比评价。

学习目标

知识目标	能力目标	思政要素和职业素养目标
1. 知道汽车保值性的含义、评价指标和评价方法。 2. 能列出影响汽车保值性的因素	能够对汽车的保值性进行科学的对比评价	1. 培养信息收集、处理与分析的能力。 2. 养成严谨、认真、客观、科学的评价职业态度。 3. 培养应用国家机动车管理办法等相关政策法规的能力。 4. 培养团结互助的团队精神和积极沟通交流的职业能力

情境导入

王女士的车开了 4 年，准备更换一辆性能更好的新车来改善出行条件。近期王女士通过某二手车平台将爱车转手卖出去，但是交易过程和最终价格却不理想。通过这次经历，王女士决定将汽车的保值性也作为新选购汽车的考虑点。作为汽车销售人员，你能为王女士提供帮助吗？

课前练习

根据查找的资料，完成下列课前练习（表 2-7-1）。

表 2-7-1 汽车保值性评价课前练习

1. 什么是汽车的保值性？
2. 通过收集资料、阅读思考，列出哪些因素会影响汽车的保值性。
3. 收集并阅读机动车报废标准、二手车评估交易流程，并将要点摘录列出。

相关资讯

汽车不仅是交通代步工具，同时也是价格昂贵的大件商品，而且还是一件购买后容易贬值的商品。随着人们经济水平的不断提高、二手车市场的不断繁荣，汽车更新换代不断加快，消费者换车的周期越来越短，因此越来越多的消费者在选购时更倾向于保值性较好的汽车产品。

资讯一　汽车保值性评价方法及指标

（一）汽车保值性的定义

汽车保值性作为新车销售的差异化卖点和二手车交易的参考因素，其重要性不言而喻。拓展到整个汽车价值链条，保值性对产品规划、新车定价、品牌营销、销售支持、产品质量、金融保险产品设计、二手车业务等都有重要的参考价值。此外，伴随汽车后市场共享化出行的发展，保值性在车队资产管理与处置方面也将发挥更大作用。汽车行业的不断发展，将催生更多的消费者对汽车保值性的关注。

1. 保值性对新车销售的贡献

2020 年受疫情影响，一季度新车销量断崖式下跌，数据显示，2020 年 1～2 月乘用车销量同比下降超 40%。但值得注意的是，其中跌幅最小的四家车企均出自 2020 年 3 月由 J.D. Power 与 58 车、优信联合发布的《中国汽车保值率研究报告》中保值率综合排名前五的企业，如图 2-7-1 所示。同样，2019 年 70%车企销量下跌，但保值率综合排名前五的车企，新车销量均实现了逆市增长，平均提升近 10%。可见汽车保值性对新车销售的贡献能力逐渐突显出来。

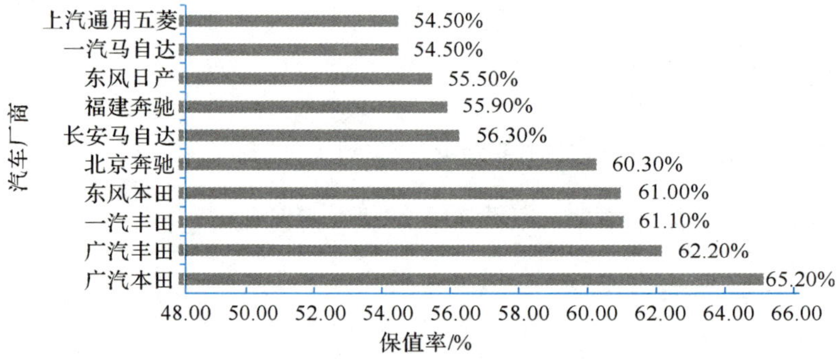

图 2-7-1　《中国汽车保值率研究报告》中排名前十的汽车厂商保值率

2. 二手车鼓励政策为汽车保值性赋能

为应对疫情冲击，2020 年 3 月 31 日，国务院出台促进汽车消费三大举措，将二手车经销企业销售车辆的增值税降至 0.5%（之前行业实施 2%的增值税已有近 20 年历史）。这次减税对提升二手车经销企业积极性、加速二手车流通、带动关联产业发展有实质性促进作用。二手车行业的繁荣，同样也离不开保值性的保驾护航。

3. 汽车保值性逐渐成为消费者汽车选购的考虑因素之一

根据中国汽车技术研究中心数据显示，近年来乘用车增换购占比不断攀升，逐渐从2017年的37.3%、2018年的41.2%增长到2020年的42.3%，而保值性正是消费者增换购时的重要考虑因素之一。

总体来说，汽车保值性的应用场景遍布汽车产销各个关键的环节，如图 2-7-2 所示。对消费者而言，保值性是购买新车及处置、交易二手车的重要参考；对主机厂而言，保值性在车辆设计、制造、质量、定价、营销、二手车整个链条中发挥着重要作用；对经销商而言，保值性提供了交易参考的基准，指导二手车收车、议价再销售；对汽车金融公司、保险公司而言，保值性是产品设计、定价的重要参考；对于出行、租赁服务提供商而言，保值性是资产管理和处置的关键数据支撑。因此，科学、客观评价汽车的保值性对于整个汽车产业链具有重要的意义。

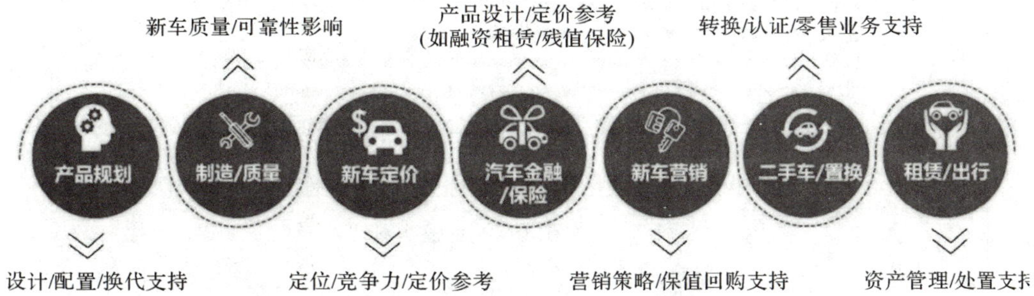

图 2-7-2 汽车保值性应用场景

（二）汽车保值性的评价方法与指标

汽车保值性是汽车性价比的重要组成部分，通常用保值率来衡量。汽车保值率是指从购买新车之日起，使用一段时期后，将其售出的交易价格与购买时新车厂商指导价格的比值，是汽车综合水平的体现，也是汽车价值衰减快慢的重要指标。由于不同地区补贴、政策是动态的，具有区域差异，所以保值率是统一以新车厂商指导价格为基础计算的，计算公式如下：

$$保值率=\frac{二手车交易价格}{新车厂商指导价格}\times 100\%$$

近年来，由中国汽车流通协会、北京精真估信息技术有限公司联合发布的《中国汽车保值率研究报告》和 J.D. Power 汽车咨询公司联合 58 汽车、优信二手车发布的报告可以作为汽车保值性评价的参考依据。相关报告动态发布，不同时期保值率的排序会有一定的变化。对保值性的评价一般会分区域、分厂商类型、分车型、分车龄等进行对比性评价。

从区域来看，J.D. Power 汽车咨询公司联合 58 汽车和优信二手车在 2020 年 3 月发布的《中国汽车保值率研究报告》显示，保值率从中国西部地区向东部地区逐步递增。其中，上海、北京、天津和重庆四个直辖市位列保值率省级排名前四位，如图 2-7-3 所示。

从厂商类型来看，进口车型因车型稀缺，议价能力强，3 年保值率最高（51.1%），合资品牌次之（49.6%），而自主品牌车型仍有一定差距（44.3%），如图 2-7-4（a）所示。

在具体不同车系品牌中，日系品牌的保值率（以 3 年保值率为标准）是最高的，而且比第二名的德系高出 5.6 个百分点，这主要得益于日系品牌在华保有量高，且有更高的性价比，如图 2-7-4（b）所示。图 2-7-5 所示保值率前十的厂商有七家属于日系品牌，而且前五中的前四名都是日系品牌，其中广汽本田以微弱优势占据榜首，广汽丰田位居第二，上汽通用五菱有幸进入保值率前十。

值得一提的是，国产自主品牌近年来随着技术的不断成熟，消费者的认可度不断提高，市场份额不断增加，其二手车保值率也有了明显的提升。例如，上汽通用五菱也进入了保值率前十行列，如图 2-7-5 所示。

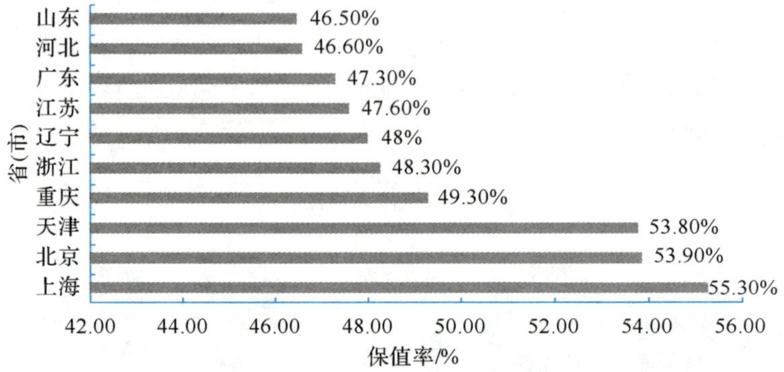

图 2-7-3　各省（市）保值率对比

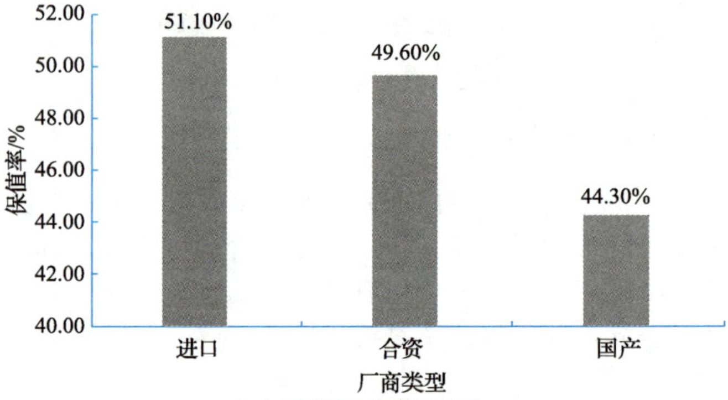

（a）厂商类型保值率对比

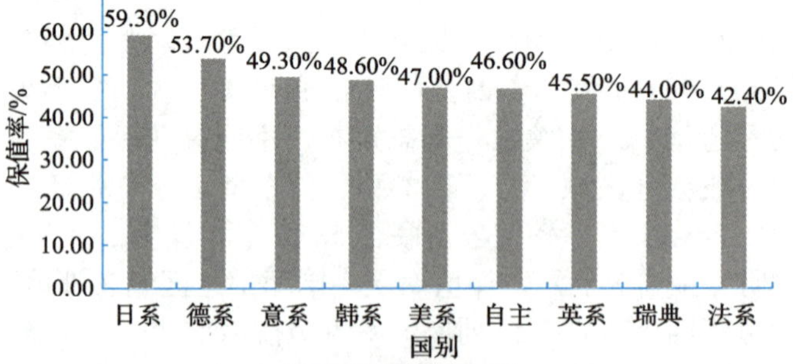

（b）不同车系保值率对比

图 2-7-4　不同厂商类型和不同车系的保值率对比

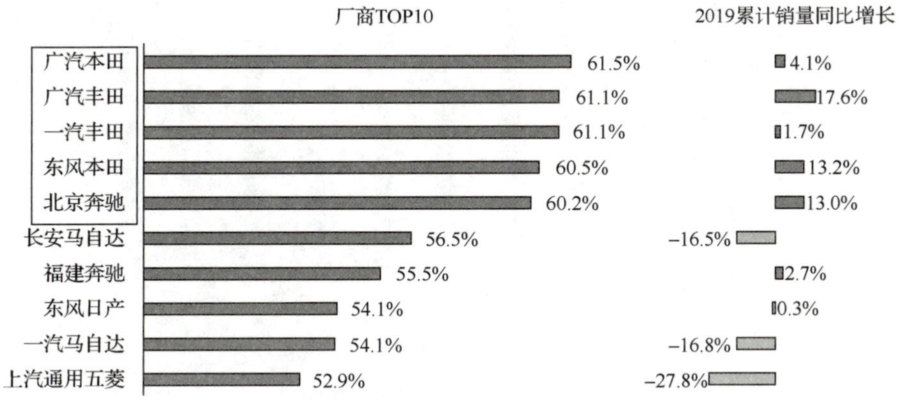

图 2-7-5 排名前十的不同厂商保值率对比

在自主品牌厂商榜单中，上汽通用五菱无疑排名第一，而这主要得益于旗下宝骏 730、五菱宏光销量大，且保值率高。位居第二的是长城汽车，其中哈弗 H6 功不可没。可以看出，在自主品牌保值率榜单中，除了第一名，其他品牌的保值率差距并不大，主要原因是自主品牌车型的售价普遍不高，在二手车市场的收购价或成交价都基本处于同一个水平，如图 2-7-6 所示。

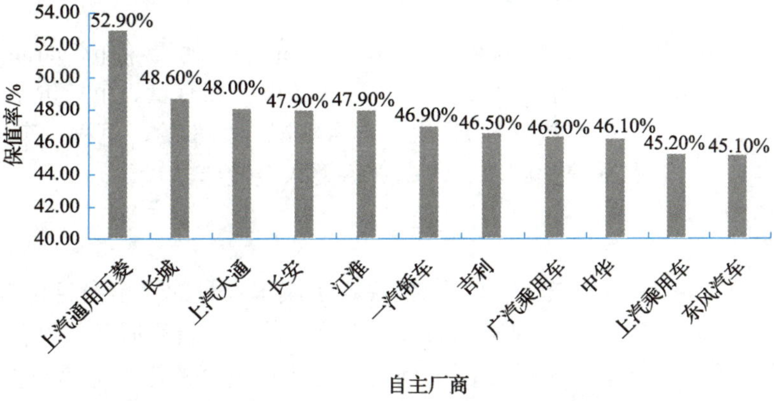

图 2-7-6 排名前十的不同自主品牌厂商保值率对比

在车龄方面，3～5 年车龄的二手车最受欢迎，在 3 年车龄的二手车中，年均行驶里程在 30 000km 左右的车辆平均交易价格最高（11.75 万元）。这是因为适度使用的二手车更具稳定性，磨合度更好，所以更加保值。

在车型方面，MPV 的保值率最高，主要源于其功能具有不可替代性，且市场车型选择较少；豪华轿车和豪华 SUV 的保值率在各自领域都很高（图 2-7-7），品牌溢价能力强。

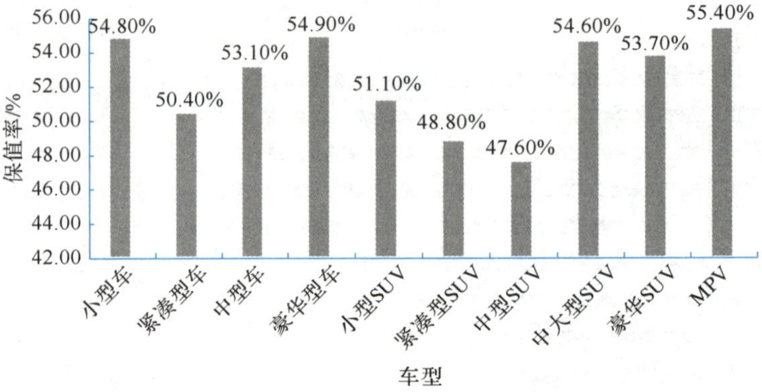

图 2-7-7　不同车型保值率对比

值得一提的是，与传统汽车相比，新能源汽车的保值率相对较低，主要是由于目前市场对于新能源汽车的信心和认可度还有待提升，以及新能源汽车电力能源部分的技术问题。

除此之外，汽车产品的颜色、配置等也会在一定程度上影响其保值性。总体来说，在新车选购中考虑保值性时，应该综合考虑所选汽车的品牌、车型市场占有率、市场供需情况、配置、颜色等。

资讯二　影响汽车保值性的因素分析

汽车的保值性主要受以下方面因素的影响：汽车品牌与配置（如产品品牌、产地、质量、设计、配置、性能等）、汽车产品的市场状况（如市场保有量、市场价格变动幅度、市场供需状况等）、汽车自身状况（如车龄、里程、车况及用途等）、汽车养护成本、汽车环保要求及政策法规等。

微课：汽车保值性的评级指标与影响因素（上）

微课：汽车保值性的评级指标与影响因素（下）

1. 汽车品牌与配置

汽车品牌与配置决定了汽车本身的“出身身份”，涵盖了汽车的厂商、国别、品牌、工艺、质量、售后服务、配件、行驶成本及社会价值等方面的问题，对于保值性的影响非常重要。

（1）厂商方面

进口车型保值性相比合资车和国产车要高，主要原因是车型稀缺，且进口车多为豪华品牌，溢价能力强。豪华品牌相比普通品牌来说溢价能力强，更具有保值性。

（2）产地国别方面

在我国的汽车市场中，德国、日本国家的车辆因性价比高、保有量大，相对其他产地的品牌保值性要高一些。

（3）品牌方面

质量可靠性、品牌力知名度和信誉度高、价格坚挺的品牌汽车保值性更高。然而对于某些信誉度比较低，因为安全、技术等问题频繁出现召回事件的品牌，保值性就受到影响。

（4）汽车本身设计、性能与技术方面

同一品牌不同车型的设计定位、技术平台、配置不同，保值性也有差异。一般市场反响好，历经多次的更新换代，技术成熟稳定、质量可靠的车型，保值性就相对较高，例如，卡罗拉作为丰田的经典车型，定位精准、车型受到广泛认可、技术状况稳定，保值性表现一直不错。

2. 汽车产品的市场状况

（1）市场保有量

汽车产品同其他产品一样，受不同市场状况的影响，保值性不同。市场保有量是影响汽车保值的一个重要因素。某款车型在当地市场保有量越大，其维修保养等售后服务体系也就越完善，维修就更加便利，配件费用也就相对较低，加上消费者购车的从众心理影响，车型就更加保值。汽车的保值性还应该关注新车的市场价格变动情况，一般价格坚挺的汽车，更能树立客户对产品的信心，保值性往往较好。

（2）市场供需关系

选购汽车产品的时候应该关注其市场的供需发展。虽然目前我国新车市场大多数汽车产品属于供过于求的现象，但是少部分车型（如丰田汉兰达及雷克萨斯 ES 等车型）受品牌市场营销战略影响，供需关系相对紧张，消费者往往需要排队等候一定时间才能够提到车，因此保值性相对占有一定优势。此外，二手车交易市场内的汽车交易状况也能够决定现有汽车的保值程度，二手车供不应求会造成汽车本身残值“市场上浮”。选购二手车市场畅销的车型，在将来出售时相对比较容易，价格相对坚挺，更为保值。而一些冷门车型，即使购买时价格相对低廉，可是当出售时无人问津，保值性大打折扣。

3. 汽车自身状况

汽车自身的使用状况、技术状况是车辆本身残值的主要决定因素之一，主要包括用途、车龄、车况等。一般来说，私人用车、大机关单位用车的保值性相对较高，出租车、租赁车相比公务车、私家车使用状况要差，同样时间内行驶里程多，报废年限短，所以本身残值基本上只有其他类型车的一半。同样使用时间的车辆根据不同的车辆使用性能、维护状况，价格也相差很多。车辆关键的车架、底盘、发动机如果存在比较大的修理痕迹和事故痕迹，那么车辆本身残值会大大降低。相比之下，车辆的其他损伤所造成的残值损失要小很多，如尾灯不亮、轮胎磨损等大多对车辆残值影响不是很大。车龄方面，3～5 年车龄的二手车最受欢迎，因为适度使用的二手车稳定性、磨合度更好。

4. 汽车的养护成本

汽车的日常使用维护费用及便利性对车辆的残值影响也很大。区域服务网点多，维修质量好，零配件价格低廉，日常保养费用低，油耗低，每年能为消费者节省数千元上万元的必要费用，必然会吸引更多的二手车购买用户，所以车辆使用维护的方便和经济程度也影响车辆自身保值性。

5. 汽车环保要求及政策法规

近年来，一方面国家对于汽车环保排放性能的要求越来越严苛，相关的限制性政策不断出台；另一方面消费者本身素养的不断提升，对于汽车选材用料的环保性越来越关注，因此汽车的排放性能、环保性能越高，适用范围越强，保值性就越高。

资讯三　汽车保值性对比评价案例

随着经济水平的不断提高，中级车市场的可选车型越来越丰富，这里选取市场上较流行的凯美瑞、帕萨特、金牛座三款轿车进行保值性的比较与评价。

根据前文对汽车保值性相关影响因素、评价指标的分析，将凯美瑞、帕萨特、金牛座三款中级轿车的相关信息进行对比，见表 2-7-2。

表 2-7-2　凯美瑞、帕萨特、金牛座三款中级轿车的相关信息对比

配置参数、指标车型信息	凯美瑞 2019 款改款 2.5G 豪华版	迈腾 2020 款 330TSI GSG 豪华型	金牛座 2019 款 EcoBoost245 悦享版
品牌与配置			
品牌所属国别	日本丰田	德国大众	美国福特
厂商	广汽丰田	一汽大众	长安福特
车型级别	中型车	中型车	中型车
新车官方指导价	21.98 万元	23.39 万元	22.89 万元
经销商参考价	21.48 万元起	19.39 万元起	21.09 万元起
发动机型号	A25A	EA888-DPL	CAF488WQA6
排量/L	2.5	2.0	2.0
进气形式	自然吸气	涡轮增压	涡轮增压
变速器类型	8 挡手自一体变速器（AT）	7 挡双离合变速器（DCT）	8 挡手自一体变速器（AT）
产品市场状况			
车型市场保有量（截至 2019 年）/台	1 898 590	1 780 137	76 568
新车市场供需关系	供求平衡或供过于求	供求平衡或供过于求	供求平衡或供过于求
二手车市场供需比	0.21	0.34	0.33
售后养护维修成本			
整车质保	3 年或 10 万 km	3 年或 10 万 km	3 年或 10 万 km
平均单次保养费用	550 元左右	600 元左右	800 元左右
网点数量	约 560 家	超过 900 家	525 家
环保排放			
环保排放标准	国VI	国VI	国VI
保值率参考值			
3 年保值率/%	60.7	53.7	49.1

表 2-7-2 中二手车市场供需比、3 年保值率的数据来源于 2020 年 3 月 J.D.Power、58 同城和优信联合发布的《中国汽车保值率研究报告》；三款车型市场保有量数据来源于中汽数

据有限公司。其他数据主要来源于汽车之家网站。

保值性评价分析与结论如下。

1. 从汽车品牌与配置比较

根据 2020 年 3 月 J.D.Power、58 同城和优信联合发布的《中国汽车保值率研究报告》，首先三款车厂商均属于合资类型，从国别来看，日系车保值率优势明显，其次是德系车，美系车相对保值率较低；从品牌来看，广汽丰田的保值率最高，其次是一汽大众和长安福特。三款车均属于中级轿车，主要的配置、技术状况差别不大。从价格来看，凯美瑞的成交参考价格与官方指导价最为接近，迈腾相比其他车型实际成交参考价格与官方指导价的差距最大。

2. 从产品市场状况来看

三款车均属于中级汽车市场上较畅销的车型，其中凯美瑞的保有量最高，迈腾次之，金牛座市场保有量最低。三款车的新车市场供应量均比较充足，差异不大。但从二手车市场的供需比来看，凯美瑞仅为 0.21，明显低于迈腾 0.34 和金牛座 0.33。供需比越低，产品的保值性越好，如图 2-7-8 所示。因此，从市场状况综合来看，凯美瑞的保值性具有明显的优势。

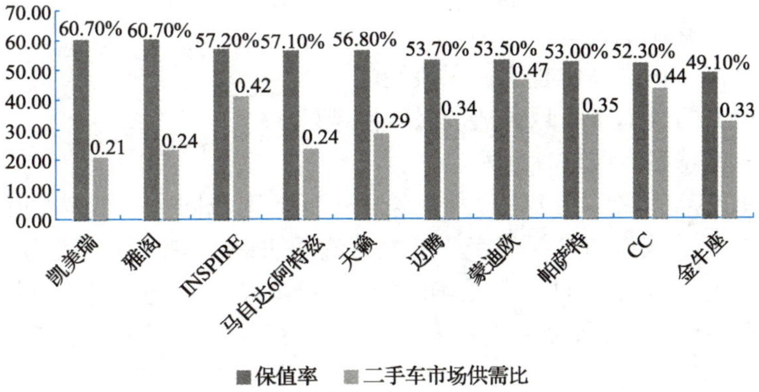

图 2-7-8 排名前十的不同中型汽车产品保值率与二手车市场供需比对比

3. 从售后养护维修成本和环保排放来看

三款车均属于国Ⅵ的排放标准，整车质保均为 3 年或 10 万 km，保养费用差别也不大。从全国售后服务网点布局来看，迈腾所属的一汽大众品牌网点最多，售后的便利性相对更有优势。但是网点的布局还应该看具有选购汽车所在的区域。

4. 从保值性核心评价指标来看

《中国汽车保值率研究报告》中型车 3 年保值率中，凯美瑞排名第一，保值率达到了 60.7%，迈腾和金牛座保值率相比要逊色一些，分别为 53.7%和 49.1%（图 2-7-8）。

5. 评价结论

三款车均为中型车市场的畅销车型，在配置、技术、售后、环保排放等方面差异不大。但从相关机构研究给出的保值率和汽车产品的品牌、厂商、市场保有量及二手车市场供需比等方面来看，凯美瑞属于日系丰田品牌的经典车型，凭借其长期稳定出众的技术表现和良好的市场口碑，历经38年的市场检验，保值性最优秀。其次是广受中国消费者青睐的大众品牌迈腾。金牛座车型由于进入中国市场相对较晚，市场认可度不足，加上近年福特品牌在中国市场的销量低迷，因此保值性略低。

课堂练习

（一）填空题

1．汽车保值性的主要评价指标是______________________________。

2．汽车的保值率计算公式是______________________________。

3．汽车的市场状况中________和________会对汽车保值性造成影响。

（二）选择题

1．下列说法中正确的是（　　）。

A．二手车市场供需比越高，保值性越好

B．市场上的汽车产品越稀缺，保值性越好

C．保值率越高，保值性越好

D．汽车产品的保值性不能一概而论，不同的区域同一款车型保值性可能不同

2．甲说“在无法获得车型保值率的情况下就无法评价保值性”。乙说“保值率是汽车保值性的重要评价指标，在无法获得准确的指标参数时，可以通过综合分析汽车产品品牌、配置、市场状况、售后服务等多种因素来评价”。下列判断中正确的是（　　）。

A．只有甲正确　　B．只有乙正确

C．甲乙都正确　　D．甲乙都不正确

3．以下说法中错误的有（　　）。

A．同一款车型颜色不同，保值性也可能有差别

B．二手车市场的状况对于新车选购的保值性影响不大

C．汽车的排放性能越高，保值性越有优势

D．新能源汽车因为更加符合行业发展趋势，因此保值性优于传统汽车

（三）问答题

影响汽车保值性的因素有哪些？

项目实施

小组根据个人兴趣选择 2～3 款同级别的车型，收集相关信息，试着对比分析它们的保值性，完成下列工作任务单。

不同车型保值性的对比分析工作任务单

任务名称	汽车保值性对比分析		
小组成员		任务成绩	
任务要求	小组选择感兴趣的 2～3 款车型，收集与汽车保值性的相关参数、配置、技术，运用所学的知识对车型的保值性进行对比分析		
性能相关信息	车型 1：__________	车型 2：__________	车型 3：__________
对比分析：			
评价结论：			

注：若保值性相关信息栏不够，可自行补充。

考核评价

综合整个学习过程，通过学生的课堂表现、课后习题、任务完成情况等对学生的知识、能力、思政要素和职业素养目标达成情况进行评价。

项目教学目标达成情况评价表

班级：__________　　　　姓名：__________

知识目标达成情况		
目标描述	教师评价	学生自评
是否能正确描述保值性的定义		
是否能够准确列出影响保值性的因素		
是否知道保值性的主要评价指标		
评价结论：知识目标达成与否	□ 是　　　□ 否	
能力目标达成情况		
目标描述	教师评价	学生自评
是否会收集相关数据计算汽车的保值率		
是否能够利用各种渠道收集与汽车保值性相关的数据、配置信息等		
是否能对汽车的保值性进行全面、客观的评价，确保评价结论无误		
评价结论：能力目标达成与否	□ 是　　　□ 否	
思政要素和职业素养目标达成情况		
目标描述	教师评价	学生自评
信息收集能力是否得到提升		
小组活动中展现的团队协作、沟通交流能力		
本讲课堂表现的积极性		
信息收集处理中是否严谨、客观、科学		
对汽车报废相关政策法规的认识		
评价分析结论的表述是否能够传播正确的价值观，是否符合职业道德规范		

项目八　汽车环保性评价

项目描述

本项目主要介绍汽车环保性的定义、评价指标与影响因素，通过学习汽车环保性对比评价案例示范分析，应能够对车型的环保性进行对比评价。

学习目标

知识目标	能力目标	思政要素和职业素养目标
1．知道汽车环保性的含义、评价指标与方法。 2．能够列出提升汽车环保性的技术措施	1．能分析影响汽车环保性的主要因素。 2．能够正确选取参数、对不同车型的环保性进行对比评价	1．培养节能环保的意识和社会责任感。 2．培养遵守、应用行业法律法规的意识。 3．培养信息收集、处理与分析的职业能力。 4．养成严谨认真、客观科学评价的职业态度。 5．培养团结互助的团队精神和积极沟通交流的职业素养

情境导入

王先生的女儿即将上幼儿园了，为了方便爱人代步和接送孩子上下学，家里准备添置一辆汽车。考虑到孩子经常要乘坐，并且作为医生的王先生本人也是环境保护活动的积极参与者，因此王先生非常关注车辆的环保性。作为汽车销售人员，你能为王先生提供帮助吗？

课前练习

根据查找的资料，完成下列课前练习（表 2-8-1）。

表 2-8-1　汽车环保性评价课前练习

1. 汽车对环境的影响主要体现在哪些方面？
2. 列出你找到的与汽车节能环保相关的法律法规。

相关资讯

近年来，随着经济的快速发展，汽车保有量急剧增加，汽车对环境造成的影响日趋严重。河流、空气污染、温室效应、能源消耗、酸雨、城市噪声等尖锐的环境问题已成为全球各国共同关注、亟待解决的问题。因此，全球各个汽车生产国与消费区不断出台严格的能耗、排放政策，倒逼汽车技术的全面革新，也强化了汽车消费者的环保意识。汽车环保性已经逐渐成为汽车研发与制造企业重视、消费终端关注的性能之一。

知识窗

生态环境恶化是目前全人类共同面临的危机。建设生态文明是中华民族永续发展的千年大计，我们要像保护眼睛一样保护生态环境，像对待生命一样对待生态环境。

作为汽车使用者，应该积极选择绿色环保的汽车产品；作为汽车销售从业者，应该能够应用专业知识，科学、客观地评价汽车产品的环保性，为客户推荐更加环保的汽车产品。

资讯一　汽车环保性评价方法及指标

（一）汽车环保性的定义

汽车的环保性是指整个汽车产品生命周期内，从原材料的生产与运输到汽车的制造、运行、报废和回收对周围环境产生的不利影响程度。目前，德国和日本采用的是较为科学的全生命周期环保评价法，但鉴于评价数据的获取难、公众的接受认可度低及相关法律法规有待完善等因素，其他绝大多数国家对汽车环保性的评价主要是针对汽车使用过程中造成的环境污染和能耗。

（二）汽车环保性的评价指标

对于以燃料燃烧获得能量驱动的传统汽车，其使用过程中的环保性主要体现在：汽车的排放性能、车内外噪声及汽车室内挥发性有机化合物（又称 VOC）和气味强度（又称 VOI）等。对于通过电池电能驱动的新能源汽车，其使用过程中的环保性主要体现在：电池和电路系统产生的电磁辐射、车内外噪声及汽车室内挥发性有机化合物（又称 VOC）和气味强度（又称 VOI）等。

1. 排放性能评价指标

传统汽车的排放污染主要来自三方面：一是由发动机排气管排出的燃烧废气。汽油车的主要污染物成分是一氧化碳（CO）、碳氢化合物（HC）、氮氧化合物（NO_x）。柴油车除了这三种有害物外，还排放大量的颗粒物（PM）。二是曲轴箱排放物，由在压缩及燃烧过程中未燃的 HC 从燃烧室漏向曲轴箱再排向大气而产生。三是燃料蒸发排放物，主要由发动机供油系统（如油箱）和曲轴箱的燃料蒸发而产生。具体排放比例如图 2-8-1 所示。

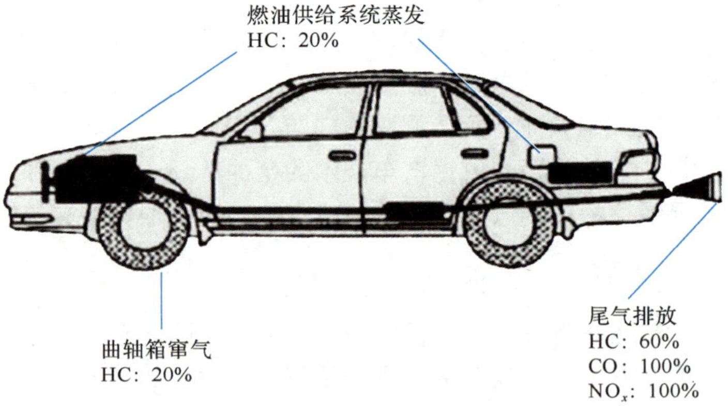

微课：汽车排放污染源及评价指标

图 2-8-1　汽油机汽车排放污染物来源及比例

汽车排放物中的 CO 为无色无味的有毒气体，极易与人体的血红素结合，阻止血红素和氧的结合，导致人体吸入一定量的 CO 后，产生缺氧、头痛、头晕等症状，严重时甚至死亡。NO_x 是一种对人体有害的气体，特别是对呼吸系统有危害。例如，在二氧化氮（NO_2）浓度为 9.4mg/m^3 的空气中暴露 10min，即可造成人的呼吸系统功能失调。HC 对人眼及呼吸系统有刺激作用，并且对农作物等也有害。此外，NO_x 和 HC 在紫外线的作用下，会产生一种具有刺激性的浅蓝色光化学烟雾，其中包含有臭氧、醛类、硝酸酯类等多种复杂化合物，对人体最突出的危害是刺激眼睛和上呼吸道黏膜，引起眼睛红肿和喉炎。颗粒物的成分复杂，具有较强的吸附能力，可以吸附各种金属粉尘、强致癌物苯并芘和病原微生物等，一旦随呼吸进入人体肺部，以碰撞、扩散、沉积等方式滞留在呼吸道的不同部位，极易引起呼吸系统疾病。当悬浮颗粒积累到临界浓度时，便可能会激发形成恶性肿瘤。此外，悬浮颗粒物还能直接接触皮肤和眼睛，阻塞皮肤的毛囊和汗腺，引起皮肤炎和眼结膜炎，甚至还可能造成角膜损伤。汽车排放物在直接危害人体健康的同时，还会对人类生活的环境产生深远影响。汽车尾气中的二氧化硫（SO_2）具有强烈的刺激气味，达到一定浓度时容易导致“酸雨”的发生，造成土壤和水源酸化，影响农作物和森林的生长。

值得注意的是，汽车的排放物中除包括上述 CO、HC、NO_x 及颗粒排放物等对人体直接有害的物质外，还包括大量的 CO_2。CO_2 是温室效应的罪魁祸首，其危害性不容忽视。温室效应造成的冰川融化、海平面上升、厄尔尼诺现象、拉尼娜现象等都对人类的生存带来了极为严峻的挑战。

汽车排放性能的评价指标是汽车行驶单位里程（如每千米）的 CO、HC、NO_x、CO_2 及 PM 的排放量，其单位一般为 g/km。

2. 汽车噪声评价指标

噪声也是一种环境污染。长时间暴露在高强度的噪声下，人体的神经系统会受到影响，出现头晕、耳鸣、乏力、失眠、高血压等症状。随着汽车保有量的增加，汽车噪声污染问题越来越受到社会和公众的重视。汽车的噪声分为车内噪声和车外噪声，车内噪声主要影响的是驾乘人员的健康和舒适体验，车外噪声则造成外界环境的污染。

汽车的噪声主要来源于发动机运转噪声、排气噪声、风噪和轮胎噪声。值得注意的是，发动机噪声并非越小越好，保持适度的发动机运转噪声能够起到提醒周围行人、车辆的作用，保障一定的行车安全，这也是为什么现在纯电动汽车上要求安装行人提醒“噪声”的原因。风噪主要是由汽车行驶过程中车身周围气流扰动产生的，高速行驶时风噪是车内噪声的主要来源。风噪主要跟汽车的流线型和车速有关。轮胎噪声又称为路噪，是汽车在行驶过程中，轮胎与地面相互作用产生的噪声，主要取决于轮胎的花纹、规格、材料及路面状况。

低空气阻力系数的车辆线型、平稳的发动机运转技术、良好的密封性能、恰当的轮胎选用及主动降噪技术等都对有效降低汽车噪声、提升环保性能有帮助。

对噪声的评价多采用声压级来衡量，其单位是分贝（dB），数值越大，噪声越强烈。在噪声的测量与限值方面，车内与车外噪声、不同车型的测量方法与限值均不同。我国为贯彻《中华人民共和国环境保护法》和《中华人民共和国环境噪声污染防治法》，加强机动车噪声的控制和管理，改善环境质量，我国正在积极开展新标准的制定与研究。2018 年研究制定的 GB 1495《汽车加速行驶车外噪声限值及测量方法》（报批版），相比目前正在执行的 2002 年版标准，无论是测量方法还是限制都更加严格，具体比较见表 2-8-1。根据《机动车运行安全技术条件》和《机动车噪声测量方法》，车外最大允许噪声级：轻型越野车

89dB(A)，公共汽车 88～89dB(A)，轿车约为 84dB(A)。车内最大允许噪声：轿车在 60km/h 匀速行驶时不应超过 65dB (A)，公交车正常行驶时的车内噪声约为 80dB。一般普通轿车行驶中车内噪声大致为 55～70dB，超过 70dB 就会影响乘员间的正常交流。

表 2-8-1　汽车加速度行驶中车外噪声型式检验限值比较

报批版

汽车分类 数值单位/t		噪声限值/dB (A) 第三阶段	噪声限值/dB (A) 第四阶段
M_1	GVM≤2.5[a,b]	72	71
	GVM>2.5[c,d]	73	72
M_2^e	GVM≤3.5	74	73
	GVM>3.5	76	75
M_3^e	GVM≤7.5	78	77
	7.5<GVM≤12	80	79
	GVM>12	81	80
N_1^f	GVM≤2.5	73	72
	GVM>2.5	74	73
N_2^e	GVM≤7.5	78	77
	GVM>7.5	79	78
N_3^e	GVM≤17	81	80
	GVM>17[g]	82	81

2002 年版

汽车分类 数值单位/t		噪声限值/dB (A) 第一阶段	噪声限值/dB (A) 第二阶段
M_1	GVM≤1	77	74
M_2	GVM≤2	78	76
	2<GVM≤3.5	79	77
M_2	M_2(3.5<GVM≤12)　M_2(GVM>5)		
M_3	P<150	82	80
	P≥150	85	83
N_1	GVM≤2	78	76
	2<GVM≤3.5	79	77
N_2	N_2(3.5<GVM≤12)　N_2(GVM>12)		
	P<75	83	81
N_3	75<P≤150	86	83
	P≥150	88	84

注：GVM—汽车最大总质量（t），P—发动机额定功率（kW）。

对特殊车型的限值宽松说明，详见以下 a～g 附加条款（可叠加）。

a. GVM≤2500kg 的 M_1 类车型，如属于越野车（G 类），或采用中置（后置）发动机且后轴参与驱动时，其限值增加 1dB（A）；其中，采用中置发动机仅后轴驱动的车型如果其驾驶人座椅“R”点离地高度≥800mm，其限值再增加 1dB（A）。

b. GVM≤2500kg 的 M_1 类车型，如 PMR>120kW/t，其限值增加 1dB（A）；其中，如 PMR>160kW/t，其限值再增加 2dB（A）。

c. GVM>2500kg 的 M_1 类车型，如属于越野车（G 类），或其驾驶人座椅“R”点离地高度≥850mm，其限值增加 1dB（A）。

d. GVM>2500kg 的 M_1 类车型，如 PMR>160 kW/t，其限值增加 2dB（A）。

e. M_2、M_3、N_2、N_3 类车型，如试验时采用多于两轴行驶，其限值增加 1dB（A）；如试验时采用多轴驱动，其限值再增加 1dB（A）。

f. N_1 类车型，如属于越野车（G 类），或试验时后轴参与驱动，其限值增加 1dB（A）。

g. GVM>17 000kg 的 N_3 类车型：如属于越野车（G 类），其限值增加 1dB（A）。

3. 车内挥发性有机化合物和气味强度评价指标

车内空气污染严重危害驾乘人员的健康，其中以挥发性有机化合物（volatile organic compound）污染最为显著。车内 VOC 污染是由车内不通风、内饰装修等原因造成的，其主要来源包括汽车零部件和车内装饰材料释放、车外污染物进入车内及汽车自身排放的污染物进入车内。尤其当汽车长时间暴露在阳光下、车内处于高温时，零部件及装饰材料中有害物质更容易释放。车内 VOC 主要包括烷烃、烯烃、芳烃和醛酮类物质。长期驾乘高浓度 VOC 的汽车，容易导致哮喘、心脏病、肝脏肾脏免疫水平失调、中枢神经系统受损等。部分 VOC 气体（如苯、甲醛等）还具有致癌和致基因突变的风险。

随着消费者环保意识和自我保护意识的不断提高，车内气味强度（vehicle odor intensity，VOI）也成为广大消费者关注的部分。车内气味强度大可能导致驾乘人员出现头晕、乏力、咳嗽、注意力无法集中、焦躁等驾车综合征，影响行驶安全。

我国的《乘用车内空气质量评价指南》（GB/T 27630—2011）中对新车和在用车内部VOC浓度做出了详细的规定，《车内VOC与车内气味测试评价规程》（CAHI-SM-VOC-2018）中规定了具体的测试方法、流程、评价指标与标准等。但这些都需要专业人员使用专业设备进行采样测定，对于普通的消费者来说，可操作性不强，并且相关车型的专业测试数据也很难准确获取。因此，建议在实际评价时通过以下方法来进行：①闻气味，在进行选购或试驾车辆时，在封闭车内停留一段时间，看是否有明显的刺激性气味；②看品牌，信誉高、大品牌的企业，为了市场份额，在选材用料时往往比较严苛、慎重；③听口碑，可以通过车友论坛、车评网站等平台关注车型使用的口碑；④自主简易测量，可以自行购买简易测试仪器或试纸进行测量。

4. 电磁辐射评价指标

电磁辐射是由于电流通过线圈造成磁场的变化而产生的。随着汽车电子电器比例的增加，尤其是伴随着电动汽车的快速发展，车内高压、大电流设备增多，智能网联技术的应用带来了无线发射设备数量增多，引发了很多消费者对车内电磁辐射影响健康的担忧。

目前我国还没有专门针对电动汽车的电磁辐射标准，而是套用《电磁环境控制限值》（GB 8702—2014）这一标准评定。该标准计算较为复杂，需要根据电动机自身频率参数进行计算。世界卫生组织（World Health Organization，WHO）规定磁场辐射安全标准为100μT。

我国2018年《车辆电磁场相对于人体曝露的测量方法》（GB/T 37130—2018）正式发布，2019年7月1日正式开始实施的国家强制性标准，对电磁辐射提出更高要求，也在一定程度上提升了我国电动汽车的环保安全性。现在我国有多家检测机构针对车辆尤其是电动汽车的电磁辐射开展测试工作，如中国汽车研究院股份有限公司推出的中国汽车健康指数（C-AHI），其中一项检测内容就是专门针对车辆电磁辐射的，并制定了《车辆电磁辐射（EMR）测试及评价规程》（CAHI-SM-EMR—2018），对车辆各种工况下的电磁辐射进行科学的测试评价。该规程将车辆电磁辐射（electromagnetic radiation，EMR）设置为满分100分，由匀速磁场辐射指标（constant-speed-running magnetic-field radiation index，CMRI）、急加速磁场辐射指标（accelerating magnetic-field radiation index，AMRI）、急减速磁场辐射指标（decelerating magnetic-field radiation index，DMRI）及通信电场辐射指标（communicating electric-field radiation index，CERI）组成，对应满分分别为65分、10分、5分、20分，加权计算EMR总得分，并转换为星级进行评价（表2-8-2）。从历年已经发布的测试结果来看，电动汽车的电磁辐射普遍低于传统燃油车，且某些部位的电磁辐射与手机等日常电子产品的辐射基本相当、产生的辐射数值甚至更低。

表 2-8-2　EMR 分数与星级对应

评价等级	EMR 得分区间	评价标识
5 星级	85≤EMR≤100	★★★★★
4 星级	80≤EMR<85	★★★★
3 星级	75≤EMR<80	★★★
2 星级	70≤EMR<75	★★
1 星级	60≤EMR<70	★

（三）汽车环保性的评价方法

对于整车环保性的综合认定，中华人民共和国环境保护部（简称环保部）2014 年发布了《环境标志产品技术要求　轻型汽车》（HJ 2532—2013），中国国家认证认可监督管理委员会也制定了《国家节能环保型汽车产品认证实施规则》。两者都主要侧重于准入、及格线的规定，缺乏定量的评价，难以用于不同车型的横向比较。基于以上情况，2010 年环保部组织编写了《轻型汽车环境影响指数（VEI）测算方法》。方法中将汽车常规排放污染物、CO_2、加速行驶车外噪声三项作为环境影响因子，并根据影响因子对环境的影响程度规定其权重分别为 50%、40%和 10%，计算 VEI 指数，并最终转换为星级进行评价（表 2-8-3）。但是这种评价主要侧重于车辆对环境影响的评价，缺乏汽车使用中的环保因素考虑，因此主要用于汽车产品的质量检测、设计生产等领域，对于消费者选购的参考价值不大。

表 2-8-3　汽车 VEI 指数与环保星级对应

VEI 值	环保星级
VEI≤50	★★★★★
50<VEI≤70	★★★★
70<VEI≤90	★★★
90<VEI≤120	★★
120<VEI≤150	★
VEI>150	无星级

总体来说，对汽车环保性全方位的综合评价还缺少相应的标准依据，加上很多评价指标的测试数据只掌握在评价部门和机构中，并未对大众公开，普通消费者或者从业人员难以获取。因此，在实际的车型环保性对比评价中只能通过收集车辆采取的提升环保性的技术、配置、材料、工艺等进行间接的、相对主观的粗略测试评价。例如，对于车辆噪声的评价，在无法获得车辆加速中的噪声级时，可以通过车辆采用的降噪技术、降噪材料等间接评价。

微凉：汽车排放标准与控制技术（上）

资讯二　提升汽车环保性的技术分析

（一）汽车排放标准

汽车排放污染物是环境污染的主要来源之一。随着环保意识的不断增强，世界各国对于汽车排放纷纷制定了越来越严苛的汽车环保排放标准。我国的排放标准按照实施时间的先后和严格程度划分为 6 个阶段，用罗马数字Ⅰ～Ⅵ表示，简称为国Ⅰ～国Ⅵ排放标准。其中，国Ⅵ相对于国Ⅴ标准，不论是在测试程序、测试环境、车载诊断系统（on-board diagnosis，OBD）控制要求、排放限值还是在蒸发控制要求等方面都有了较大的变化，更加严苛。尤其是大家广泛关注的限值要求，国Ⅵ比国Ⅴ要求增加了 40%～50%。另外，与国Ⅴ阶段汽油车和柴油车采用不同限值相比，国Ⅵ标准中对两种燃料的汽车规定了相同的限值要求，见表 2-8-4。

微凉：汽车排放标准与控制技术（上）

表 2-8-4 国Ⅵ与国Ⅴ排放物限值对比

排放污染物	国Ⅴ	国Ⅵ A	国Ⅵ B
一氧化碳（CO）	1000mg/km	700mg/km	500mg/km
碳氢化合物（HC）	100mg/km	100mg/km	50mg/km
氮氧化物（NO_x）	60mg/km	60mg/km	35mg/km
固体颗粒物（PM）	4.5mg/km	4.5mg/km	3mg/km
粒子数量（PN）	—	6×10^{11}个/km	6×10^{11}个/km
氧化二氮（N_2O）	—	20mg/km	20mg/km
非甲烷烃（NMHC）	68mg/km	68mg/km	35mg/km

鉴于国Ⅵ相对于国Ⅴ标准相差较大，国家层面对国Ⅵ标准的实施设置了两大阶段为车企提供调整生产的机会：

第一阶段，从 2020 年 7 月 1 日起，所有销售和注册登记的汽车都必须符合国ⅥA 标准。

第二阶段，从 2023 年 7 月 1 日起，所有销售和注册登记的汽车都必须符合国ⅥB 标准。

实际执行时，大部分城市都将实现国Ⅵ的时间进度调快，北京、上海、广州、深圳、河南、天津、河北、杭州、海南等地纷纷在 2019 年 7 月 1 日实施了国Ⅵ排放标准，同时国Ⅲ排放标准的车辆淘汰也在各地补贴政策的推动下加速完成。

（二）汽车排放控制技术

人们环保意识的不断加强、政策法规的逐渐严苛，使得汽车企业不得不一方面不断革新传统汽车的排放控制技术，另一方面加大新型节能环保汽车的研发力度。

1. 传统汽车的排放控制技术

对于以燃料燃烧为动力的传统汽车，减少 CO_2 和有害污染物排放的措施主要包含两个：一是主动源头控制，即通过对发动机、传动系统、车身等总成的性能进行改良，减少单位里程内排放物的产生；二是尾气被动处理，即对已经产生的排放物进行催化和净化。

（1）源头控制

1）发动机性能改良技术

发动机作为汽车的动力源，是燃料燃烧产生能量的核心机构，也是排放物产生的源头。因此，保障发动机内可燃混合气无限接近或达到理想空燃比，对于有效提升发动机的燃烧效率，降低单位里程的排放量具有重要的作用。目前汽车上能够起到排放控制的发动机技术主要包括涡轮增压（turbo boost）技术、可变气门正时（variable value timing，VVT）技术、可变进气系统技术、缸内直喷技术、发动机起停技术等。

① 涡轮增压技术。发动机采用了涡轮增压技术的车辆，一般尾部标记有 Turbo 或者 T。涡轮增压技术的主要作用是提高发动机的进气量，从而提高输出的功率和转矩。一台发动机装上涡轮增压器后，其最大功率与未装时相比可增加 40%，甚至更高。涡轮增压技术对于汽车环保性能方面的影响主要体现在：一是在不改变发动机排量的情况下，涡轮增压器的介入使发动机进气不仅仅依靠自身的真空负压吸入，而是产生更大的进气压力，将更多空气“压”入燃烧室内，增加了单位时间内的进气量，提升进气效率，从而使燃烧更加充分，产生更大的动力。通过小排量即可达到较大的动力输出，因此同等输出功率水平下，涡轮增压发动机与自然吸气发动机相比，CO_2 排放量可降低 20%。二是有利于混合气体的充分燃烧，降低尾气中有害气体的排放量。汽车尾气中的 CO 和 HC 主要是燃烧不完全的产物，涡轮增压技术增大了空气进气量，有利于燃料与空气的混合，实现更加充分的燃烧。目前涡轮增加技术被广泛应用在各种品牌的车型上。

② 可变气门正时技术。汽车发动机运转多处于高速状态，因此要确保一个工作循环的进气更充分、排气更彻底，就需要进气门提前开启，排气门延后关闭。发动机的工作就会出现进气门、排气门同时开启的状态，这段时间对应的曲轴转角被称为“气门重叠角”。随着发动机转速升高，进气、排气的时间越短，要求的气门重叠角越大。但是在低转速下，气门重叠角过大会使大量废气重新吸入气缸，进气量反而下降，进而发动机动力下降。因此在发动机的工作中要求，不同转速、负荷工况下，气门的开启、关闭时刻不同。可变气门正时技术就是根据发动机的转速和负荷适时调整气门的开启和关闭时刻，从而确保工作的稳定性和动力的输出。

可变气门正时技术对于环保性能的影响体现在：发动机怠速、小负荷运转时，进气门打开最晚、排气门闭合最早，气门重叠角最小，保证怠速稳定和正常燃烧；当转速和负荷逐渐增加，气门重叠角逐渐增大，从而获得较大的输出功率；中等负荷行驶时，气门重叠角最大，部分废气被吸入气缸，提高空燃比、降低燃烧温度，减少 HC 和 NO_x 的排放；高速、大负荷运转或急加速工况时，气门重叠角适度降低，增加进气量，保证动力性需求。VVT 技术的发展和应用可以适应不同发动机工况，通过提高进气、排气效率，提升发动机的动力性和经济性的同时，降低了排放。目前可变气门正时技术被广泛应用在各品牌的各种车型上，如丰田的连续可变配气正时技术（VVT-i）、本田的分级可变气门升程、连续可变配气正时（i-VTEC）、现代的连续可变气门正时 CVVT 等。

③ 可变进气系统技术。可变进气系统技术是通过改变进气管的长度和截面积，提高燃烧效率，使发动机在低转速时运行更平稳、转矩更充足，高转速时运行更顺畅、功率更强大。进气歧管一端与进气门相连，另一端与进气总管后的进气谐振室相连，每个气缸都有一根进气歧管。发动机在运转时，进气门不断地开启和关闭，气门开启时，进气歧管中的混合气以一定的速度通过气门进入气缸，当气门关闭时混合气受阻产生反弹，周而复始会产生振动频率。如果进气歧管很短，显然这种频率会更快；如果进气歧管很长，这个频率

就会变得相对慢一些。如果进气歧管中混合气的振荡频率与进气门开启的时间达到共振，那么此时的进气效率显然是很高的。因此可变进气歧管，在发动机高速和低速时都能提供最佳配气。发动机在低转速时，用又长又细的进气歧管，可以增加进气的气流速度和气压强度，并使得汽油得以更好地雾化，燃烧得更好，提高转矩的同时降低了有害气体的排放。发动机在高转速时需要大量混合气，这时进气歧管就会变得又粗又短，吸入更多的混合气，提高输出功率。

④ 缸内直喷技术（即燃料分层喷射技术 FSI）。缸内直喷技术是将喷油器安装在气缸盖进、排气门之间，直接将燃油喷入气缸内与空气混合，可以进一步提高汽油机热效率与降低汽油机排放。采用进气道喷射的发动机在冷起动过程中，缸内温度低，油气蒸发不完全，致使实际喷油量远远超过了按理论空燃比计算得到的喷油量，而且在冷起动时易出现失火或不完全燃烧现象，使 HC 排放增加。缸内直喷技术发动机可以精确地控制每个循环的空气与燃油比例，结合分层燃烧直接起动技术，可以降低冷起动时的 HC 排放。同时缸内直喷技术采用的高压燃油喷射，能使油气雾化效果和混合效率更佳，使符合理论空燃比的混合气通过分层燃烧和均质燃烧，达到油耗降低、动力提升、有害排放物降低的目的。这套由柴油发动机衍生而来的科技目前已经大量使用。常见的有大众的 TSI、奥迪的 TFSI/FSI、奔驰的 CGI、宝马的 GDI、通用的 SIDI 等。

⑤ 发动机起停技术。发动机起停技术就是在车辆行驶过程中临时停车（如等待红灯或堵车）的时候，在满足特定条件时发动机自动熄火；当需要继续前进的时候，系统自动重起发动机的技术。起停系统的工作模式是：当车辆因为拥堵或者路口停止行进时，驾驶人踩下制动踏板，车辆静止 2s 后发动机自动熄火；当驾驶人松开制动踏板，或者转动转向盘，发动机又会马上自动点火，立即又可以踩下加速踏板起步，整个过程都处于 D 挡状态。

微课：启停技术功能演示视频

发动机起停技术的采用对于汽车的经济性和环保排放性能均有帮助。采用该技术百公里可减少 15.1g 的 CO_2 排放，同时也可降低恶劣工况下 CO、HC 等有害气体的排放量。德国博世公司的实验结论是：发动机起停技术的平均节油率为 8%～15%，并且越拥堵、排量越大效果越明显。中国汽车技术研究中心也测试过，节油率甚至达到 7%～27%。欧洲国家汽车的发动机起停技术搭载非常普及，随着我国排放标准越来越严苛，该项技术的搭载也十分普遍。

2）高效的传动技术

当汽车发动机性能和常用行驶工况确定后，合理选择传动比、进行传动系统与发动机的匹配优化，能够使汽车使用性能最大限度地发挥，起到节能环保的作用。在传动系统中变速器的类型、挡数、主减速器的传动比等参数与汽车的动力性、经济性有着密切的关系，间接地影响汽车的环保排放性能。一般来说，挡位数越多，变速器与发动机的匹配越紧密，发动机发挥最大功率的机会越高，在低燃油消耗区工作的可能性越大，会改善汽车的动力性和经济性。采用无级变速器，变速器的速比工作范围更宽，能够使发动机以最佳工况工作，改善燃烧过程，降低废气排放量。

3）车身的轻量化技术

汽车的油耗与质量成正比，有效降低汽车质量，不仅可以提升汽车的经济性，同时能够提高发动机负荷率，减少 CO_2 排放量。汽车轻量化技术是指在保持原有的行驶安全性、耐撞性、抗振性及舒适性不降低，且汽车本身造价不被提高的前提下，有目标地减轻自身质量。实验表明，汽车质量每减轻 10%，油耗会下降 6%～8%，排放量会下降 4%。汽车轻量化的实现主要通过合理的车身结构设计和轻型材料的使用两种途径。例如，汽车总成、部件结构的小型化，整车布局的紧凑化，密度小、强度高的新型材料的使用等。

（2）排放控制与处理

对于汽车排放性能的提升，除了从源头控制之外，排放物的处理也是不可忽视的渠道。目前常见的汽油车、柴油车上面采用的排放控制方式有三元催化转化器（three-way catalyst converter，TWC）、曲轴箱通风系统、蒸发排放控制系统、颗粒物捕集器（particulate filter）、二次空气喷射系统、废气再循环系统等。

1）三元催化转化器

三元催化转化器是安装在排气系统上的排放控制装置，用于有效地降低废气中的 CO、HC 及 NO_x 量，在尾气排放处理过程中发挥的作用无可替代，被普遍应用于各种车型上。三元催化转化器（图 2-8-2）由金属外壳、多孔型蜂窝状载体和催化层（含有铂、铑等贵重金属）组成。当高温废气流经载体时，在催化剂的作用下将 CO、HC 和 NO_x 有害气体转化为 CO_2、H_2O 和 N_2 无害气体，减少对大气环境的污染，其减排效果可以达到 90%。

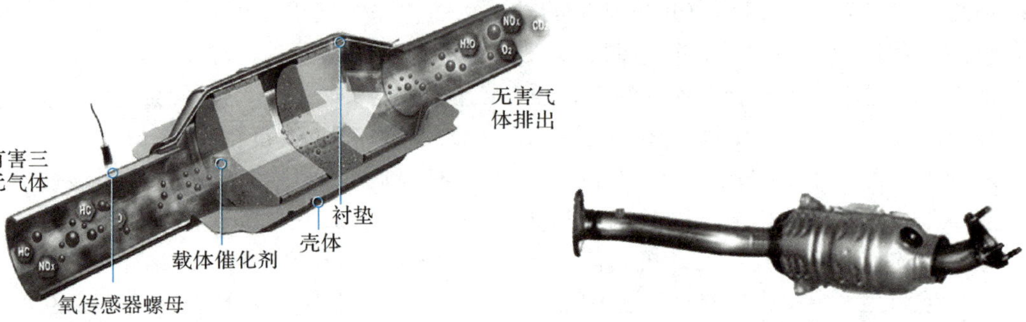

（a）内部结构　　（b）实物

图 2-8-2　三元催化转化器系统内部结构及实物

2）曲轴箱通风系统

曲轴箱通风包括自然通风和强制通风。目前汽油发动机常采用强制式曲轴箱通风，又称 PCV 系统。强制通风方式是将曲轴箱内的混合气（主要是未燃气体）通过连接管导向进气管的适当位置，使其再次燃烧，既改变了过去将其直接排入大气所造成的污染，又提高了发动机的经济性（图 2-8-3）。汽车用柴油机也逐渐采用强制性通风。

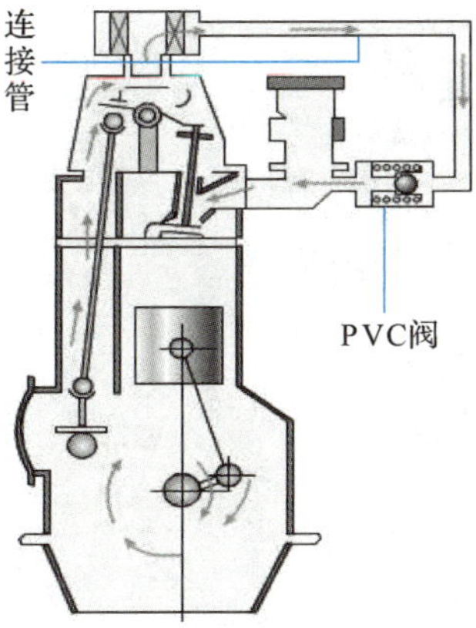

（a）工作原理

（b）实物

图 2-8-3　曲轴箱强制通风系统的工作原理及实物

3）蒸发排放控制系统

蒸发排放控制系统（EVAP）的作用是阻止油箱内的燃油蒸气逸入大气中污染环境。当油箱内的燃油蒸发时，燃油蒸气经排气软管和管道流向 EVAP 炭罐，被吸附在炭罐内的活性炭上。当发动机开始工作时，再使被吸附的燃油蒸气在负压条件下解附，送入发动机燃烧室内燃烧。

4）颗粒物捕集器

微粒排放物质（烟灰）是发动机排放污染物中的一种，由碳或碳化物的微小颗粒（尺寸为 4～20μm）所组成。颗粒物捕集器安装在发动机排放系统中的陶瓷过滤器中，它可以在微粒排放物质进入大气之前将其捕捉。最初颗粒物捕集器普遍应用在柴油车上，随着国Ⅵ排放法规的逐步实施，为了减少汽油机颗粒物排放，颗粒物捕集器已经成为其后处理系统的标准配置。柴油机颗粒物捕集器又称 DPF（diesel particulate filter），汽油机颗粒物捕集器又称 GPF（gasoline particulate filter）。

颗粒物捕集器的工作基本原理是：发动机排出的含有炭粒的黑烟，通过专门的管道进入颗粒物捕集器，经过其内部密集设置的袋式过滤器，将炭烟微粒吸附在金属纤维毡制成的过滤器上；当微粒的吸附量达到一定程度后，会引起发动机背压升高，导致发动机性能下降，所以要定期除去沉积的颗粒物，恢复颗粒物捕集器的过滤性能（图 2-8-4）。颗粒物捕集器的再生有主动再生和被动再生两种方法：主动再生指的是利用外界能量来提高颗粒物捕集器内的温度，使微粒着火燃烧。当颗粒物捕集器中的温度达到 550℃时，沉积的颗粒物就会氧化燃烧；如果温度达不到 550℃，过多的沉积物就会堵塞颗粒物捕集器，这时就需要利用外加能源（如电加热器、燃烧器或发动机操作条件的改变）来提高颗粒物捕集器内的温度，使颗粒物氧化燃烧。被动再生指的是利用燃油添加剂或者催化剂来降低微粒的着火温度，使微粒能在正常的发动机排气温度下着火燃烧。颗粒物捕集器能够减少发动机所产生的烟灰 90%以上。

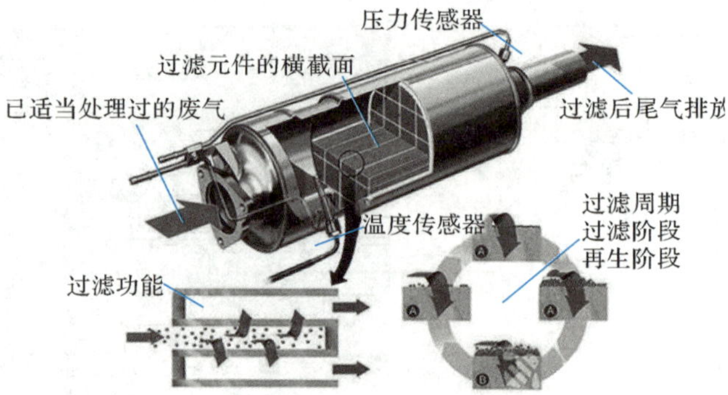

图 2-8-4　颗粒物捕集器的结构

5）二次空气喷射系统

发动机冷起动时，三元催化转化器还未能达到正常工作温度（300℃左右），此时污染物排放较高。二次空气喷射系统（second-air injection，AI）向废气中额外供给新鲜空气，增加 O_2 的含量，使排气中的 HC 和 CO 在高温下再次燃烧，生成 CO_2、H_2O，达到净化空气的目的。同时再次燃烧产生的热量可以加速三元催化转化器升温。随着排放标准的不断限值，二次空气喷射系统与三元催化转化器配合使用，成为车辆必备的装置。

二次空气喷射系统的结构如图 2-8-5 所示。

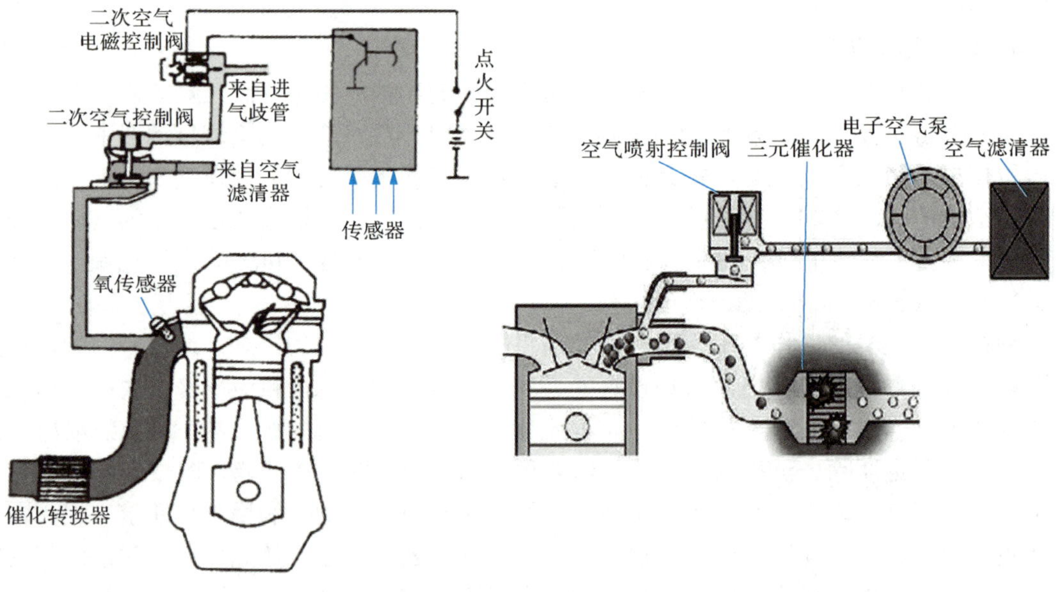

图 2-8-5　二次空气喷射系统的结构

6）废气再循环系统

废气再循环系统是一项应用多年的成熟技术。废气再循环系统是指把发动机排出的部分废气回送到进气歧管，并与新鲜混合气一起再次进入气缸（图 2-8-6）。由于废气中含有大量不能燃烧却可以吸收热量的 CO_2、水蒸气等多原子气体，由于其比热容高，可以吸收大量的热，使气缸中混合气的最高燃烧温度降低，破坏了 NO_x 生成的有利环境，从而减少了 NO_x 排放量。需要指出的是，前面提到的可变气门正时技术，在冷却温度过高时会加大气门重叠角，引入更多废气来降低燃烧温度，起到了内部废气再循环的作用。

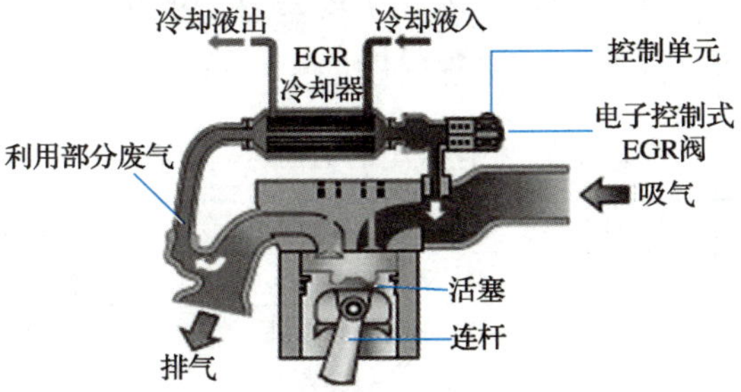

图 2-8-6　废气再循环系统工作示意

2. 新能源汽车技术

提升汽车环保排放性能的根本措施是寻找更清洁的新型替代能源。尤其是近年来在我国新能源汽车战略背景下，新型节能环保汽车技术得到了迅猛发展。《节能与新能源汽车产业发展规划（2012—2020 年）》指出，新能源汽车是指采用新型动力系统，完全或主要依靠新型能源驱动的汽车。新能源汽车包括的范围较广，主要是指纯电动汽车、混合动力汽车、燃料汽车、燃料电池电动汽车、其他新能源汽车（如太阳能汽车、超级电容汽车等），其特征在于能耗低、污染物排放少，属于环保友好型。目前市场量产化的主要有纯电动汽车、混合动力汽车和替代燃料汽车等。

（1）电动汽车

电动汽车主要包括纯电动汽车（BEV）、混合动力汽车（HEV）和燃料电池汽车（FCEV）。纯电动汽车是一种采用单一蓄电池作为储能动力源的汽车，它利用蓄电池作为储能动力源，通过电池向驱动电机提供电能，驱动电机运转，从而推动汽车行驶。虽然纯电动汽车目前市场上已经有大量的量产车型，但是其电池的续驶里程、安全性以及充电速率等仍有待完善。

混合动力汽车是指车辆驱动系统由两个或多个能同时运转的单个驱动系统联合组成的车辆，车辆的行驶功率依据实际的车辆行驶状态由单个驱动系统单独或共同提供。通常所说的混合动力汽车，一般是指油电混合动力汽车，即采用传统的内燃机（柴油机或汽油机）和驱动电机作为动力源，是迈向纯电动汽车的一种过渡方案。

燃料电池汽车是以氢作为燃料，在汽车搭载的燃料电池中，与大气中的氧气发生氧化还原化学反应，产出电能来带动驱动电机工作，由驱动电机带动汽车中的机械传动结构，从而驱动汽车前进。燃料电池汽车的反应结果会产生极少的 CO_2 和 NO_x，副产品主要为水，因此被称为绿色新型环保汽车。但目前由于技术局限，还未市场量产化。

不同类型的电动汽车，其结构原理不同，节能环保性能也不相同，各类型电动汽车的特点见表 2-8-5。燃料电池无论是能源生产前端还是使用排放后端，均是最理想的环保车型，但是受电池技术、成本因素等限制，距离大规模的市场量产还有一定的距离。纯电动汽车从使用来看属于“零排放”车型，然而因我国主要还是采用火力发电和核发电，前期电能的获得本质上仍然对环境有影响。但是由于发电厂的效率比汽车发动机高很多，并且大多数发电厂有污染防治设备，因此整体排放性能和能源利用效率仍具备明显的优势。纯电动汽车是目前环保型汽车的最佳选择。混合动力汽车对环境的污染介于传统燃料汽车和纯电动汽车之间，是解决纯电动汽车续驶里程问题的一个过渡。

表 2-8-5　不同类型的电动汽车特点比较

比较项目	非插电式混合动力汽车	插电式混合动力汽车	纯电动汽车	燃料电池汽车
能源类型	燃油	燃油+电能	电能	氢气
驱动方式	发动机+驱动电机	发动机+驱动电机	驱动电机	驱动电机
节油比例	20%～50%	30%～100%	100%	100%
污染物排放	++	+	--	--

除上述电动汽车外，还有太阳能转换为电能驱动的汽车、以超级电容储能驱动的汽车等，如图 2-8-7 所示。

（a）太阳能汽车

（b）超级电容汽车

图 2-8-7　太阳能汽车和超级电容汽车

（2）燃料汽车

燃料汽车包括气体燃料汽车、生物燃料汽车、氢燃料汽车等，它们分别是用气体燃料、生物燃料、氢燃料代替燃油作为发动机燃料的汽车。

1）气体燃料汽车

气体燃料汽车是指利用可燃气体作为能源驱动的汽车。汽车的气体代用燃料种类很多，常见的有液化天然气（liquefied natural gas，LNG）、压缩天然气（compressde natural gas，CNG）和液化石油气（liquefied petroleum gas，LPG）。

2）生物燃料汽车

燃用生物燃料或掺有生物燃料的燃油的汽车称为生物燃料汽车。与传统汽车相比，生物燃料汽车在结构上无重大改动，但排放总量较低，如乙醇燃料汽车、生物柴油汽车等。

3）氢燃料汽车

氢燃料汽车也称为氢发动机汽车，是以氢发动机为动力源的汽车。氢是清洁燃料，采用氢气作为汽车燃料，只需将常规火花塞点火式发动机略加改动，其燃烧效率比汽油高，混合气可以较大程度地变稀，所需点火能量小，有利于节约燃料和提升排放性能。氢气也可以加入其他燃料（如 CNG）中，用于提高效率和减少 NO_2 的排放。

燃料汽车中目前应用较多的是 CNG、LNG 和 LPG 汽车，主要应用在公交车、出租车等营运车辆，或者车辆的改装中。CNG、LNG 和 LPG 汽车节能环保性能比较见表 2-8-6。

表 2-8-6　CNG、LNG 和 LPG 汽车节能环保性能比较

比较项目	CNG 汽车	LNG 汽车	LPG 汽车	汽油汽车	柴油汽车
百公里燃料消耗量（以出租车为例）	$10m^3$	$9.5m^3$	12.5L	10L	8L
百公里燃料费/元	43.6	50.8	48.1	58.1	43
相对于汽油车的当量 CO_2 排放量/%	85	85	86	100	80
减排效果	好	好	一般	—	—

（三）汽车噪声控制技术

汽车噪声是造成城市噪声的主要来源。汽车噪声的产生主要来自发动机噪声、风噪、轮胎噪声、排气噪声以及其他部件振动产生的噪声等。对于噪声的控制处理：一是从噪声产生源头上主动控制；二是在噪声产生之后，在噪声传播渠道中采取被动衰减或抵消噪声的措施。

微课：汽车噪声评价指标与控制技术

1. 主动降噪技术

主动降噪技术是指从噪声产生源头采取措施。汽车采用的主动降噪技术主要包括降低车身空气阻力系数、选用低噪声的轮胎、采取有源降噪技术、加装抑制振动的装置等。

（1）降低车身空气阻力系数

汽车行驶时随着速度的不断增加，车身结构件与空气之间的摩擦加大，空气阻力急剧增加，因此行车噪声和油耗明显加大。空气阻力系数是衡量汽车受空气阻力影响大小的一个标准，空气阻力系数越小，说明它受空气阻力影响越小。因此选择空气阻力系数越小的车型，能够有效地降低行驶过程中的风噪和油耗。空气阻力系数的大小主要取决于车身的流线型。一般来说，在保证乘坐要求的基础上，采用低车高、小轴距、车头下压、车身表面平滑少凸起的造型设计能够有效降低空气阻力系数。目前，大多数轿车的空气阻力系数为 0.28～0.4；线性较好的汽车如跑车等，其空气阻力系数可达 0.25 左右，一些赛车甚至可达 0.15 左右。表 2-8-7 中列出了一些常见车型的空气阻力系数。

表 2-8-7　常见车型的空气阻力系数

车型	空气阻力系数 C_D
帕萨特	0.28
奥迪 A4	0.28
奔驰 C 级	0.26
宝马 5 系	0.25
保时捷卡宴	0.35
本田 CR-V	0.3959
F1 赛车	0.15

SUV 由于车身高、车体大，而且车身流线欠佳，空气阻力系数普遍处于 0.34～0.39，宝马 X5 和标致 3008 达到 0.31，而不含车顶行李架的空气阻力系数可以低至 0.29。总体而言，通过对车身外形、减阻附件的优化组合，可使空气阻力系数降低 0.05～0.14，节约能耗 2.5%～7%。

（2）选用低噪声的轮胎

汽车轮胎就如同人穿的“鞋子”，不同的花纹、结构、材质“走起路来”发出的声音不同，因此一款静音性能良好的轮胎对于胎噪的有效降低具有重要的作用。

（3）采取有源降噪技术

所有的声音都由一定的频谱组成，如果可以找到一种声音，其频谱与所要消除的噪声完全一样，只是相位刚好相反（相差 180°），就可以将这些噪声完全抵消，如图 2-8-8 所示。有源降噪技术就是从噪声源本身着手，设法通过电子线路将原噪声的相位倒过来，产生频率相同、幅值相等、相位相反的声波，与噪声源声波相遇后彼此叠加抵消（图 2-8-9）。但由于车辆环境噪声多样，难以做到产生 100%的反相噪声，因此叠加后的噪声信号或大大降低，但无法完全抵消。

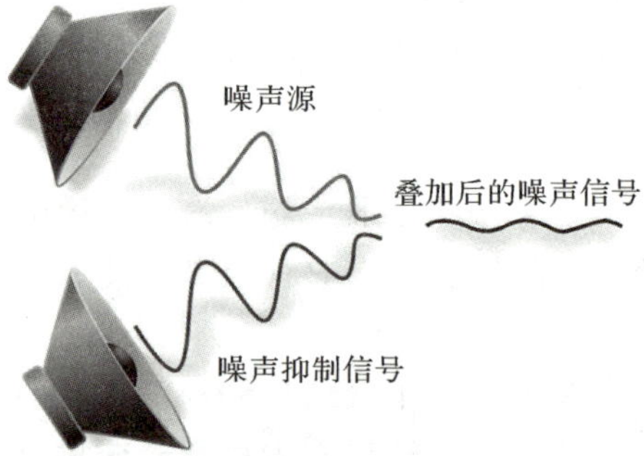

图 2-8-8　有源降噪的声波叠加示意

图 2-8-9　有源降噪的声波叠加原理

目前很多汽车配备了该项技术，如凯迪拉克 XTS 使用了发动机舱的有源降噪，在顶棚、车门内设置了特制输出音响，以中和噪声；别克昂科威使用了 BOSE 主动声音管理技术，通过分析不同的噪声音谱，协调车内多个降噪扬声器工作，实现对噪声的精确抑制。不同厂家对于有源降噪技术的叫法不同，但硬件配置差别不大，基本都是通过车内麦克风采集噪声样本，经过控制单元的分析处理后，由车载扬声器播放频率、振幅相同但相位相反的声音抵消噪声。

（4）加装抑制振动的装置

由于现代轿车多采用承载式车身，车辆刚度较弱，固有频率较低，因此相比非承载式（车架式）车身更容易产生共振而引发噪声。同时随着轻量化的需求，车身表面通常用金属薄板制成，这些薄板的声音辐射效率很高。行车过程中，振源将振动传递给车身，并在车身中传播，引起车上其他部件振动，从而产生更多的辐射噪声。振动是噪声之源，有效抑制振动、加强钣金件刚度，能够降低噪声的产生。因此在汽车上安装减弱钣金件振动的装置，能够帮助降低车辆噪声，例如，在车门、发动机舱盖等部位设置加强筋提高刚度；在整车板件内侧加装阻尼带或者粘贴止振板衰减振动；或者在板件内侧喷涂防声图层降低辐射效率等。

2. 被动降噪技术

被动降噪是指噪声产生之后，在其传播过程中采取的衰减、抵消、隔离等措施。汽车上的被动降噪技术主要包括消声器技术、隔音技术、吸音技术、密封技术等。

（1）消声器技术

排气噪声是汽车噪声的主要来源之一，因此消声器广泛应用在汽车排气系统中，用于降低发动机的排气噪声。部分高端车辆为了进一步控制整车噪声水平在进气系统中也安装了进气消声器。消声器的基本工作原理是利用声波的叠加、抵消及反射现象来实现噪声的削弱。按消声原理与结构划分，汽车消声器可分为抗性消声器、阻性消声器和阻抗复合型消声器三类。抗性消声器是在内部通过管道、隔板等部件组成扩张室、共振室等各种消声单元，声波在传播时发生反射和干涉，降低声能量达到消声目的的消声器，消声频带有限，通常对中低频带消声效果好，高频消声效果差，货车多采用抗性消声器。阻性消声器是在内部排气通过的管道周围填充吸声材料来吸收声能量达到消声目的的消声器，对中高频消声效果好，单纯用作汽车排气消声器的较少，通常是与抗性消声器组合起来使用。阻抗复合型消声器是分别用抗性消声单元和吸声材料组合构成的消声器，它具有抗性、阻性消声器的共同特点，对低、中、高频噪声都有很好的消声效果，广泛应用在汽车上。不同类型消声器的内部结构如图 2-8-10 所示。

（2）隔音技术

隔音技术是指通过采用隔音材料和隔音结构来阻隔噪声的传播途径。声波入射到隔音材料或结构上，其中一部分能量被反射回去，一部分被吸收，还有一部分能量会穿透后辐射出去。因此，选用时应该考虑前两者性能表现突出的隔音材料或结构。在隔音材料的应用上，常见的有发动机舱铺设隔音棉、发动机下护板镶嵌隔音材料、车内地板铺设地胶以及车窗、前后风窗玻璃采用隔音玻璃等。在隔音结构上，汽车的地板、车身等部位大都采用表面覆盖件和内饰板组成夹层结构，利用双层隔音板间的空气层起到隔音效果。

（3）吸音技术

吸音技术是指声波入射到多孔、透气或纤维性材料时，会引起材料孔、缝隙中的空气和纤维发生振动，由于摩擦和黏滞阻力作用，使一部分声能转换成热能耗散。一般情况下，吸引控制技术能使室内噪声降低 3～5dBA，使噪声严重的环境降噪 6～10dBA。内阻尼较大的材料，吸音性能好，如塑料、橡胶等非金属材料和铅、强磁性金属材料。汽车上常用的吸音做法是：在车门、地板、行李箱等处的双层隔板之间粘贴吸音棉，进一步降低噪声。

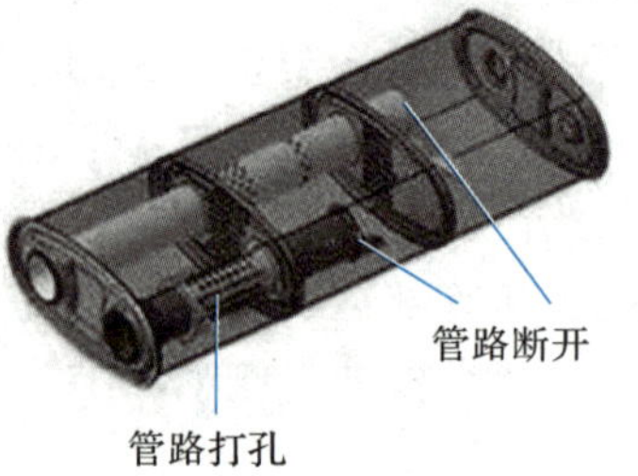

（a）抗性消声器

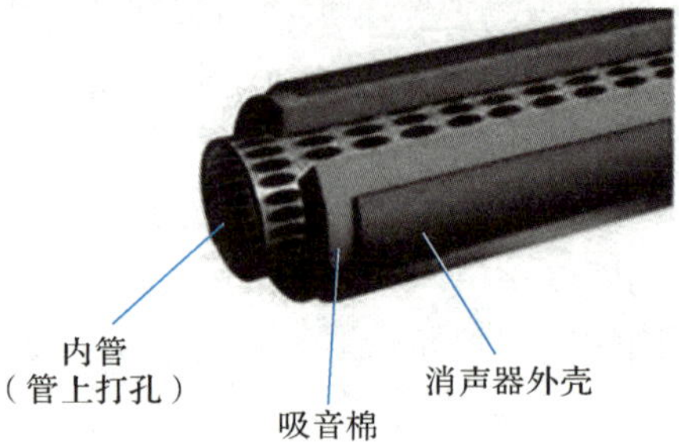

（b）阻性消声器

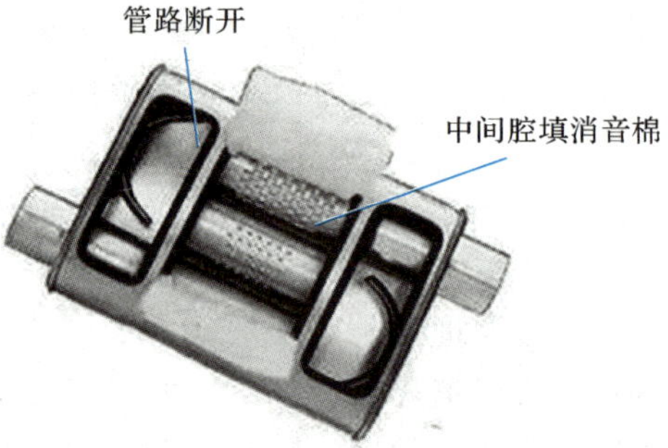

（c）阻抗复合型消声器

图 2-8-10　不同类型消声器的内部结构

（4）密封技术

由于车身上开有许多安装孔、工艺孔、布线孔和排水孔，同时车门、车窗、行李箱及门框之间存在一定的缝隙，因此车辆运行过程中各种噪声会通过这些孔及缝隙传入车内。密封技术可以很好地隔断噪声传播的路径，起到降噪作用。在很大程度上，汽车密封性能的好坏直接决定了车内噪声的控制水平，尤其在高速行驶时好的密封性能对风噪有很好的抑制效果。汽车上常用密封胶、密封条（如车门密封胶、车门密封条等）进行密封。

目前车辆的噪声控制技术越来越完善，其中复合式消声器成为各类车型的必备配置；不同的车型根据价位、性能、结构不同，隔音、吸音、减振加强等措施配置具有差异（表 2-8-8）；低风阻的车身、低噪声的高性能轮胎以及主动降噪技术等在高端车上的应用较多。

表 2-8-8　某 MPV 车不同部位的隔音、降噪、补强减振措施

降噪措施	车体部位	选用材料
吸音	防火墙（发动机舱内）	复合吸音板
	前风窗玻璃槽架下	复合吸音板
	前围板（车内）	毛毡

续表

降噪措施	车体部位	选用材料
吸音	仪表板下	毛毡
	顶盖	毛毡
	车门护板内	吸音棉
	地板	毛毡
	侧围护板	吸音棉
	中控台	吸音棉
	A 柱下内板	海绵
隔音	仪表板下	PVC 隔音垫
	前围板（车内）	PVC 隔音垫
	地板	PVC 隔音垫
密封	车门内板	塑料膜
	后侧围	塑料膜
	地板堵孔	塑料堵孔片
	钣金件搭接处	涂胶
	线束过孔	橡胶密封垫
	车门	橡胶密封条
	前风窗玻璃下端	闭孔海绵
	翼子板-A 柱下内板	PU 海绵
	侧围封闭腔	发泡聚氨酯
阻尼减振	仪表板下钣金件	阻尼
	前围板（车内）	阻尼
	前后轮罩	阻尼
	地板	阻尼
刚性补强	车门外板	贴片式补强材料
	顶盖	贴片式补强材料
	背门外板	贴片式补强材料
	翼子板	贴片式补强材料
	D 柱接头处	固化胶补强材料

（四）车内空气质量控制技术

汽车因内饰材料释放有机挥发性物质或者外部有害气体或颗粒物进入车内，而导致汽车乘客舱内有害物质浓度上升或产生异味的现象，称为车内空气污染，主要表现形式为气味、VOC、雾化、PM2.5、多环芳烃等。当车内空气污染达到一定浓度时，就会引起人员不适，严重时造成健康危害。车内空气污染的主要来源有三个方面：一是加工用助剂（添加剂），在汽车生产和加工过程中，为了改善生产工艺和提高产品性能需要添加各种辅助化学品，如发泡剂、增塑剂、抗氧剂、稳定剂、阻燃剂等；二是合成用助剂，由单体制备合成树脂、合成橡胶等高分子材料的过程中所需要的助剂，如阻聚剂、引发剂、乳化剂和分散剂等；三是材料降解，高分子材料在热氧化作用下降解产生的有机挥发性物质等，图 2-8-11

所示为造成车内污染的主要非金属材料。相关研究表明，车内软内饰件是影响整车 VOC 含量的主要原因，座椅是整车 VOC 贡献量最大的部件。

微课：车内环境环保性能评价

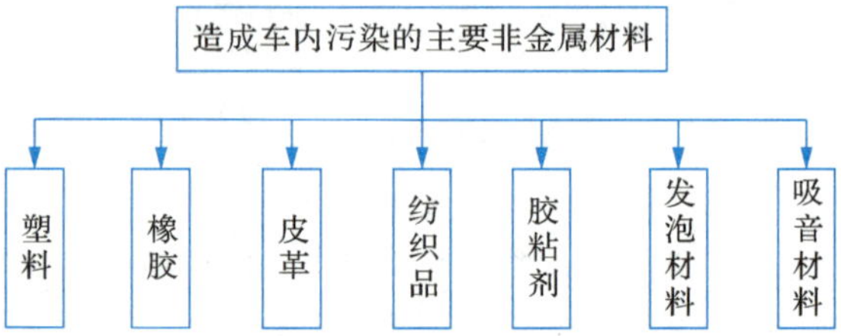

图 2-8-11　造成车内污染的主要非金属材料

车内空气质量的控制措施主要分为两方面：一方面是选取更加环保无害的原材料，优化和改进加工制造工艺；另一方面是采用空气净化技术，对车内气味和有机挥发物进行吸收、处理。

1. 替代型材料和加工工艺改进

材料是气味和 VOC 管控的源头，加工制造工艺是过程管控的要点，两者组合即可形成优选的绿色设计与绿色制造方案。近年来随着环保的不断重视，出现了一系列低气味、低 VOC 的材料、工艺：环保丁基橡胶替代沥青在阻尼垫上的应用；PP 玻纤板/PP 蜂窝板替代木纤维板的应用；EPP 替代 EPS 在缓冲垫上的应用；超声波焊接替代胶水粘接在内饰件上的应用；免喷涂材料替代喷漆在亮饰条上的应用；模内表面发泡工艺替代搪塑工艺的应用；TPV 热塑性弹性体替代 PVC 材料的应用；PU 发泡醛类抑制剂的添加应用；双组分棉替代毛毡在吸音、隔音产品上的应用。

2. 空气净化技术

针对车内气味、VOC、花粉、细菌、病毒、颗粒物、烟尘等有害物质，汽车上采用了不同的空气净化技术，主要技术路线包括：①物理吸附和包裹，例如通过活性炭吸附、HEPA 过滤、静电吸附等；②化学氧化，例如，通过臭氧发生器进行臭氧氧化，通过光催化净化器进行净化，通过负离子发生器进行杀菌等。这些技术的作用及特征对比分析见表 2-8-9。

表 2-8-9　车内空气净化技术对比分析

车内空气净化技术	净化对象/作用	优点	缺点
车内空气质量监控系统（AQS）	实时监控车内外 PM2.5、CO 和挥发性有机物的含量，并根据监控结果自动开启空调内外循环及空气净化装置	能够自动监测与控制	成本高
活性炭多效过滤技术	可过滤甲醛、乙醛、苯、TVOC、尾气、异味、PM2.5、花粉等物质	成本低，对异味、PM2.5 均有净化效果，技术成熟	需定期更换
静电除尘技术	可捕获 PM2.5、花粉、烟尘、悬浮颗粒、细菌、病毒	PM2.5 净化效率高	仅能净化颗粒、粉尘和细菌、病毒

续表

车内空气净化技术	净化对象/作用	优点	缺点
光催化净化技术	可净化甲醛、乙醛、苯、TVOC 等物质	应用形式多样，可安装于净化器，也可喷涂于内饰零部件，能够有效分解挥发性有机物	必须在光催化作用下才有效
等离子杀菌除味技术	可吸收和杀除 TVOC、异味、霉味、细菌、病毒	能够去除异味、霉菌、病毒等	成本较高，不能净化 PM2.5 和烟尘
负离子空气清新技术	可杀除细菌、病毒，输送负离子、氧气、清新水分子等	成本低，能释放负氧离子，清新空气	不能净化 PM2.5 和烟尘

以上技术在汽车上的应用越来越普遍，并且往往在综合考虑成本、效果的情况下进行组合应用。例如，新凯美瑞车型配备了光触媒空气清新器和 NANOE 纳米负离子发生器，空调面板上的 nanoe 便是纳米负离子发生器的标识。本田思域、CRV 空气净化器采用三层过滤系统，通过活性炭过滤芯采用经典吸附原理，微粒捕获能力强，能过滤小至 0.3μm 的细微颗粒，过滤效果高达 99.9%；其中运用的 HEPA 技术，不仅能清除各种病毒、细菌以及细微颗粒物，更能有效去除 91%的甲醛、95%的甲苯等挥发性有机物；同时还推出了三款不同香薰，给消费者以环保、舒适的驾乘体验。沃尔沃 S60、S80 配备的 IAQS 系统的传感器比较敏感，动作非常快，可以对引入车厢的空气量进行微调，控制车厢内空气的混合比例，从而在保持车内空气通畅的同时防止污染物进入车内；多重过滤器可以在很大程度上降低道路灰尘、柴油烟尘、花粉颗粒物等的浓度，同时滤芯中的活性炭过滤器可以有效降低对人体有害的二氧化氮、氢氧化物和臭氧浓度。奥迪 Q5、A4L 的空气净化器集成于中央扶手箱中，综合运用了等离子杀菌除味技术和静电集尘技术，运行安静，最高噪声不高于 40dB，完全低于原车内噪声，不影响乘车舒适性；内置微粒检测感应器，可对车内空气质量及改善情况进行指示；启动车载空气净化装置，空气改善指示灯随时显示车内的空气质量。此外还有雪铁龙的 AQS+等离子杀菌除味技术、雪佛兰的 AQS+负离子空气清新技术、比亚迪的静电集成技术等。

（五）汽车电磁辐射控制技术

随着汽车电动化、智能化和网联化成为汽车技术发展的重要方向，汽车上的电磁环境越来越复杂，汽车电磁辐射逐渐成为人们用车担心的问题。汽车发射的大量电磁波频率范围在 15～1000MHz。经常通过以下手段控制电磁干扰与辐射。

微课：汽车电磁辐射评价与控制技术

1. 合理布线，减少网络干扰

① 对于干扰敏感的部件采用独立电源，分列用线。

② 对于干扰敏感部件的输入端加抗干扰衰减滤波器，合理布线，采用一点接地法，将强弱信号和大小不同电流的地线分隔布置，防止干扰信号通过地线进入各级用电设备，以降低电磁干扰和辐射。

③ 在汽车收放机电路中引入调频波段抑制噪声电路，或把印制电路板各个部分馈电系统布置成反射状，收放机的公共地线置于中央位置以免线路之间的干扰信号被收放机接收。

④ 电源的馈电系统加设 RC 滤波电路，以减少电路的耦合。

2. 科学设计，减少电磁辐射源

① 串接阻尼电阻。汽车电磁辐射发生在高压电部分的能量较大，影响也大。在调频振荡电路中串联阻尼电阻，使高频振荡受到削弱，能够有效地抑制电磁辐射生成。例如，在点火高压电路中串入 10～20kΩ 的阻尼电阻，安装在火花塞附近，可以有效削弱高频振荡。

② 并联抗干扰电容。如汽车上常在调节器电池接线柱与搭铁接线柱之间并联 0.2～0.5μF 的电容；在水温表与机油压力表传感器触点间并联 0.1～0.2μF 的电容；在闪光器和喇叭的触点间并联大于 0.5μF 的电容，均能吸收火花能力，减轻电磁干扰与辐射。

③ 采用无触点点火装置或无分电器点火系统。近几年生产的很多车辆均广泛采用了无分电器式微机控制点火系统。

④ 采用金属屏蔽。对容易产生电火花的电器，如点火线圈、发电机、调节器、仪表和传感器等，用金属罩遮盖；将高频电流通过的导线用密织的金属网或金属罩屏蔽，并将金属遮盖物搭铁，可有效地防止和消除电磁波的辐射和传播。

⑤ 利用电子控制降低触点电流。相关实验证明，电动汽车从静止到直线加速，其电磁辐射值随车速的增加而不断增大。因为电动汽车所搭载的动力电池本身没有辐射，电磁辐射来源于电流，在加速时，电流大了，磁场感应就会变强，电磁辐射自然就会变大。以奇瑞瑞虎 3xe 车型实验为例，当电磁测试仪贴近奇瑞瑞虎 3xe 车型仪表板时，整个加速过程中，所测得的电磁辐射最大值为 1.10μT，而当测试者的脚离开加速踏板，停止加速，车辆在滑行状态时，其电磁辐射值随车速减慢而不断降低。同时，在车辆加速过程中，副驾驶腿部区域的电磁辐射值最高为 0.95μT，全车的电磁辐射极值出现在后排地板凸起位置，为 2.39μT。在正常行驶时，接近驾驶人位置，电磁辐射值已变得极低，最高值仅为 0.08μT。但即便是最高值，距离世界卫生组织规定的磁场辐射安全标准值 100μT 还有相当一段距离。

资讯三　汽车环保性对比评价案例

汽车的环保性主要体现在排放性能、噪声控制、车内空气质量、电磁辐射等方面。其中，排放性能主要与汽车的能源形式、排放物的处理技术等有关。目前纯电动汽车相比混合动力、传统燃油汽车来说在排放性能方面的优势显而易见。车内空气质量主要受汽车内饰等相关材料的选用和空气质量控制技术影响，与汽车能源类型基本相关不大。本节选取市场上具有代表性的三款传统燃油汽车和两款新能源汽车分别进行评价分析。

（一）传统燃油汽车环保性的相关指标与信息对比

根据前文对汽车环保性的相关影响因素、评价指标分析，收集凯美瑞、迈腾、金牛座三款传统燃油汽车的相关信息，见表 2-8-10。

表 2-8-10　凯美瑞、迈腾、金牛座三款中级轿车的环保信息对比

车型	凯美瑞 2019 款改款 2.5G 豪华版 指导价：21.98 万元	迈腾 2020 款 330TSI GSG 豪华型 指导价：23.39 万元	金牛座 2019 款 EcoBoost245 悦享版指导价：22.89 万元
基本参数			
发动机型号	2.5L209 马力 L4	2.0T186 马力 L4	2.0T245 马力 L4
变速器类型	8 挡手自一体变速器（AT）	7 挡双离合变速器（DCT）	8 挡手自一体变速器（AT）
整备质量/kg	1585	1540	1746
车身结构	4 门 5 座三厢车轿车	4 门 5 座三厢车轿车	4 门 5 座三厢车轿车
长×宽×高	4885mm×1840mm×1455mm	4865mm×1832mm×1471mm	5018mm×1884mm×1506mm
燃料类型	92 号汽油	95 号汽油	92 号汽油
燃油消耗			
工信部综合油耗/（L/100km）	6	6.3	7.2
实测平均油耗/（L/100km）	8.3	8.8	8.1
环保标准			
排放等级	国Ⅵ	国Ⅵ	国Ⅵ
噪声数据			
怠速噪声/dB（A）	46.9	40.6	41.5
80km/h 噪声/dB（A）	65.2	60.7	60.5
120km/h 噪声/dB（A）	69.3	64.3	64.7
车内空气质量控制技术			
	车载空气净化器、车内 PM2.5 过滤装置、负离子发生器	车载空气净化器、车内 PM2.5 过滤装置	车载空气净化器、车内 PM2.5 过滤装置

注：表中的配置、参数等信息主要来源于汽车之家网站。

环保性评价分析与结论如下。

1. 噪声水平

三款车从不同工况下的噪声声级来看，迈腾和金牛座基本接近，凯美瑞虽然车身尺寸、空气阻力系数与迈腾接近，降噪措施方面导致不同工况下的噪声水平略差。

2. 排放和油耗水平

三款车均达到国Ⅵ排放标准，但在油耗方面凯美瑞最优，迈腾次之，金牛座油耗最高，因此单位里程排出的温室气体等也会更多。

3. 车内空气质量水平

从三款车采用的车内空气处理技术来看，凯美瑞与其他两款车相比在车载空气净化器、车内 PM2.5 过滤装置的基础上多配备有负离子发生器，可有效杀除细菌、病毒，输送负离子、氧气、清新水分子等。

4. 评价结论

三款车都达到了国Ⅵ排放标准，油耗、噪声控制、车内空气质量控制技术都相差不大，受限于中级车辆整备质量较大、排量较高，因此环保性与经济型车还有一定差距。

（二）新能源汽车环保性的相关指标与信息对比

新能源汽车环保性的评价与传统燃油汽车不同，主要从能量消耗、车内空气质量控制、噪声控制、电磁辐射四方面分析。收集长安逸动、比亚迪秦两款纯电动汽车的相关信息，见表 2-8-11。

表 2-8-11　长安逸动、比亚迪秦纯电动汽车的环保信息对比

车型	长安逸动新能源 2019 款 EV460 智领版 指导价：13.99 万元	比亚迪秦新能源 2019 款高续航版尊贵型 指导价：13.99 万元
能源类型	纯电动	纯电动
工信部续驶里程/km	405	421
整备质量/kg	1650	——
车身结构	4 门 5 座三厢车轿车	4 门 5 座三厢车轿车
长×宽×高	4740mm×1820mm×1530mm	4675mm×1770mm×1500mm
电池类型	三元锂电池	三元锂电池
电池容量/（kW・h）	52.56	53.1
百公里耗电量/（kW・h/100km）	14.3	14.7
60km/h 噪声/dB（A）	56.3	58.1
80km/h 噪声/dB（A）	58.2	62.9
120km/h 噪声/dB（A）	63.6	70.3
车内空气质量控制技术	车载空气净化器、车内 PM2.5 过滤装置	车内 PM2.5 过滤装置

环保性评价分析与结论如下。

两款车均属于国产自主品牌生产的新能源纯电动三厢轿车，从噪声级别来看，长安逸动在不同车速工况下的噪声控制效果更优；车内控制质量控制技术的配置也比比亚迪秦更加完善；另外，虽然两款车均属于纯电动汽车，排放值为零，但长安逸动百公里耗电量更低，从能源消耗角度分析，无疑更加环保一些。因此，从综合噪声、车内空气质量控制、能源消耗等方面来看，长安逸动的环保性表现更出众。对于电磁辐射方面，因未能获取到相关的数据，无法进行对比分析，但两款车均符合国家相关产品质量要求。

以上两个案例分析仅限于在获得常见数据参数的基础上完成粗略的评价。专业深入的环保性评价，还需要通过相应的技术设备手段获取更多信息，如单位里程内尾气中不同排放物的含量、车内空气中有害物质的浓度、新能源车的电磁辐射情况等。

课堂练习

（一）填空题

1. 汽车环保性的评价主要包括________、________、________和________。

2. 汽车排放污染物主要包括________、________、________、________。

3. 汽车噪声主要来自________、________、________、________及部件振动产生的噪声。

4. 车内空气污染主要来源于三方面，分别是________、________和________。

（二）选择题

1. 下列不属于车内空气净化技术的是（　　）。
   A. 车内空气质量监控系统　　B. 活性炭多效过滤技术
   C. 静电除尘技术　　D. 光触媒净化技术
   E. 双区独立控制空调技术

2. 以下能够有效降低电磁干扰与辐射的方法有（　　）。
   A. 串接阻尼电阻　　B. 采用金属屏蔽
   C. 通过电子控制技术降低电流　　D. 独立、分列布线

3. 以下属于主动降噪技术的有（　　）。
   A. 采用低空气阻力系数的车身设计　　B. 采取有源降噪技术
   C. 复合型消声器　　D. 采用吸音、隔音材料

4. 以下说法中不正确的是（　　）。
   A. 车身钢板较薄可以有效降低车身质量，减少振动，抑制噪声产生
   B. 电动汽车的排放性明显优于传统汽车
   C. 电动汽车由于以电能驱动，所以电磁辐射要比传统燃油车大
   D. 提升燃料的燃烧效率，不仅对汽车的经济性有好处，同时也能降低排放污染

（三）问答题

能够提升汽车排放性的技术有哪些？

项目实施

小组根据个人兴趣选择 2～3 款同级别的车型，收集相关信息，试着对比分析它们的环保性，完成下列工作任务单。

不同车型环保性的对比分析工作任务单

任务名称	汽车环保性对比分析		
小组成员		任务成绩	
任务要求	小组选择感兴趣的 2～3 款车型，收集与汽车环保性相关的参数、配置、技术，运用所学知识对车型的环保性进行对比分析		
性能相关信息	车型 1：__________	车型 2：__________	车型 3：__________
对比分析：			
评价结论：			

注：若环保性相关信息栏不够，可自行补充。

考核评价

综合整个学习过程，通过学生的课堂表现、课后习题、任务完成情况等对学生的知识、能力、思政要素和职业素养目标达成情况进行评价。

项目教学目标达成情况评价表

班级：________________ 姓名：________________

知识目标达成情况		
目标描述	教师评价	学生自评
是否能正确描述环保性的定义		
是否能够准确列出影响环保性的因素		
是否知道环保性的主要评价指标		
是否能够列出提升汽车环保性的技术配置		
评价结论：知识目标达成与否	□ 是 □ 否	
能力目标达成情况		
目标描述	教师评价	学生自评
是否能够利用各种渠道收集与环保性相关的数据、配置、技术措施等信息		
是否能对汽车的环保性进行全面、客观的评价		
评价结论：能力目标达成与否	□ 是 □ 否	
思政要素和职业素养目标达成情况		
目标描述	教师评价	学生自评
环保性相关信息收集是否全面		
通过本讲的学习，环保意识是否得到提升		
小组活动中展现的团队协作、沟通交流能力		
本讲课堂表现的积极性		
是否能够严谨、客观、科学地分析车型数据、配置，获得评价结论		

模块三

汽车选购

项目一　汽车选装件的认识

项目实施

本项目主要介绍汽车选装件的分类与选取要素，通过学习，应能认识汽车销售过程中涉及的常见选装件，并能根据不同客户的需求提出购买选装包的建议。

学习目标

知识目标	能力目标	思政要素和职业素养目标
知道汽车额外的选装件配置	能够根据不同客户需求推荐恰当选装件配置	1. 培养发现问题和解决问题的能力。 2. 培养理解国家汽车相关政策及发展动态的能力。 3. 养成实事求是、严谨认真的职业精神。 4. 培养以客户需求为导向，为客户推荐产品的意识

对接 1+X 证书模块 1-7（初级）工作任务 6—整车销售流程
知识要求：1.7.5 店内精品附件信息
技能要求：1.7.5 能合理地向客户推荐、介绍精品附件

情境导入

客户刘先生决定购买沃尔沃 XC60 T40 致远版，夫妻俩共同使用该车，女方在倒车技术方面有待提升，同时两位也非常喜欢自驾出游。因此想自己加装某些配置，但对汽车选装件的认识有所欠缺。请你根据客户实际需求，为客户制定选装包。

课前练习

根据查找的资料，完成下列课前练习（表 3-1-1）。

表 3-1-1　汽车选装件课前练习

1．汽车常用的选装件有哪些？
2．简述影响汽车加装选装件的原因。

相关资讯

汽车选装包是车主在购车时，可以根据自己的需求选择的一种配置组合，使车内的每一种配置都“物有所值，物尽所用”。在欧美汽车市场购买选装包是一种非常普遍的现象。欧美车商在为客户提供车时，往往提供“裸车”，这样不但能够减少车主在不必要的配置上的支出，也避免了某些车型功能虽多，但实用性差的情况，能够最大限度地满足车主的个性化要求。

目前在国内市场，选装包更多地出现在豪华品牌车型身上。以保时捷 Macan 为例，售价 58.8 万元的入门级车型想要获得更好的体验，客户往往会选择价值 10 万元以上的选装包。

资讯一　汽车选装件认识

（一）汽车选装件分类

目前汽车的选装件主要分为安全类、舒适类、实用类及性能类四大种类（表 3-1-2）。

微课：新车销售中常见选装件

表 3-1-2　汽车选装件分类

配置类别	具体分类（主要）	分类依据
安全类	AEB 自动紧急制动、ACC 自适应巡航、BSD 盲点监测、并线辅助、车道隔离预警、夜视系统、疲劳驾驶提醒	以驾驶的安全为最终的要求配置
舒适类	电动行李箱、电吸门、按摩座椅、座椅加热、座椅记忆、无钥匙进入系统、转向盘材质、远程启动、车内氛围灯、后排液晶屏	给予乘客和驾驶人舒适的乘坐空间
实用类	胎压监测系统、全景摄像头、倒车影像、自动驻车、HUD 抬头显示、GPS 导航、220V 电源、后视镜记忆、隐私玻璃、后排遮阳帘、自动刮水器、温度分区控制、车载空气净化器、后排独立空调、车载冰箱、可选扬声器、无线充电、Carplay 互联系统	利用率高、方便乘客及驾驶人的配置
性能类	空气悬架、可变悬架、中央差速锁、运动外观套件、可变转向比、运动座椅、可升降尾翼	与性能有关、提升车辆运动性能的配置

（二）如何选择汽车选装件

微课：汽车选装件的认识与选购原则

某些车企在基础配置之上推出了“选装包”供消费者挑选，选装配件又分为四大类别，每个类别又有众多的选择。在购买“选装包”时注意事项如下。

1. 根据自己的经济实力选装加配

很多车辆购买时裸车价格比较低，在我们的经济实力范围内，但是有些加装配件的价格高得离谱，那样车辆到手后反而超过我们承受的价格。

2. 坚持配置够用原则

有些车辆的选装配置往往只是华而不实，好看、好听但不实用，如车辆的定速巡航功能，如果只是车辆代步，不经常跑高速等，车辆就没必要进行加装了。

3. 安全辅助系统尽量选原厂

如果想增加车辆的主动安全配置，如 ACC 自适应巡航、车道偏移、定速巡航等系统，最好选择原厂的配件，这样质量有保证，也有质保期，使用起来更放心。

4. 注意个性化配件会更贵

在加装配件里面，也有一些比较个性的配件，如车漆方面，想定做专属的车漆，费用往往很高，要再三斟酌后再考虑是否更换。

5. 原厂选装件偏贵

有些原厂的加装配件（如天窗、倒车影像、倒车雷达等）标价偏高。例如，某种车型选装天窗价格为 3000 元，这时可以多花 7000 多元买中配车，其中就包括天窗、倒车影像、倒车雷达等。

6. 小心变相提价

在某些渠道购买全进口汽车时，裸车价格比较低，但加上加装配件就高得有些离谱了，所以要提前咨询好。

知识窗

案例：董先生夫妇打算购买英菲尼迪 Q50 运动版，董先生今年 33 岁，有两名小孩，夫妻俩共同使用该车，主要是上下班代步，同时两位也非常喜欢带娃出游。董先生本人非常喜欢音乐，希望能够加装一套音响，加装预算为 5 万左右，整车预算 30 万左右。

分析：销售人员在为客户推荐选装件的时候，应根据客户的具体需求，详细询问客户的用车环境、习惯等，按需推荐，而非按价推荐。应按照客户需求及价位预算，推荐恰当品牌的音响，不盲目推荐高端品牌。同时，考虑到客户有孩子，可以推荐客户加装车内空气过滤系统等。

资讯二　汽车选装包购买案例

在实际中汽车选装包的购买往往是复杂多变的，需要针对每一位消费者的具体情况进行综合分析，不可一概而论。因此，首先应该了解消费者的具体需求，包括使用对象、主要用途、意向车型（SUV、轿车还是其他车型）、使用地点、使用时间、职业、预算、家庭状况、爱好习惯、用车经历等尽可能详尽的信息，再针对性地明确选购中的关注点。

（一）消费者购车需求背景介绍

本节任务中刘先生夫妇打算购买沃尔沃 XC60 T40 致远版，刘先生向从事汽车销售的朋友小李咨询购车时选择选装包的事项。小李首先向刘先生了解了本次购车的具体背景：刘先生 34 岁，公司高管，参加工作 8 年，夫妻俩共同使用该车，张女士的倒车技术有待提升，主要是上下班代步用，同时两位也非常喜欢自驾出游。置换购车，预算为 30 万元左右。

（二）选购中的性能关注要点建议

① 使用人：34 岁中年夫妻，用途：主要上下班代步。

② 选装包分析：刘先生夫妇非常喜欢自驾出游，所选车型也是 SUV 车型，出游难免会行驶在路面状况较差的路段，建议客户可以选装空气悬架等性能类的配置；另外张女士的倒车技术有待提升，建议客户选装 360° 倒车影像，以保障行驶安全。最后，鉴于客户购车预算较为充足，喜欢自驾游，比较注重生活品质，建议客户可以加装舒适类配件，例如，车载冰箱，方便存放食物；提升扬声器品质，让音乐陪伴旅途；加装无线充电，保障手机电量等。

③ 结论分析：综上所述，刘先生夫妇可以在购买 XC60-T40 致远版的基本配置基础上，购买含空气悬架、360° 倒车影像、无线充电、车载冰箱、高端扬声器的选装包，从而提升车辆的性能、安全性及舒适度。

课堂练习

（一）填空题

1．汽车选装件分为________、________、________、________四大种类。

2．选装包中性能类的配置是指与性能相关的，提升汽车________的配置。

（二）选择题

1．下列属于选装包中安全类的是（　　）。

A．车身稳定系统　　B．变道辅助系统

C．车道偏离预警系统　　D．全景影像系统

2．甲说汽车不用购买选装包，乙说可以根据自身实际情况进行选购，下列判断中正确的是（　　）。

A．只有甲正确　　B．只有乙正确
C．甲乙都正确　　D．甲乙都不正确

3．以下不属于选装件的是（　　）。
A．倒车影像　　B．ACC 自适应巡航
C．空气悬架　　D．发动机排量

（三）问答题

车辆关于舒适性的选装配件有哪些？

项目实施

王先生想置换一辆新车，现有车型是宝马 320L 豪华运动版。预算在 30 万元左右。新车主要是上下班代步用，希望购买一款省油且保养费用较低的车型。动力要求一般，希望空间较大，安全性、舒适性较好，不介意配件加装，请你给王先生推荐一款合适的车型。

结合以上资讯内容，组织学生分组，每个小组各自讨论，为王先生推荐一款合适的车型，并完成工作任务单。

车型推荐工作任务单

<table>
<tr><td>班级</td><td></td><td>车型及年款</td><td></td></tr>
<tr><td rowspan="2">小组成员</td><td rowspan="2"></td><td>客户姓名</td><td></td></tr>
<tr><td>联系电话</td><td></td></tr>
<tr><td>推荐该车型原因</td><td colspan="3"></td></tr>
<tr><td>实训反思</td><td colspan="3"></td></tr>
<tr><td>自我评价</td><td colspan="3"></td></tr>
<tr><td>教师评价</td><td colspan="3">教师姓名：　　　年　　月　　日</td></tr>
</table>

考核评价

综合整个学习过程，通过学生的课堂表现、课后习题、任务完成情况等对学生的知识、能力、思政要素和职业素养目标达成情况进行评价。

项目教学目标达成情况评价表

班级：________________　　　　　　　姓名：________________

知识目标达成情况		
目标描述	教师评价	学生自评
是否能正确描述选装件的类别		
是否能够准确列出影响购买选装包的因素（1+X 部分内容）		
评价结论：知识目标达成与否	□ 是　　　□ 否	
能力目标达成情况		
目标描述	教师评价	学生自评
是否能为客户推荐恰当的选装包		
评价结论：能力目标达成与否	□ 是　　　□ 否	
思政要素和职业素养目标达成情况		
目标描述	教师评价	学生自评
信息收集能力是否得到提升		
小组活动中展现的团队协作、沟通交流能力		
本讲课堂表现的积极性		
信息收集处理中是否严谨、客观、科学		

项目二　汽车选购渠道与方法认识

项目描述

本项目主要介绍购买汽车的主要渠道、新车选购的步骤和选购案例，通过学习，应能辨识正规、合法的选购渠道，并能根据客户需求为其提供购车渠道的咨询服务。

学习目标

知识目标	能力目标	思政要素和职业素养目标
1. 知道汽车的各个选购渠道及优缺点。 2. 知道汽车选购的步骤及方法	能够根据客户的购车需求为客户提供汽车选购的相关咨询	1. 培养信息收集、处理与分析的能力。 2. 养成严谨、认真、客观、科学的评价态度。 3. 培养汽车选购渠道的辨别能力

情境导入

小刘准备购买一辆新车，小刘的一个朋友建议他去汽车超市购买或通过平行贸易进口车渠道购买。而另一个朋友建议小刘直接购买新能源车辆，说“新能源车采用的是商家展厅直销模式，简单清楚，没有套路。”小刘就犯难了，传统的 4S 店，品牌丰富，可选择性强，售后又有保障，但是现在确实有更多的选择渠道，会不会也有优势呢？小刘想请你给个建议。

课前练习

根据查找的资料，完成下列课前练习（表 3-2-1）。

表 3-2-1　汽车购买渠道课前练习

1. 现在可以从哪些渠道购买一辆新车？
2. 通过调研，写出一般客户选购汽车的流程。

相关资讯

买车是现在很多消费者考虑的问题，尤其是对于一些年轻的消费者来说，购车欲望更加强烈，现在除了传统的汽车经销商，还有平行贸易进口车渠道、汽车超市、二级经销商、各类汽贸店、汽车电商网站、展厅直销等众多渠道，到底在哪个渠道才能购买到质优价廉的汽车呢？所以掌握一定的购车渠道知识就显得非常重要了。

资讯一　新车购买渠道认识

（一）传统汽车经销商（4S 店）

这是目前最普遍也最有代表性的一种汽车销售渠道，4S 店是一种以“四位一体”为核心的汽车特许经营模式，包括整车销售（sale）、零配件（sparepart）、售后服务（service）、信息反馈（survey）等。它拥有统一的外观形象、统一的标识、统一的管理标准，在 2017 年之前都是只经营单一品牌的汽车店面销售渠道，从 2017 年下半年开始在新的汽车销售管理办法实施后开始向多品牌方向转型。

微课：汽车选购渠道分析

4S 店的汽车都是从厂家直接进货的，但这不代表其有价格优势。相反，很多时候其价格相比其他渠道可能还要高些，这主要是由其经营模式决定的。其优势主要体现在汽车服务的专业度高、购买流程体验较好，售后服务非常完善等。这种店在一二线城市分布比较密集，贴近当地消费者，购车后的各种维修保养等也比较方便，所以处在这些区域的购车用户可以优先选择 4S 店这一购买渠道。

（二）平行贸易进口车渠道

平行贸易进口车，是指未经品牌厂商授权，贸易商从海外市场购买，并引入中国市场进行销售的汽车。由于进口地不同，可分为“美规车”“中东版车”“加版车”“欧版车”等，以区别于授权渠道销售的“中规车”（满足我国对机动车制定的一系列设计、使用和管理要求的法律法规而生产制造的车辆）。

购买平行贸易进口车的优势主要在于价格，平行贸易进口车绕过了总经销商、大区经销商、4S店等销售环节，省去了不少中间环节，且平行贸易进口车经销商定价不受厂商限制，比较自由，因此在价格上有较大优惠，通常平行贸易进口车比“中规车”价格要低10%～20%。但平行贸易进口车的种类多局限于豪华车、进口车，此渠道适合于相对有一定经济实力、喜好豪华品牌的人。但平行进口车的售后不像4S店那样完善，在遇到一些问题的时候可能会略显麻烦。

（三）汽车超市

汽车超市（automobile supermarket），又称汽车商店，是一种同时经营多种汽车品牌，并为顾客提供休息与服务的汽车销售模式。汽车超市起源于欧洲，是高度发达和成熟的汽车产业发展到一定阶段的产物。

现实中，很多汽车超市都是从4S店拿车，属于二级网点的类型。车源不稳定，能拿到什么品牌的车就卖什么品牌的车。某汽车超市刚开业不久就被报车少、服务不专业、体验不佳，甚至无法满足购车过程的中基本需求，如无法试乘试驾等。汽车超市遇到的这些问题主要在于人力和资金上的投入非常大，需要大量的专业销售人员及店内展车等。

（四）二级经销商、各类汽贸店

二级经销商和各类汽贸店，这类渠道多分布在三线至六线城市，这些区域4S店数量少，但随着这些地区消费者的购车能力逐渐提高，购车量也呈上升趋势。

这些二级经销商、汽贸店等基本都没有自己的一手车源，都是通过和相关的4S店合作来拿车，卖什么品牌的车都不固定，大部分终端销售商拿到的不是一手车源，而是从层层经销商手中拿来的。

这些车的质量并没有什么问题，但是这些店在经过层层渠道后没有价格优势，且其服务的专业度和4S店也没法比，当地消费者要么跑很远到城里的4S店去买车，要么就忍受这些购车用车体验极差的服务，所以这个渠道并不是最好的选择。

（五）汽车电商网站

利用汽车电商网站购车的方式由来已久，却一直都无法真正被普及，当然最近几年的用户接受度越来越高了，主要是因为这些电商平台解决了用户购车过程中所遇到的种种问题，如由于线上线下的割裂，导致用户担心的支付问题、售后服务问题、提车周期问题等。随着这些问题的解决，通过网络购车已经开始逐渐发力。

网上购买汽车主要是在汽车电商平台提供的网站上、App内进行的选车、预定、支付等，以及相关的线下提车、试乘试驾服务等。现阶段网络平台购车流程通常是线上预付，线下交接。虽然线上系统种类繁多，价格相对透明，但在线下售后服务方面，相比4S店还有很多完善空间。

（六）展厅直销

目前市场上的展厅直销实际上存在两种情况：一类是城市展厅，其不需要专门的土地资源建网点，可以选择在城市已有的建筑物内通过改建、扩充建构服务网点。它的功能相对4S店更简单。传统的4S店包括整车销售、零配件销售、售后服务、客户服务及公司日常行政办公等，而城市展厅除具有销售车辆的功能外，也发挥了形象展示的窗口作用。另一类是车企建设的展厅，它是一种全球统一高标准的4S店模式。

展厅直接销售模式，具有以下几个特征。

1. 便利性

展厅直销的地点大多建造在城市中心地带，客流量大，比4S店能更快地聚集人气，也让品牌有更高的曝光率。

2. 个性化

限于城市用地紧张以及既定建筑格局，城市展厅建设标准、布局等没有严格规范，而是采取更加个性化的展示方式，与周围商业环境和谐配套。

3. 窗口化

位于城市中心的城市展厅承担的功能除常规的销售外，还有展示、宣传及品牌体验功能。城市展厅的地理位置决定了品牌的高曝光率，因此品牌渗透是城市展厅的重要功能。

资讯二　选购新车的步骤

选购新车的步骤如图3-2-1所示。

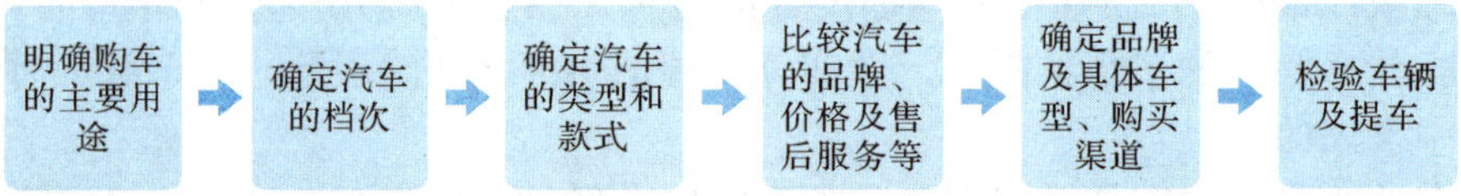

图3-2-1　选购新车的步骤

1. 明确购车的主要用途

选购汽车首先要明确购买汽车的主要目的及用途，这也是选购汽车的前提。明确了购车用途，才可以进一步确定选购车辆的类型和档次。

如果购买的车辆是用于上下班代步，同时对车辆要求不高，可以选择一款性价比较高、配置中等、油耗较低的车型。如果购买的车辆主要用于旅行、越野等，就需要选择一款性能较好的SUV，能够适应各种路面环境。如果主要用于商务接待，可以考虑选择一款成熟稳重的车型，而且品牌知名度要较大，颜色最好为深色。

2. 确定汽车的档次

根据汽车的用途及个人购车的经济能力，基本可以确定选购车辆的档次。通常来说，购车档次的确定主要还是取决于消费者的购车预算以及购车的用途。例如，主要用于上下班代步，可以选择紧凑车型或普通车型。汽车档次分类见表 3-2-2。

表 3-2-2 汽车档次分类

汽车档次	发动机排量/L	参考价格/万元	车辆性能	购车目的	适用家庭
微型汽车	≤1	≤10	一般	代步	经济一般
普通汽车	1～1.6	10～15	较好	代步、公务	经济中等
中级汽车	1.6～2.5	15～20	好	代步、公务	经济较好
中高级汽车	2.5～4	20～30	豪华	代步、公务	经济好
高级汽车	≥4	≥30	超豪华	公务、享乐	经济很好

3. 确定汽车的类型和款式

根据汽车的外形及功能，家用轿车还可以分为不同的类型，包括三厢车、两厢车、SUV 及 MPV 等。消费者可以根据购车用途、不同车型的特点及个人的需求来确定购买汽车的类型和款式。例如，商务用途的车型，一般会选择三厢轿车。

4. 比较汽车的品牌、价格及售后服务等

在确定好汽车的用途、类型及款式后，就应该比较此范围内车辆的品牌、价格及售后服务等。不同的消费者在选购汽车时，考量的重点不同，有的关注品牌，有的关注价格，有的关注车辆的性能表现等。不管关注的重点是什么，消费者可以根据自身的情况，重点考虑上述因素中的 1～2 个方面，进而做出购买决策。

对于品牌而言，意味着性能的保证和责任的承诺。一般而言，大品牌经历了更多的市场竞争，有更好的设计和质量保证，售后服务环节更有保障。汽车的性能表现是选购车辆时需重点考虑的因素，需要对比不同车型的相关参数配置。不同的车型在性能方面都有不同的优势。例如，瑞典品牌沃尔沃，以安全性著称；日系车的经济性好。汽车配置也是消费者选购车辆时要考虑的重要因素。一个系列的家用轿车，会有多种不同的配置，它们的外观差别并不大，但是内部配置却有较大区别。例如，奥迪 A4L 就分为 35TFSI 时尚动感型、40TFSI 时尚雅致型、40TFSI 豪华雅致型、45TFSI quattro 臻选动感型等配置。主要的区别在于发动机参数和一些其他配件的差异，包括真皮座椅、电动座椅、倒车雷达等。不同的配置，车辆会有不同的表现，消费者可以根据自己的用车习惯以及购车的预算综合考虑车辆的配置。

汽车售后是消费者在购车时较少考虑的因素。然而，在购车时更应关注车辆的售后服务状况。因为车辆最终是一个使用的工具，必然会用到售后服务。如果售后服务无法保障或者售后服务不尽如人意，会特别影响使用心情。

5. 确定品牌及具体车型、购买渠道

基于购车用途及预算，在比较汽车品牌、价格及售后服务等方面后，决定选购车辆的品牌和具体车型。

接下来就需要选择购买渠道了。在选择购买渠道时，要考虑经销商的销售价格、服务

内容及售后服务的水平。

知识窗

案例：刘先生在A市销售小型货车。他在微信上找到B市的货车销售代理商王某，准备用18万元购买一辆大型自卸货车。王某当时在微信上把车身的照片以及相关配置发给刘先生，双方在没有形成书面合同的情况下，口头约定买车协议，刘先生随后将钱打到王某提供的私人账户上。不久，刘先生购买的这辆货车到货，在他试车时却发现根本挂不上挡位，车窗玻璃也摇不上去，就连中央控制锁也是坏的。刘先生找了几名经验丰富的货车维修师傅对整车进行检查后，发现货车底盘生锈严重，多处零部件损坏。不仅如此，生锈的车架号号码和发动机合格证中的型号号码还对不上。

分析：在选择购车渠道时，一定要注意选择正规、合法的渠道，并要和商家签订正式完整的合同。不能简单、盲目地以价格为导向，不要相信“口头协议”。付款前先看好车辆的现有配置是否与商家宣传的配置一致，并向销售方索要购车的发票以及车辆的合格证等手续材料。

6. 检验车辆及提车

汽车经销商在帮助车主完成相关手续后，会通知车主到店提车。车主在提车时，应注意对车辆外观、随车物品以及相关证件进行检查，以保证车辆完好和证件齐全。

资讯三　汽车选购案例分析

（一）案例：小张　男　26岁　7000元/月

购车需求：是第一辆车，比较注重汽车品牌。大多时候是个人驾驶，所以后排空间并不重要，比较注重经济性，希望价格低，要求自动挡车型，预算在10万元以内。

案例解析：小张的关注点是品牌，并且在注重品牌的同时关注经济性，那么各大品牌的入门车型就是很好的选择，可以选择国产品牌或者合资品牌。由此看来，年轻化定位的上海大众Polo和广汽丰田致炫就再合适不过了。虽然是入门车型，可是两厢小车作为代步车比三厢轿车更加适合，无论外观、经济性还是品牌，都很适合年轻人。

（二）案例：刘先生　男　42岁　6000元/月

购车需求：第一辆车是微型面包车，负责给店面拉货，现在想购置一辆SUV作为家用。一家五口，所以对空间要求较高，外观大气、沉稳，动力够用，预算在10万元左右，要求手动挡车型。

案例解析：刘先生的需求非常明了，就是要大空间来应对家用要求，那么比亚迪S7和北汽幻速S6这两款车都比较适合。比亚迪S7是七座车型，空间非常充裕。而北汽幻速S6自推出以来便以大空间作为宣传卖点，1.5T的发动机动力表现能够满足刘先生的需求。除了符合刘先生对大空间的要求，这两款车外观都比较漂亮，10万元左右的预算也比较充足。

（三）案例：王小姐　女　31 岁　20 000 元/月

购车需求：希望买一辆空间、动力都非常均衡的豪华品牌轿车，要求外观时尚、大气、预算大概 40 万元。

案例解析：王小姐关注品牌，那么奔驰 E 级就非常合适。奔驰 E 级无论外观还是内饰都在各大汽车论坛广受好评，加长后的 E 级内部空间也比较充足。在王小姐的预算里可以买到 E200，动力为 2.0T 低功率版本，在城市路况动力够用，经济性好。

课堂练习

（一）填空题

1．购买汽车的主要渠道有________、________、________，________、________，________。

2．新车选购的第一步是________________。

（二）选择题

1．下列说法中正确的是（　　）。

A．汽车网络销售还没出现　　B．城市展厅能够提升品牌知名度

C．买新车不用考虑用途　　D．传统 4S 销售模式已经退出

2．甲说车辆可以随便选个渠道就购买，乙说要根据自己的实际情况选择恰当的渠道购买，下列判断中正确的是（　　）。

A．只有甲正确　　B．只有乙正确

C．甲乙都正确　　D．甲乙都不正确

3．以下不属于城市展厅特征的是（　　）。

A．便利化　　B．个性化　　C．窗口化　　D．售价低

（三）问答题

1．简述购买新车的步骤。

2．简述汽车档次分类。

项目实施

张先生想购买一辆新车，裸车预算在 25 万～30 万元。主要用于上下班代步，希望购买一辆耗油量较小且保养费用较低的车型，愿意接受新能源汽车。同时，希望空间较大、安全性较好，能够接受各个购车渠道。

结合以上资讯内容，组织学生分组，每个小组各自讨论，为张先生推荐一款合适的车型，并完成车型推荐工作任务单。

车型推荐工作任务单

班级		车型及年款	
小组成员		客户姓名	
		联系电话	
推荐该车型的原因			
实训反思			
自我评价	良好□　合格□　不合格□		
教师评价	良好□　合格□　不合格□ 教师姓名：　　　年　　月　　日		

考核评价

综合整个学习过程，通过学生的课堂表现、课后习题、任务完成情况等对学生的知识、能力、思政要素和职业素养目标达成情况进行评价。

项目教学目标达成情况评价表

班级：____________　　姓名：____________

知识目标达成情况		
目标描述	教师评价	学生自评
是否能正确认识汽车的各个选购渠道及优缺点		
是否能够准确列出新车选购的步骤		
评价结论：知识目标达成与否	□ 是　　　□ 否	
能力目标达成情况		
目标描述	教师评价	学生自评
是否能够根据客户需求推荐恰当的车型及购买渠道		
评价结论：能力目标达成与否	□ 是　　　□ 否	
思政要素和职业素养目标达成情况		
目标描述	教师评价	学生自评
信息收集能力是否得到提升		
小组活动中展现的团队协作、沟通交流能力		
本讲课堂表现的积极性		
信息收集处理中是否严谨、客观、科学		
评价分析结论的表述是否能够传播正确的价值观，是否符合职业道德规范		

项目三　新车手续的办理认识

项目描述

本项目主要介绍新车上牌的内容、全款及贷款新车的手续差异、新车上牌需缴纳的费用，以及新车上牌的流程。通过学习，应能根据客户需求，为客户提供购车手续办理、税费缴纳、保险信贷、上牌服务等咨询服务，并帮助客户办理相关业务。

学习目标

知识目标	能力目标	思政要素和职业素养目标
1．知道新车满足上路条件需要办理的手续和流程。 2．知道全款和贷款购车的手续区别。 3．知道新车手续办理中需要缴纳的费用	能够为客户提供新车信贷、保险购买、税费缴纳、上牌等手续的相关咨询	1．培养信息收集、处理与分析的能力。 2．养成严谨、认真、客观、科学的评价态度。 3．培养遵纪守法、积极纳税的意识。 4．培养为客户着想、细节周到服务的意识

对接 1+X 证书模块 1-7（初级）工作任务 6—整车销售流程

知识要求：1.7.1 金融服务产品种类和特性；1.7.2 贷款及还贷方案；1.7.3 本店投保的优势；1.7.4 贷款的办理流程细节和办理所需时间

技能要求：1.7.1 能清晰告知客户金融服务产品种类和特性；1.7.2 能同客户详细沟通需求车型的贷款及还贷方案；1.7.3 能清晰地告诉客户在本店投保的优势；1.7.4 能掌握相关手续的办理流程、细节和办理时间

情境导入

张先生已经在你的帮助下购买到了心仪的爱车。但是，新车上路，需要缴纳购置税、车船税及机动车交通事故责任强制保险（简称交强险）等必要费用，需要购买商业保险，而且新车上路还需要办理照相、拓号等一系列手续，张先生又犯了愁，希望你给予帮助。

课前练习

根据查找的资料，完成下列课前练习（表 3-3-1）。

表 3-3-1　新车手续的办理课前练习

1．全款车和贷款车，新车办理的手续有区别吗？
2．新车手续有哪些呢？

相关资讯

新车在被购买之后，为了满足上路的条件，就要办理上牌手续，缴纳汽车购置税、车船税，购买商业保险、交强险。

资讯一　新车上牌手续及流程

现阶段购车，汽车经销商一般会提供新车上牌服务，车主只需交纳相应费用，在提车当天车主就会获取临时号牌。选定心仪的牌照号码后，只需和汽车经销商预约办理正式号牌的时间即可。车主需要提供的材料包括：①车主身份证件；②完税证明；③交强险缴纳证明；④正式号牌申请书等。新车上牌主要包含拓号、照相、汽车号牌领取、机动车行驶证领取等步骤。

（一）新车手续办理的内容

新车需要办理以下手续。

微课：新车上牌业务流程与办理条件

1. 验车

现在绝大部分家用乘用车都在免检范围内，如果车辆不在免检范围内则需要进行动力、灯光、尾气、制动方面的检测。在当地车管所内的车辆检测场办理。只有验车合格才可以领号牌。

2. 缴纳购置税

购置税的多少是与汽车价格成正比的，可以由汽车经销商店代为缴纳，也可以在税务中心缴纳。法律依据：《中华人民共和国车辆购置税暂行条例》第十三条，纳税人购买自用应税车辆的，应当自购买之日起 60 日内申报纳税；进口自用应税车辆的，应当自进口之日起 60 日内申报纳税；自产、受赠、获奖或者以其他方式取得并自用应税车辆的，应当自取得之日起 60 日内申报纳税。车辆购置税税款应当一次缴清，其中规定内的新能源车辆不缴纳购置税。

3. 购买保险

交通法规定购买新车必须承保第三者责任险。因此，新车必须购买商业保险中的第三者责任险。除此之外，还可购买其他种类的车险，根据个人需要进行购买即可。

4. 入户办理及缴纳车船使用税

入户手续及车船使用税的办理都在当地车管所进行。

5. 汽车经销商要求的其他手续

除去前述的新车手续的办理，如客户是以贷款的方式购买新车或者在购买新车的同时，进行二手车的置换业务，就需要提供额外的材料。

（1）新车如需贷款

需提供身份证（外地户籍还需要暂住证或居住证）、本人名下的银行借记卡、车辆贷款申请书、车辆贷款确认书。

（2）二手车置换

需提供身份证（外地户籍还需要暂住证或居住证）、本人名下的银行借记卡、二手车辆行驶证、二手车机动车辆登记证书，二手车购买原始发票、二手车置换当年交强险保单。

知识窗

作为一名具有良好职业道德和职业素养的优秀销售顾问，应本着为客户服务、提高客户满意度的思想，熟悉新车手续办理环节，降低客户体力及精力成本，为客户提供一条龙服务，达到一次购买，后续无忧的效果，最终提高客户忠诚度。

（二）新车手续办理的流程

1. 去当地车管所之前

（1）车主相关证件准备

身份证（外地户籍还需要居住证）、车辆合格证、购车发票、交强险保单。另外，对于北京、上海等限号城市，用户还需要提供购车资格证（增量指标）。单位购车需要组织机构代码证原件和复印件。

1）得到车辆合格证

车辆合格证很重要，是车辆上牌所必需的。只有具有合格证的汽车才符合国家对机动车装备质量及有关标准的要求。

2）准备购车三联发票

购车后，汽车销售部门会开具三联的购车发票，一定要保留好，在接下来的上正式号牌等都会用到。发票会有红黄蓝三联，一般要交出红蓝两联，黄色自己留存。

（2）缴纳购置税，拿到正副本

准备好上述资料后，要尽快去缴纳车辆购置税，一般就近去购置税征稽所去办理购置税纳税（4S 店一般也提供了购置税代缴服务，相比更加便捷），纳税完后就可以获得车辆购置税完税证明。

2. 去当地车管所进行手续办理

（1）拍照

到达车管所填写完机动车登记申请表后，工作人员先对车辆进行拍照，也就是未来行驶证上的车辆照片。

（2）拓号

车辆的发动机号和车架号随后需要拓号，用于标识车辆。

（3）车检

现在绝大部分家用乘用车都在免检范围内，如果车辆不在免检范围内则需要进行动力、灯光、尾气、制动方面的检测。

（4）刑侦

在刑侦检验室填写刑侦验车资料采集表，然后把拓印号以及采集表上交给柜台的业务员录入资料，获得公安局刑侦验车通知书。

（5）验车

为了确认采集表和车辆信息一致，工作人员还会再次打开发动机盖，比对发动机号和车架号。

（6）选号

所有资料录入完毕后，这个时候就可以选号了，选号分为“10 选 1”“网上”等方式。如果是“10 选 1”，当天就可以拿到车牌；如果“网上”选号，则需要等待数日来领取，或者选择快递直接邮寄到家，自己动手安装车辆号牌，在这期间需要办理临时号牌上路。

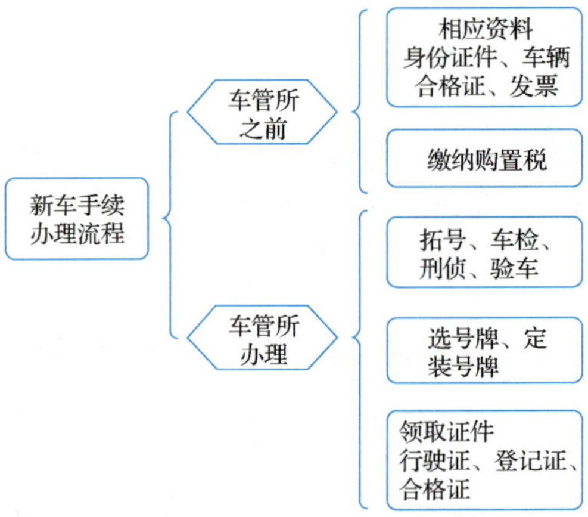

图 3-3-1　新车手续办理的步骤

（7）安装

号码选定后，接下来就是机动车号牌的安装。

（8）领取证件

上好车辆号牌后便可领取到车辆行驶证、车辆登记证、合格标志。拿着行驶证和登记证到环保标志窗口打印环保标志。领取了环保标志之后可以去购买车船税，这时需要行驶证原件、登记证原件和复印件、身份证原件、购车发票及复印件。

新车手续办理的步骤如图 3-3-1 所示。

资讯二　全款购车和贷款购车的区别

1. 手续费不同

厂家不提供零利率金融政策时，消费者需要承担贷款利息和手续费两项额外费用；在购车过程中，全款付清是不存在手续费这一收费项目的。

2. 购车时间不同

贷款买车这种形式会让很多对自己未来收入有信心的人提前消费，这能够显著提升汽车的销量；很多人没有办法一次性拿出大量资金来购买汽车，需要一定时间来存款。

3. 缴纳费用不同

全款购车不需要抵押，须交购置税、上牌费、交强险、车船税，商业保险是车主自愿购买的。贷款购车要购买商业保险全险，包括车辆损失险、第三者责任险、车上人员乘坐险、全车盗抢险、不计免赔率特约条款。贷款利率根据购车时的利率确定。因为贷款期间车的产权不属于车主，车主是用车辆作抵押，在贷款期间产权证、购车发票、全险保单都要押在银行，当还清了贷款再去办理解除抵押。

4. 利息不同

在贷款还完之前，需要1～3年的时间，而且贷款期间需要支付利息；全款买车的手续流程要比贷款买车少得多，省去很多时间与精力，而且不用支付贷款手续费。

5. 保险费用不同

很多传统汽车经销商都会有跟自己长期合作的保险公司，通常贷款买车时，传统4S店一般会要求客户在店内买全险，但并不是所有的保险都适用于所有的人，相较于全款购车，贷款购车会花更多的费用。

资讯三　新车手续办理需缴纳的费用

（一）新车商业保险

汽车商业保险（机动车商业险）是指车主投保了国家规定必保的机动车辆交强险后，自愿投保的商业保险公司的机动车辆保险。汽车商业保险主要分为基本险与附加险。

基本险有三个险种，分别是车辆损失险、第三者责任险、车上人员责任险。下面分别进行介绍。

1. 汽车基本商业险

（1）车辆损失险

车辆损失险（简称车损险）负责赔偿车辆在使用过程中因自然灾害和意外事故造成的损坏及必要、合理的施救费用。所保范围包括：车损险、自燃险、玻璃险、盗抢险、不计免赔险、发动机涉水险和无法找到第三方险。

① 自然灾害指雷击、暴风、暴雨、洪水、龙卷风、雹灾、台风、海啸、热带风暴、地陷、崖崩、滑坡、泥石流、雪崩、冰陷、雪灾、冰凌。

② 意外事故指碰撞、倾覆；火灾、爆炸；外界物体倒塌、空中物体坠落、被保险机动车行驶中坠落。

主要免赔规定：事故责任免赔率，全责为20%，主责为15%，同责为10%，次责为5%；应由第三方赔偿而无法找到第三方的，实行30%绝对免赔率；违反安全装载规定，但不是事故发生的直接原因的，增加10%的绝对免赔率；被保险机动车的损失应当由第三方负责赔偿，但无法找到第三方的，实行30%的绝对免赔率；对于投保人与保险人在投保时协商确定绝对免赔额的，在实行免赔率的基础上增加每次事故绝对免赔额。

（2）第三者责任险

第三者责任险（又称三者险）负责赔偿车辆在使用过程中发生意外事故，致使第三者遭受人身伤亡或财产的直接损失，对被保险人依法应支付的赔偿金额，超过交强险各分项赔偿限额的部分给予赔偿。

限额分为 5 万元、10 万元、15 万元、20 万元、30 万元、50 万元、100 万元。

主要免赔规定：事故责任免赔率，全责为 20%，主责为 15%，同责为 10%，次责为 5%；违反安全装载规定的，实行 10%的绝对免赔率。

（3）车上人员责任险

车上人员责任险（又称座位险）负责赔偿车辆在使用过程中发生意外事故，致使车上人员遭受人身伤害，被保险人依法应支付的赔偿金额，保险人在扣除交强险应当支付的赔款后，给予赔偿。

主要免赔规定：风险概率小，如行车状况不复杂，可不保；事故责任免赔率，全责为 20%，主责为 15%，同责为 10%，次责为 5%。

2. 汽车附加商业险

汽车附加商业险种即附加条款，相对较多，主要有附加绝对免赔率特约条款、附加车轮单独损失险、附加新增加设备损失险、附加车身划痕损失险、附加修理期间费用补偿险、附加发动机进水损坏除外特约条款、附加车上货物责任险、附加精神损害抚慰金责任险、附加法定节假日限额翻倍险、附加医保外医疗费用责任险、附加机动车增值服务特约条款。

（二）汽车保险购买要点

1. 交强险必须购买

根据《机动车交通事故责任强制保险条例》的规定，从 2008 年 8 月开始，所有的新车和保险到期的车辆续保必须购买车辆交强险。注意，交强险是必须购买的险种，而汽车商业险可由投保人根据需求选择搭配。

2. 新车险种应“求全”

除了国家强制规定购买的交强险，新车主还需购买一些必要的商业险种，其中包括车损险、三者险、车上人员险及附加绝对免赔率特约条款等。随着人们生活水平的提高，保额也建议尽可能选择中等及以上等级进行投保。

微课：常见汽车投保方案推介

3. 附加险种酌情买

车主还可以根据自己汽车的实际状况与使用情况，有针对性地选择附加险。

4. 保险公司要细选

确定了应该选择的险种及可以获得的优惠以后，还要根据用车的情况选择保险公司。例如，小刘购买的奥迪 A4L，是新车且价格相对较高，就可选择大公司的车险。因为越高档的车，修理费用也相应越高，一旦出现事故，车主可能承受的经济压力也就越大，而大公司的赔付额度相对会高一些，定点维修厂的级别也比较高。

5. 不要重复投保

《中华人民共和国保险法》（简称《保险法》）第四十条规定："重复保险的各保险人的赔偿保险金的总和不得超过保险价值。"因此，即使投保人重复投保，也不会得到超价值赔款。

6. 不要超额投保或不足额投保

《保险法》第三十九条规定："保险金额不得超过保险价值。超过保险价值的，超过部分无效。保险金额低于保险价值的，除合同另有约定外，保险人按照保险金额与保险价值的比例承担赔偿保险金的责任。"所以超额投保、不足额投保都不能获得额外的利益。

（三）必须缴纳的费用

1. 机动车交通事故责任强制保险

交强险是由保险公司对被保险机动车发生道路交通事故造成受害人（不包括本车人员和被保险人）的人身伤亡、财产损失，在责任限额内予以赔偿的强制性责任保险。

知识窗

为了保障机动车道路交通事故受害人依法得到赔偿，促进道路交通安全，根据《中华人民共和国道路交通安全法》和《中华人民共和国保险法》，我国颁布了《机动车交通事故责任强制保险条例》。条例明确阐述了机动车交通事故责任强制保险投保、赔偿等细则，并规定：在中华人民共和国境内道路上行驶的机动车的所有人或者管理人，应当依照《中华人民共和国道路交通安全法》的规定投保机动车交通事故责任强制保险。

交强险是中国首个由国家法律规定实行的强制保险制度。其保费是实行全国统一收费标准的，由国家统一规定，但是不同型号的汽车的交强险价格不同，主要影响因素是"汽车座位数"。2020 年 9 月 19 日起，车险综合改革指导意见正式实施，交强险有责总责任限额从 12.2 万元提高到 20 万元，其中死亡/伤残赔偿限额提高到 18 万元，医疗费用赔偿限额提高到 1.8 万元，财产损失赔偿限额维持 0.2 万元不变。交强险费率及划分标准（主要分家庭自用车与非营运车辆）详见表 3-3-2。

表 3-3-2 交强险费率及划分标准

车辆大类	序号	车辆明细分类	保费/（元/年）
家庭自用车	1	6 座以下	950
	2	6 座及以下	1100
非营运车辆	1	6 座以下	1000
	2	6～10 座	1130
	3	10～20 座以下	1220
	4	20 座以上	1270

2. 新车购置税

（1）主要含义

汽车购置税是指购买汽车时所要交纳的税费，购置税额是征收汽车售价（不含税价）的 10%，车辆购置税的纳税人为购置（包括购买、进口、自产、受赠、获奖或以其他方式取得并自用）应税车辆的单位和个人，税率为 10%，除汽车外，摩托车、电车、挂车、农用运输车也要缴纳车辆购置税。计税车价为不含税价，即要扣除 17%的增值税。

（2）运算公式

应纳税额的计算公式为

$$应纳税额=计税价格\times税率$$

如果计税价格低于国税总局颁布的最低计税价格则按国税总局规定的最低计税价格计征。

自用车税率计算：

$$价外费用\times10\%$$

其中，价外费用不含增值税。

进口车税率计算：

$$计税价格=（关税完税价+关税）\div（1-消费税税率）$$

购置税额是征收汽车售价（不含税价）的 10%，公式为

$$新车购置税额=购车价格（含税价）/1.17\times10\%$$

例如，小刘购买的车型是奥迪 A4L 2020 款 40TFSI 豪华雅致型，售价为 28.64 万元，那么小刘应该缴纳的购置税是多少？

该售价为车辆的含税价格，首先要算出不含税的车价：

$$286\ 400\div1.17=244\ 786.32\ （元）$$

汽车购置税：

$$244\ 786.32\times10\%=24\ 478.63\ （元）$$

所以，小刘需要缴纳的车辆购置税为 24 478.63 元。

（3）征收要求

车主身份证明，包括：①内地居民，提供内地居民身份证（含居住、暂住证明）或《居民户口簿》或军人（含武警）身份证明；②香港、澳门特别行政区、台湾地区居民，提供入境的身份证明和居留证明；③外国人，提供入境的身份证明和居留证明；④组织机构，提供《组织机构代码证书》。

车辆价格证明：①境内购置车辆，提供统一发票（发票联和报税联）或有效凭证；②进

口自用车辆，提供《海关关税专用缴款书》《海关代征消费税专用缴款书》或海关《征免税证明》。

车辆合格证明：①国产车辆，提供整车出厂合格证明（以下简称合格证）；②进口车辆，提供《中华人民共和国海关货物进口证明书》或《中华人民共和国海关监管车辆进（出）境领（销）牌照通知书》或《没收走私汽车、摩托车证明书》。税务机关要求提供其他资料。

要按照国家规定的税率进行缴纳，且在购车时一次性全额付清。

（4）减免措施

2014年7月9日，国务院总理李克强主持召开国务院常务会议，部署加快发展现代保险服务业，决定免征新能源汽车车辆购置税，围绕推进简政放权，通过相关法律修正案草案和行政法规修改决定①。会议决定，自2014年9月1日至2017年年底，对获得许可在中国境内销售（包括进口）的纯电动及符合条件的插电式（含增程式）混合动力、燃料电池三类新能源汽车，免征车辆购置税。有关部门要抓紧制定公布车型目录。让更多人选择绿色出行，为可持续发展增添能量。

新能源车免征购置税再延3年，财政部等四部门2017年12月27日宣布，自2018年1月1日至2020年12月31日，对购置的新能源汽车免征车辆购置税。对于车辆购置税，新能源的全款车和贷款车都属于免征范围。

知识窗

为持续支持新能源汽车产业发展，促进汽车消费，财政部、税务总局、工业和信息化部在2020年4月16日发布《关于新能源汽车免征车辆购置税有关政策的公告》，明确提出：自2021年1月1日至2022年12月31日，对购置的新能源汽车免征车辆购置税。免征车辆购置税的新能源汽车是指纯电动汽车、插电式混合动力（含增程式）汽车、燃料电池汽车。

免征车辆购置税的新能源汽车，通过工业和信息化部、税务总局发布《免征车辆购置税的新能源汽车车型目录》（以下简称《目录》）实施管理。自《目录》发布之日起，购置列入《目录》的新能源汽车免征车辆购置税；购置时间为机动车销售统一发票（或有效凭证）上注明的日期。对已列入《目录》的新能源汽车，新能源汽车生产企业或进口新能源汽车经销商（以下简称汽车企业）在上传《机动车整车出厂合格证》或进口机动车《车辆电子信息单》（以下简称车辆电子信息）时，在“是否符合免征车辆购置税条件”字段标注“是”（即免税标识）。工业和信息化部对汽车企业上传的车辆电子信息中的免税标识进行审核，并将通过审核的信息传送至税务总局。税务机关依据工业和信息化部审核后的免税标识和机动车统一销售发票（或有效凭证），办理车辆购置税免税手续。

3. 车船税

所谓车船税，是指在中华人民共和国境内的车辆、船舶的所有人或者管理人按照中华

① 国务院决定免征新能源汽车车辆购置税[EB/OL].（2014-07-10）[2020-11-15].

人民共和国车船税法应缴纳的一种税。从 2007 年 7 月 1 日开始，有车族需要在投保交强险时缴纳车船税。2018 年 8 月 1 日，财政部、税务总局、工业和信息化部、交通运输部下发《关于节能新能源车船享受车船税优惠政策的通知》，要求对符合标准的新能源车船免征车船税，对符合标准的节能汽车减半征收车船税。

（1）征税范围

车船税的征收范围，是指依法应当在我国车船管理部门登记的车船（除规定减免的车船外）。对于车辆，主要是指：

① 依法应当在车船管理部门登记的机动车辆和船舶。

② 依法不需要在车船管理部门登记、在单位内部场所行驶或者作业的机动车辆和船舶。

前款所称车船管理部门，是指公安、交通运输、农业、渔业、军队、武装警察部队等依法具有车船登记管理职能的部门；单位是指依照中国法律、行政法规规定，在中国境内成立的行政机关、企业、事业单位、社会团体以及其他组织。

（2）减免规定

① 对节能汽车，减半征收车船税，符合以下标准：

获得许可在中国境内销售的排量为 1.6L 以下（含 1.6L）的燃用汽油、柴油的乘用车（含非插电式混合动力、双燃料和两用燃料乘用车）。

② 对新能源车船，免征车船税。

免征车船税的新能源汽车是指纯电动商用车、插电式（含增程式）混合动力汽车、燃料电池商用车。纯电动乘用车和燃料电池乘用车不属于车船税征税范围，对其不征车船税。免征车船税的新能源汽车应同时符合以下标准：

- 获得许可在中国境内销售的纯电动商用车、插电式（含增程式）混合动力汽车、燃料电池商用车。
- 符合新能源汽车产品技术标准。
- 通过新能源汽车专项检测，符合新能源汽车标准。
- 新能源汽车生产企业或进口新能源汽车经销商在产品质量保证、产品一致性、售后服务、安全监测、动力电池回收利用等方面符合相关要求。

知识窗

2018 年，财政部、国家税务总局、工业和信息化部、交通运输部联合发布《关于节能新能源车船享受车船税优惠政策的通知》，明确节能、新能源车船享受车船税优惠政策，对符合条件的节能汽车减半征收车船税，对符合条件的新能源车船免征车船税。四部门表示，此举旨在促进节约能源，鼓励使用新能源。

作为一名合格汽车销售顾问，一定要熟悉汽车销售、流通、通行手续办理、税费缴纳等相应的法律法规，积极为客户提供专业的信息咨询，解决客户的疑难问题，保障客户利益，提升客户满意度。

课堂练习

（一）填空题

1．全款车需购买的商业险有________、________、________、________。

2．贷款车必须要购买的商业险是________。

（二）选择题

1．下列说法中正确的是（　　）。

A．增值税税率为 17%　　B．交强险可买可不买

C．新能源车需缴纳车船税　　D．上牌服务经销商不提供

2．甲说新能源汽车不需要缴纳购置税，乙说现行规定是新能源车在 2020 年 12 月 31 日前不需要缴纳购置税，下列判断中正确的是（　　）。

A．只有甲正确　　B．只有乙正确

C．甲乙都正确　　D．甲乙都不正确

3．以下不属于车辆商业险基本险的是（　　）。

A．自燃损失险　　B．车辆损失险

C．不计免赔率特约条款　　D．车身划痕险

（三）问答题

1．车辆的购置税如何缴纳？

2．全款新车和贷款新车手续的区别有哪些？

项目实施

王先生以贷款的方式购买了一辆特斯拉 MODEL 3 2020 款标准续航版，国家补贴后售价为 24.99 万元，请你给王先生解释办理新车上牌的手续有哪些？请同学分小组讨论话术及手续流程，并分别扮演客户、销售等角色。

新车上牌手续办理工作任务单

班级		车型及年款	
小组成员		客户姓名	
		联系电话	
实训认识步骤及结果			
实训反思			
自我评价	良好□　合格□　不合格□		
教师评价	良好□　合格□　不合格□ 教师姓名：　　年　月　日		

考核评价

综合整个学习过程，通过学生的课堂表现、课后习题、任务完成情况等对学生的知识、能力、思政要素和职业素养目标达成情况进行评价。

项目教学目标达成情况评价表

班级：________　　姓名：________

知识目标达成情况		
目标描述	教师评价	学生自评
是否能准确列出新车满足上路条件需要办理的手续和流程		
是否能够准确列出全款购车和贷款购车的手续区别		
是否准确知道新车手续办理中需要缴纳的费用		
评价结论：知识目标达成与否	□ 是　　□ 否	
能力目标达成情况		
目标描述	教师评价	学生自评
能够为客户提供新车信贷、保险购买、税费缴纳、上牌等手续的相关咨询		
评价结论：能力目标达成与否	□ 是　　□ 否	
思政要素和职业素养目标达成情况		
目标描述	教师评价	学生自评
信息收集能力是否得到提升		
小组活动中展现的团队协作、沟通交流能力		
本讲课堂表现的积极性		
信息收集处理中是否严谨、客观、科学		
评价分析结论的表述是否能够传播正确的价值观，是否符合职业道德规范		

参 考 文 献

白云，2020．汽车新能源与节能技术[M]．北京：北京邮电大学出版社．

鲍远通，2017．汽车性能评价与选购[M]．2 版．北京：机械工业出版社．

常健，2007．汽车使用性能与仪器设备[M]．上海：上海科学技术出版社．

陈焕江，2013．汽车使用性能与试验[M]．北京：机械工业出版社．

刁维芹，2013．汽车性能与合理使用[M]．北京：机械工业出版社．

节能与新能源汽车技术路线图战略咨询委员会，中国汽车工程学会，2016．节能与新能源汽车技术路线图[M]．北京：机械工业出版社．

吕凤军，2012．汽车性能与检测技术[M]．北京：北京邮电大学出版社．

潘浩，张强，2017．汽车使用性能评价与选购[M]．北京：机械工业出版社．

张军，2014．汽车节能技术[M]．北京：机械工业出版社．